子曰：『德薄而位尊，智小而谋大，力小而任重，
鲜不及矣。』（《易经·系辞下》）

立德立功立言，都需要大智慧。

儒家大智慧

GREAT WISDOM OF CONFUCIANISM

余东海 著

上海三联书店

图书在版编目(CIP)数据

儒家大智慧/余东海著.—上海:上海三联书店,2014.
ISBN 978-7-5426-4937-9

Ⅰ.①儒… Ⅱ.①余… Ⅲ.儒家—研究 Ⅳ.B222.05

中国版本图书馆 CIP 数据核字(2014)第 207619 号

儒家大智慧

著　　者　余东海
责任编辑　钱震华
特约编辑　王业龙　黄　蔚
策　　划　圣大燕园
装帧设计　春天文化

出版发行　上海三联书店
(201199)中国上海市都市路 4855 号
http://www.sjpc1932.com
E-mail:shsanlian@yahoo.com.cn
印　　刷　北京大学印刷厂

版　　次　2014 年 8 月第 1 版
印　　次　2014 年 8 月第 1 次印刷
开　　本　965 * 1300　1/16
字　　数　283 千字
印　　张　19.75
书　　号　ISBN 978-7-5426-4937-9/B·380
定　　价　45.00 元

点亮智慧的心灯

——自序

很多人知道儒家是道德之学，但不知道它也是智慧之学。儒家以仁智勇为“三达德”，以仁义礼智信为“五常道”，智是“达德”和“常道”的要目。儒家的义德和时中原则也与智德密切相关。在儒家，智慧是道德的智慧，道德是智慧的道德。

《易经》说：“一阴一阳之谓道。继之者善也，成之者性也，仁者见之谓之仁，知者见之谓之知①”，道德问题即智慧问题。阳明学以“致良知”为宗旨，良知是德与智在最高境界上的合一。良为至善，知为大智。

智慧，是利己利他的圆满统一和成德成功的内在保障。在道德的基础上智慧地面对和处理日常生活工作中遇到的种种问题，是儒智题中应有之义。有人说：“问题就是机会：公司的问题就是晋升的机会，自己的问题就是你成长的机会，竞争对手的问题，就是你变强的机会。”然也。

怎样把问题转化成机会就属于智的范畴。对于儒家来说，苦难和不幸也可以是机会。所谓“艰难困苦，玉汝于成”，就是化逆缘为顺缘，变不幸为大幸，在艰难困苦中自立自强成德成功。

孔子说：“君子谋道不谋食。”不说谋道不谋身，因为修身离不开谋身。谋道与谋身、卫道与保身有区别，但不矛盾。谋道与谋身都需要智慧，卫道与保身都需要明哲，故儒家强调智勇双全。有智无勇，其智难正，有勇无智，其勇难大。极而言之，有智无勇是懦夫，有

---

① 古代知与智通用，良知的知可解为智慧的智。

勇无智是莽夫。

对于儒者来说，政治和教育是老本行，当然得心应手，如果干上别的行当，商则儒商，将则儒将，这是由儒家智慧的特殊性决定的。道家绝圣弃智，佛教绝欲弃世，都属于出世法，它们的智慧只表现在对"道体"空寂虚静的觉悟上。儒家所认证的"道"有所不同，故智慧也有所不同。儒家智慧既是道智慧又是器智慧，格致诚正修齐治平，哪一个条目都离不开智慧的配合。

吉人自有天相。吉人就是道德的人，也是智慧的人，圣贤是最大的吉人。自助者天助，天助有赖于自助，自助有赖于智慧。自古圣贤逢凶化吉遇难呈祥，都离不开人事和智慧。

儒智广大高明，奥妙精微，自成体系，包括知时、知人、知言、知礼、知本、知权、知中、知因、知几、知常、知易、知命等各个方面，相互之间既有区别又有联系，相通相融。

这里的"知"，不仅仅是一般晓得、知道的意思，还包括把握、掌控、主宰之义。如古代官职知县、知府、知州等，分别指主管、掌握一县、一府、一州的官员；知客或知宾，指主管招待宾客的人。因此，我们说知时，指既了解又能把握时机；知本，指既理解又能抓住根本，以此类推。

十二智中以知命最关键，不知命无以为君子。知命即知天，必然相当知时、知人、知言、知礼、知权、知中、知因、知几、知常。知命的极致是进入"从心所欲不逾矩"的圣境，相当于佛教的大圆镜智，其他成所做智、妙观察智、平等性智，自然不在话下了。反过来说，各种智都是通往圣境的途径，共同成就智慧的圆满。

或说，大道易简，哪有那么复杂？如果是老子，只讲两点：无和有，一分钟就讲完了。东海说，大道是大德也是大智，大道永恒不易，大智对应变易。从易简的角度，讲儒家不易的原则，我不用一分钟，一个字：仁；两个字：仁义，中庸，诚信，天理，良知；三个字：仁智勇；五个字：仁义礼智信；八个字：孝悌忠信礼义廉耻。在《中庸》开头，子程子说：

其书始言一理，中散为万事，末复合为一理，放之则弥六合，卷之则退藏于密，其味无穷，皆实学也。善读者玩索而有得焉，则终身用之，有不能尽者矣。

子程子即宋朝大儒程伊川先生。他说：《中庸》这本书，开始只说一个道理，中间分散为万般事体，最后又汇总归结到一个道理上。这个道理放开来可以遍满天地四方，归拢来则可以深藏于内在隐秘处。它意味无穷，都是实实在在的学问。善于读书的人仔细思量，反复领会，自有心得，一辈子都受用不完。

“退藏于密”的“密”字值得深长思之。大都将它翻译为“隐秘的内心”。没有错，但肤浅，因为这个“密”比一般“隐秘的内心”还要隐秘。程明道先生说：“密是用之源，圣人之妙处。”（《二程集》）用之源，即是体，即“道心惟微”的道心，“允执厥中”的中。

儒家十二智慧都有经典依据，而将儒智作出全面理论总结和思想阐发的，东海应是古来第一人。同时介绍一些取自经典和比较可靠的史书的历史故事，从正面反面或侧面阐发相关智慧问题，给读者以启发。并附《智慧微语》一束和《一生低首拜阳明》一文。《智慧微语》选自 2011-2—2012-8 期间的东海微博。站在中道立场上，看人看事，论史论政，谈佛谈道，说情说理，尽量如理如实，实事求是，思想独立，眼光独到，很好地体现了儒家智慧之中正和法眼之深刻。法眼者，择法之眼也，对万事万物各种思想观点的正确认知和判断。《一生低首拜阳明》介绍王阳明的生平、事业和学术。王阳明是儒家大德，也是大智者。

佛智可以成个体之佛，救众生之苦，儒家有过之而无不及，除了成德成圣，还有齐家治国平天下的政治智慧。为圣学开新，为华夏招魂，为自己建仁宅，为苍生筑公平，都离不开儒家大智慧。子曰：“德薄而位尊，智小而谋大，力小而任重，鲜不及矣。”（《易经·系辞下》）谋大事成大业，必须拥有大智慧。

孔子说：勇者不惧，仁者不忧；孟子说：仁者无敌；冯梦龙说：圣无死地，贤无败局。勇者仁者圣贤之所以不忧不惧无敌无死地无败局，是因为他们都是一切不惑、能力超强的大智者。至于深层原因如《易经》云“自天佑之，吉无不利”，也就是俗话说的“吉人自有天相”,姑不论之。

本书深入浅出,通俗易懂,雅俗共赏,受众可以是普通大众及一般国学爱好者,也可以是文化政治商企精英。

余东海

2013 年 10 月 16 日

CONTENT

目录

三 知本

四 知几

五 知权

六 知中

七 知易

八 知常

九 知因

十 知礼

十一 知言

十二 知命

十三 儒智的特点

附录一 一生低首拜阳明
——王阳明略论和良知学简说

附录二 智慧微语

一 知人

樊迟问仁，子曰："爱人"。问知，子曰："知人"。

——《论语》

一　不知人的后果

俗话说,用人不疑,疑人不用。不错,但这是建立在知人基础上的。如果不知人,疑不疑都没有意义。多疑多虑多防范,被用者心中不快,办事就不会尽心尽力;不疑的话,如果信任了不值得信任、重用了不值得重用的人,更危险。古今中外多少大人物因为用人不当,或闯下大祸或死于非命,甚至灭国灭族。

例如,齐桓公错信了易牙、竖刁等奸佞,活活饿死;魏国公子卬错信了老朋友商鞅,自取败亡;孙膑错信了老同学庞涓,丢了一双脚,还差点丢了命;韩非子错信了老同学李斯,李斯错信了老同事赵高,吕不韦错看了私生子秦始皇,都送了命;秦始皇错信了丞相李斯和郎中令赵高,秦家政权丢了,嬴氏家族灭了。

西汉的太皇太后错信了王莽,丢了汉家江山;董卓错认了吕布,死于义子之手。

隋文帝更惨,死于亲生儿子之手,隋炀帝又死于最亲信的宇文氏之手;唐玄宗错看了安禄山,老来受尽流浪之苦;黄巢死于老战友老部下尚让之手(或说是死于外甥林言之手);汉武帝误信了江充,逼反并逼死了太子……诸如此类,可见缺乏知人之明是多么可怕。当然,导致他们失误失败或死亡灭亡的原因很多,但没有识人的眼光,无疑是致命的因素。

这里介绍赵孝成王和隋文帝两个人。

赵孝成王因为有眼无珠,抛弃廉颇,错用赵括,以致大败亏输。

赵括是赵国名将赵奢之子,熟读兵书,但只会背,不懂灵活应变,缺乏真实本领,纸上谈兵,对此,蔺相如很了解,提醒赵王说:"王以名使括,若胶柱鼓瑟耳。括徒能读其父书传,不知合变也。"赵括虽然能读父亲的兵法传记,却不懂得合乎时宜,因时而变。

其父赵奢了解，说："兵，死地也，而括易言之。使赵不将括则已；若必将之，破赵军者必括也。"意谓用兵打仗是关乎生死的事，可赵括说得那么容易！赵国不用赵括为将就罢了，如果一定要用他为将，使赵军失败的一定是他！

其母也了解。《资治通鉴·周纪》记载：

> 及括将行，其母上书言于王曰："括不可使将。"王曰："何以？"对曰："始妾事其父，时为将，身所奉饭而进食者以十数，所友者以百数，王及宗室所赏赐者，尽以予军吏士大夫，受命之日，不问家事。今括一旦为将，东向而朝，军吏无敢仰视之者，王所赐金帛，归藏于家，而日视便利田宅可买者买之。王以为何如其父？父子异心，愿王勿遣。"王曰："母置之，吾已决矣。"括母因曰："王终遣之，即有所不称，妾得无随坐！"王许诺。

到赵括将起程时，他母亲上书给赵王说："不可让赵括做将军。"赵王问："为什么？"回答说："当初我侍奉他父亲，那时他父亲是将军，由他亲自捧着饮食侍候吃喝的人数以十计，被他当做朋友看待的数以百计，大王和王族赏赐之物全都分给军吏和士大夫，接受君令那天起，就不过问家事。现在赵括一下子做了将军，面向东方接受朝见，军吏没有敢抬头看他的，大王赏赐的金帛，都收藏在家里，还天天访查便宜合适的田地房产，可买的就买下来。大王认为他哪里像他父亲？父子二人心地不同，希望大王不要派他领兵。"赵王说："您把这事放下，我已经决定了。"赵括母亲接着说："您一定要派他领兵，如果他有不称职的情况，我能不受株连吗？"赵王答应了。

赵孝成王不听良言，结果毫无疑问，赵国大败，四十万赵军被永远埋在了长平。不久之后，赵国被秦国所灭。不知人，害死人啊。

隋文帝则因为看错、用错了人而身死国灭。

隋文帝多疑猜忌，对于众多有功于隋的文臣武将果于杀戮。郑译、卢贲、柳裘或黜或死，史万岁、王世积、虞庆一遭诬讦，马上处死。贺若弼、高颎、李德林等人，都曾经被他倚为心腹，最后贺若弼下吏，几乎死于非命，高颎除名，德林终生废弃。可是，他偏偏特别信任杨素,结果死于杨素与杨广的合谋。

其实杨素恰恰是最不值得信任的人。《隋书·杨素传》记载,杨素很有权术谋略,抓住时机奔赴敌阵,随机应变不死守规则,但治理部队严肃整齐,有违反军令的人立即斩首,绝不饶恕。每当快要面对敌军的时候,总是寻求将士们的过失而斩杀,多的时候一百余人,少的时候不下十几人。流血满前,却谈笑自如。到对阵的时候,先命令一二百人奔赴敌阵,陷入敌阵就罢了,如没有陷入敌阵而回来的,不问多少,全部杀掉。又命令三二百人接着前进,还是用原来的方法。将士们大腿发抖,产生必死的念头,因此杨素战无不胜,被称为名将。

杨素成为名将,靠的就是残忍恶毒。这种不仁不义至于极点的人,什么恶事做不出来?当然,他也遗祸自家和子孙。自己则受到杨广的猜忌,最后被暗害。杨素死后,长子杨玄感继承了他的爵位,后来起兵事败,杨家灭族。

隋文帝最大的错误是改立太子。太子杨勇贪图声色,狎溺小人,杨广却一副恭俭孝顺的样子。表面上看,隋文帝废勇立广不是没有道理的,但是他忽略了一点,杨广真的孝顺仁爱,会陷害自己的兄长吗?对此,王夫之在《读通鉴论》中一针见血地指出:

> 勇于见废之日,再拜泣下,舞蹈而出,终不讼广之见诬而摘其隐慝,然则使勇嗣立,隋尚可以不亡。藉令不然,亦何至逞枭獍之凶如广之酷邪?故勇与广贤不肖未易辨也,而广诉勇,勇不诉广,其仁心之仅存与什万灭,则灼然易知也。天下未有忍夺其兄之孝子,古今无有赞毁我子弟、劝令杀戮屏弃而为可托之人。两言而决之有余矣。

王夫之意思是说,杨勇在被废除太子的那天,哭泣着下拜两次,舞手蹈足而出门,却没有控诉杨广对他的诬蔑,指责杨广不可告人的罪恶。那么,如果杨勇得以继位,隋朝还可以不灭亡。即使不然,也不至于像杨广那样残酷施展枭獍的凶恶(枭獍,传说中食母食父的禽兽)吧?所以,杨勇与杨广的好坏虽不容易辨别,但杨广控诉杨勇,杨勇却不控诉杨广,他们的仁心,是残存还是一无所有,是明明白白容易知道的。天下没有忍心抢劫兄长的孝子、古今没有赞成毁灭我子弟、劝令我杀戮摒弃子弟的人而可以信托的。两句话判断他们绰绰有余了。

可笑的是,害兄杀父夺得帝位的杨广,同样毫无知人之明,被禁卫军和自己的亲信合谋干掉了。合谋干掉他的人,有右屯卫将军宇文化及、将作少监宇文智及、武贲郎将司马德戡、虎贲郎将元礼、直阁裴虔通等等,都是杨广信任重用的心腹。

上面这些"东西"都是世人眼里的大人物,其实不是大人是大物,死则死耳,咎由自取,活该。可怜的是,不少正人君子也由于缺乏知人之明,白白受罪甚至枉死,比如蔡邕。

蔡邕,东汉文学家、书法家,字伯喈。汉献帝时曾拜左中郎将,故后人也称他"蔡中郎"。蔡邕通经史,善辞赋,书法精于篆隶。桓帝时,中常侍徐璜、左悺等五侯,擅权妄为,听说蔡邕善鼓琴,就要求天子下敕书给陈留太守,命他发遣蔡邕到京都来。蔡邕不得已起行,但行到偃师,还是称病而归了,闲居玩古,不交当世。

但是,到汉灵帝的时候,他的警惕性莫名其妙地降低了。当时天灾人祸频频,灾异之事屡发,汉灵帝下诏询问"消复之术"(消解灾难,恢复正常的办法)。蔡邕对曰:

> 臣伏思诸异,皆亡国之怪也。天于大汉殷勤不已,故屡出祆变以当谴责,欲令人君感悟,改危即安。今霓堕、鸡化,皆妇人干政之所致也。前者乳母赵娆,贵重天下,谗谀骄溢,续以永乐门史霍玉,依阻城社,又为奸邪。今道路纷纷,复云有程大人者,察其风声,将为国患。宜高为堤防,明设禁令,深惟赵、霍,以为至戒。则天道亏满,鬼神福谦矣。夫君臣不密,上有漏言之戒,下有失身之祸,愿寝臣表,无使尽忠之吏,受怨奸仇。(《后汉书·蔡邕列传》)

大意是说,微臣思考各种异象,都是亡国的怪象啊。上天对大汉朝情意十分深厚,所以屡屡出现妖变,是想让人君感动觉悟,危机就会消失。如今虹霓落地,母鸡化为公鸡,都是妇人干政造成的呀。前有乳母赵娆,富贵重于天下,进谗好谀骄傲自满;后有担任永乐门职务的史霍玉,凭借祭祀土地神的内城又做奸邪之事。如今百姓纷纷议论,说有个程大人,察看他的风声,将成为国家的祸患。陛下应该慎重提防,明确设定禁令,以赵高、霍光之例为戒。要知道,天道会亏损盈满者,鬼神会福荫谦虚者。如果君臣不能保守秘密,君上会触犯漏言的警戒,臣下有丧失性命的祸患,希望妥藏微臣的奏章,不要让尽忠的官吏受到奸人仇人的怨恨。

这段奏章是简化版,录自清吴乘权《纲鉴易知录》。原奏章很长,而且对不少朝中奸佞指名道姓地抨击。汉灵帝看罢奏章,叹息不已,起而更衣时,被奸宦曹节偷看并且"悉宣语左右"。于是,那些受到蔡邕贬斥抨击的人无不对蔡邕恨之入骨,侧目思报。

蔡邕希望"无使尽忠之吏受怨奸仇",可是,汉灵帝是比汉桓帝更加不值得信任和帮助的昏君。以党锢之祸为例,汉桓帝时,"党人"只是遭到贬斥和禁锢,汉灵帝时则是大开杀戒,"党人"死亡者一百多人,受到牵连而死徙废禁者又六七百人。

最荒唐的是,汉灵帝公开标价卖官:"自关内侯、虎贲、羽林,入钱各有差。私令左右卖公卿,公千万,卿五百万。"(《后汉书·孝灵帝纪》)二千石官阶定价2000万官钱,一千石定价1000万官钱,以此类推。各县令等缺,视县之大小、民之贫富论价。并让求官者投标,出价高者中标上任。为扩大市场,还有优惠政策,钱少者可以挂赊欠账,到任后限期内加倍还钱。汉灵帝还懂得"杀富济已":富豪买官则要加倍付钱。权宦曹腾的养子曹嵩家资豪富,出1亿才买得太尉一职,高于定价10倍。

可笑的是,这个无道昏君卖官时还挺重视"德行"的,特别规定:有德望者买官可以半价。当时有个名士叫崔烈,就以500万的半价买了个司徒。当然,真有德望的大德之士是不可能花钱买官的,请都请不来呢。

蔡邕知道"君臣不密"的后果严重,所以提醒汉灵帝注意保密。可是,观察汉灵帝的所作所为,绝非能够保密、值得信任的人。把机密大事写在奏章里,泄密几乎是必然的。这种情况下,蔡邕写这种奏章的唯一效果就是树敌群奸、害死自己。除非蔡邕的德望强大到能够在极短的时间里感化、转化汉灵帝,而那是不可能的,想必蔡邕也不至于那样盲目自信。可见他知人不明也!

奸宦曹节把蔡邕奏章的内容泄露出去之后,中常侍程璜马上让人上奏章,揭发蔡邕的隐私之事。蔡邕被下洛阳狱,劾以大不敬罪,

“弃市。事奏,中常侍吕强愍邕无罪,请之,帝亦更思其章,有诏减死一等,与家属髡钳徙朔方,不得以赦令除”(《后汉书·蔡邕列传》),即使大赦天下也不予赦免。于此也可见汉灵帝的无情无义(髡钳是古代一种刑罚,剃去头发,铁圈束颈)。

谋害蔡邕的群体中,有一个人叫阳球,是汉末最大的酷吏。阳球见没有把蔡邕害死,又派武功高手追杀蔡邕,高手“皆莫为用”——都不肯干这种脏活;阳球又贿赂当地负责监视的官吏,使加以毒害,被贿赂者反而把实情告知蔡邕,让他加以戒备。阳球对要拉拢的人品性如此不了解,可见也是个毫无知人之明的混球!

二　孔子和子贡的知人之明

“人不知而不愠,不亦君子乎。”儒家很重视对他人的观察和了解,既要有自知之明,又要有知人之明。把知人视为最重要的智慧。《论语·颜渊》中樊迟问什么是仁,孔子说:爱人;问什么是智,孔子说:知人。爱人就是仁德,知人就是智慧。

“子曰……不知言,无以知人也”(《论语·尧曰》)知言是知人的必要条件。

不过,知言只是知人的条件之一,并非唯一条件。因为“有言者不必有德”(《论语·宪问》),言论高明道德不一定高尚。所以孔子又提醒,应对他人的言词保持谨慎态度:“君子不以言举人,不以人废言”(《论语·卫灵公》),意谓仅听其言是不够的,还需要进一步观其行。“宰予昼寝……子曰:始吾于人也,听其言而信其行;今吾于人也,听其言而观其行”(《论语·公冶长》)。

子曰:“视其所以,观其所由,察其所安,人焉廋哉?人焉廋哉?”孔子在这里强调的就是知人不易,要对一个人的动机、行为和喜好加以全面考察。

《大戴礼记》“卫将军文子第六十”(整篇文字又见《孔子家语》)载,子贡曰:“贤人无妄,知贤则难,故君子曰:知莫难于知人。”意谓因为贤能的人没有妄行,了解贤人就很困难。所以君子说:没有比了解他人更困难的了。

孔子

子贡

子贡姓端木名赐,是孔子的得意门生,列言语科的优异者,被孔子称为“瑚琏之器”。子贡办事通达,富有口才,善于雄辩和经商,曾经官至鲁卫两国的国相,是孔门七十二贤和孔门十哲之一,著名的政治家、外交家和大商人,孔门首富。

子贡曾向夫子请教:“贫穷而不谄媚,富裕而不骄傲,怎么样?”孔子说:“算可以了,但不如贫穷而快乐,富裕而好礼的人啊。”

为什么“贫而无谄,富而无骄”不如“贫而乐,富而好礼”?境界不同。“无谄无骄,止于有守而已;乐道好礼,则进而有为矣。”(杨树达)

这个“乐”字有深意。乐,是一种境界,是良知仁性的特征,是涵盖而超越一切世俗快乐的乐。乐不乐,是儒家“得道”与否的重要标准。“贫而无谄、富而无骄”者,修养很好,未必快乐;“贫而乐,富而好礼”者,则不论贫富皆能乐而好礼,乐在其中,得道了。

子贡极富政治智慧。《史记》记载了这样一件事:齐国田常想向鲁国用兵,孔子担心家乡遭到荼毒,责成众弟子阻挠齐国,解决此事。子路、子石、子张先后请命,都被孔子拒绝了,唯子贡请缨,得到孔子同意。由此可见孔子的知人善任。

子贡不辱使命,奔忙于齐、鲁、吴、越、晋之间,凭三寸不烂之舌,将高超的演说技巧和外交能力发挥得淋漓尽致,比起后来的张仪苏秦等纵横家更为厉害。《史记》赞美说:“故子贡一出,存鲁,乱齐,破吴,强晋而霸越。子贡一使,使势相破,十年之中,五国各有变。”

意思是说,子贡这一出动,保全了鲁国,扰乱了齐国,灭掉了吴国,强大了晋国,并使越国称霸。子贡一次出使,使得十年当中,齐、鲁、吴、晋、越五国的形势各有变化。

《史记·孔子世家》记载,孔子困于陈蔡之间,粮食断绝,情形危急,是“子贡使楚”而“楚昭王兴师迎孔子,然后得免。”子贡出使楚国,使得楚昭王出动部队来迎接孔子,解了孔子的困。

季康子问:“仲由可使从政也与?”子曰:“由也果,于从政乎何有。”曰:“赐也可使从政也与?”曰:“赐也达,于从政乎何有。”曰:“求也可使从政也与?”曰:“求也艺,于从政乎何有。”(《论语》)

季康子问:“可以让仲由从政了吗?”孔子说:“仲由刚毅果决,从政有什么难的。”问:“端木赐呢?”孔子说:“端木赐通达事理,从政有什么难的。”问:“冉求呢?”孔子说:“冉求多才多艺,从政有什么难的。”

子路勇于决断,子贡通达事理,子有多才多艺,各有所长。孔子因材施教,将来他们亦可各展所长,但在这三种特长中,达最难能可贵,对于从政也显得特别重要,比果敢和多才层次更高。只有通达事理,才能高屋建瓴,从宏观上把握全局和整体。

子贡特别师门情深。《史记》记载,夫子临死前,子贡来见夫子,夫子于门前见子贡至,叹曰:“赐,汝来何其晚也?”七天后孔子去世,众弟子服三年心丧,唯子贡庐墓六年才离开。

孔子去世以后,子贡的名声地位几乎凌驾于孔子之上,有些人认为子贡贤于孔子,子贡一一辩驳,并警告对方:“无以为也。仲尼,不可毁也。他人之贤者,丘陵也,犹可逾也。仲尼,日月也,无得而逾焉。人虽欲自绝,其何伤于日月乎?多见其不知量也。”

《大戴礼记》记载,子贡在卫文子的请求下,曾对他接触过的一些孔门弟子进行品行特征的介绍评价,例如:

——评颜渊:“夙兴夜寐,讽诵崇礼;行不贰过,称言不苟,是颜渊之行也。”起早摸黑,背诵经书,崇尚礼义,行为不犯第二次过错,说话引经据典很认真,这是颜渊的德行。

——评冉雍:“在贫如客,使其臣如借;不迁怒,不探怨,不录旧罪,是冉雍之行也。”身处贫困而矜持庄重,使唤臣仆客客气气,不转移怒气,不怨恨别人,不记着别人过去的罪过,这是冉雍的德行。

——评子路:“不畏强御,不侮矜寡;其言曰性,都其富哉,任其戎,是仲由之行也。”不害怕强暴,不欺辱鳏寡,说话遵循本性,相貌堂堂端正,能担任带兵打仗的任务,这是子路的德行。

——评子有:“恭老恤孤,不忘宾旅,好学省物而勲(同勤),是冉求之行也。”尊敬长辈同情孤小,不忘在外的旅人,喜好学习、体察万物而勤奋,这是冉求的德行。

——评公西赤:“志通而好礼,摈相两君之事,笃雅其有礼节也,是公西赤之行也。”志向通达又喜好礼仪,作为两国之间的傧相,忠诚雅正而有礼有节,这是公西赤的德行。

——评曾参："满而不满，实如虚，通之如不及，先生难之，不学其貌，竟其德，敦其言；于人也无所不信，其桥大人也，常以皓皓，是以眉寿，是曾参之行也。"完满却不满足，充实又如同虚空，通达却如赶不上，昔贤也难以做到；无所不学，外表恭敬，努力于德行，说话敦厚；对人诚信，没人不信任他的，是个大人。

——评子夏："学以深，厉以断，送迎必敬，上友下交，银手如断，是卜商之行也。"学习深入，认真判断，送迎宾客必定恭敬，和上下级交往界限分明，这是卜商的德行。

——评澹台灭明："贵之不喜，贱之不怒，苟于民利矣，廉于其事上也，以佐其下，是澹台灭明之行也。"富贵了不欣喜，贫贱了不恼怒；只要对民众有利，宁愿对上节俭，也要帮助百姓，这是澹台灭明的德行。

孔门十哲，即孔子门下最杰出的十位弟子，依次是颜回、闵子骞、冉耕、冉雍、冉求、子夏、子路、宰予、子贡、子游。子贡多数都介绍到了。

子贡作了这些评价之后，到鲁国见到孔子，说："卫将军文子向我问同学们的情况，再三请问，我推辞不掉，就把我所见到的告诉了他。不知道是否合适。"于是子贡就把和卫文子对话的情况告诉了孔子。孔子听后笑着说："赐啊，你有知人之明了。"接下去，孔子向子贡介绍了一些历史名家的品行德性，如伯夷叔齐、随武子、铜鞮伯华、蘧伯玉、柳下惠、晏平仲、老莱子、羊舌大夫等等人物，充分体现了孔子的知人之明，这里姑且从略。

子贡除了富有政治智慧，还富于商业智慧，堪称儒商之祖。孔子曾经评论他："赐不受命，而货殖焉，亿则屡中。"意思是说，端木赐不安受天命，去经商呢，预料行情总能料中。

不受命：不能安受天命，即不听从命运安排。一说，古者商贾需由公家主之，这里指子贡没有受命于公家就去做生意。孙齐鲁认为，还有一种说法，即子贡作为智商极高之士，却没有"受命"于孔子——没有真正用心继承孔子的内圣之学。而颜回早死，道统难传。子贡后来为夫子庐墓六年，其有深憾乎！

不少中国商人喜欢自称儒商，可文化立场或为法家，或为基督教，或根本没有立场，说什么儒商呢。儒商，首先是儒，其次才是商，像子贡才是真正的儒商。儒商可不仅仅是态度儒雅而已，首先必须以儒家标准自勉自律，道德挂帅，诚信为本，以义制利，君子爱财，取之有道。

想当年，晋商东家把数十万、甚至上百万的银两交给伙计，去遥远的蒙古、西伯利亚、欧洲做生意，一去几年，交通不畅，通讯不便；几年后，伙计们连本带利全带回。这在晋商是很平常的事。晋商五百年，从未出现一起“携款潜逃”的事件，创造了人类商业文明史的奇迹。这才是儒商群体呀。

某商人有句名言：“在法律允许范围内争取最大利润”。这句话说得不错，商贾逐利，份所应当。问题在于商贾们是否真的做到了“在法律允许范围内”？几十年来，假冒伪劣商品已成中国社会一大祸害，而落入法网的大小腕儿也前仆后继数不胜数，在在都证明着众多商贾在追逐利润的时候是超越和违背了法律规范的。

还有，执法者是否公正？法律本身是否公正？这都是问题。大量公开报道的事实足以证明，在不少地方，某些执法者不仅没能有效地行使维护社会公正、惩治违法犯罪的功能，反而猫鼠勾结、黑白混杂，或者为大大小小各类奸商骗枭保驾，为各种坑蒙拐骗违法犯罪行为护航。

假冒伪劣商品空前的泛滥，已充分证明众多商企早已道德法律双重失守，早已沦为奸商骗子乃至夺命杀手，证明当今商贾阶层和特权阶级在整体上已成为有史以来最为无良无耻卑鄙龌龊的群体。

须知，有财无德财难长保，乱世积财最是愚蠢。在乱世，财富越多风险越大，财富往往是祸胎——除非有大功德。自古以来，乱世富豪大多数没有好下场。西晋首富石崇和大富豪潘岳都被诬以谋反罪名而族灭。石崇临死前叹：“奴辈利吾财耳！”抓他的人说：“知财为祸，何不早散之？”崇不能答；潘岳母亲曾一再告诫他：“汝当知足，尚图利，干没不已乎！”被抓时，潘岳愧谢母亲：“负阿母。”

为了治病救人，让我在此发出一句严重的警告：靠假冒伪劣害人的产品，靠歪门邪道祸世的手段，纵能成一时之功发一时之财，最后也必难逃公道，难逃败亡的结局。即使侥幸逃脱法律的惩处，也难逃“货悖而入者，亦悖而出”的因果律。

当然，对现代商人不必苛求，特别是现代中国商人，经商环境太恶劣了。关键是，一要逆取顺守。如果已经逆取，如何花钱，大有讲究。一是应该用在正道上，为社会增福祉，为自己积功德；二是要有自知之明，摆正自己的位子，不能像某些商人，毫无师德而好为人师，充当人生导师。

三　周文王六征之法

《大戴礼记·文王官人》记述了周文王“官人”的“六征”之法，即六种选官察人的方法，官人，即用人为官。六征，为观诚、考志、视中、观色、观隐、揆德。这也可以说是六种心理测验方法，此篇文章堪称古代探讨心理测验方法的一篇专门文献。关于观诚、考志和视中，该文写道：

> 富贵者，观其礼施也；贫穷者，观其有德守也；嬖宠者，观其不骄奢也；隐约者，观其不慑惧也。其少，观其恭敬好学而能弟也；其壮，观其洁廉务行而胜其私也；其老，观其意宪慎，强其所不足而不逾也。父子之间，观其孝慈也；兄弟之间，观其和友也；君臣之间，观其忠惠也；乡党之间，观其信惮也。省其居处，观其义方；省其丧哀，观其贞良；省其出入，观其交友；省其交友，观其任廉。考之，以观其信；挈之，以观其知；示之难，以观其勇；烦之，以观其治；淹之以利，以观其不贪；蓝之以乐，以观其不宁；喜之以物，以观其不轻；怒之，以观其重；醉之，以观其不失也；纵之，以观其常；远使之，以观其不贰；迩之，以观其不倦；探取其志，以观其情；考其阴阳，以观其诚；覆其微言，以观其信；曲省其行，以观其备成。此之谓观诚也。
>
> 二曰方与之言，以观其志。志殷如深，其气宽以柔，其色俭而不谄，其礼先人，其言后人，见其所不足，曰日益者也。如临人以色，高人以气，贤人以言，防其不足，伐其所能，曰日损者也。其貌直而不侮，其言正而不私，不饰其美，不隐其恶，不防其过，曰有质者也。其貌固呕，其言工巧，饰其见物，务其小征，以故自说，曰无质者也。喜怒以物而色不作，烦乱之而志不营，

深道以利而心不移，临慑以威而气不卑，曰平心而固守者也。喜怒以物而变易知，烦乱之而志不裕，示之以利而易移，临慑以威而易慑，曰鄙心而假气者也。执之以物而遬惊，决之以卒而度料，不学而性辨，曰有虑者也。难投以物，难说以言，知一如不可以解也，困而不知其止，无辨而自慎，曰愚赣者也。营之以物而不虞，犯之以卒而不惧，置义而不可迁，临之以货色而不可营，曰洁廉而果敢者也。易移以言，存志不能守锢，已诺无断，曰弱志者也。顺与之弗为喜，非夺之弗为怒，沉静而寡言，多稽而俭貌，曰质静者也。辨言而不固行，有道而先困，自慎而不让，当如强之，曰始妒诬者也。征清而能发，度察而能尽，曰治志者也。华如诬，巧言令色足恭，一也，皆以无为有者也。此之为考志。

三曰诚在其中，此见于外；以其见占其隐，以其细占其大，以其声处其气。初气主物，物生有声，声有刚有柔，有浊有清，有好有恶，咸发于声也。心气华诞者，其声流散；心气顺信者，其声顺节；心气鄙戾者，其声斯丑；心气宽柔者，其声温好。信气中易，义气时舒，智气简备，勇气壮直。听其声，处其气，考其所为，观其所由，察其所安，以其前占其后，以其见占其隐，以其小占其大。此之谓视中也。

大意如下：

一、富贵者看他是否有礼施舍，贫穷者看他有没有道德操守，受宠时看他能否不骄奢，失意贫困时看他能否不畏缩。少年人看他是否恭敬好学孝悌，长大了看他是否践行廉洁克己去私，老年了看他是否勉于谨慎好礼，不失分寸。父子之间观察他们是否父慈子孝，兄弟之间观察他们是否和睦友好，君臣之间观察他们是否德惠忠实，乡党之间观察他们是否诚实互敬。检查他的日常生活，观察他的处世方法；检查他丧事的哀伤，观察他的忠贞善良；检查他进出的人家，观察他的朋友交际；检查他的朋友交际，观察他的诚信廉直。

考验他，以观察他的信用；设一个计谋，以观察他的智慧；让他险于危难，以观察他的勇敢；烦扰他，以观察他的办事能力；以利益诱惑他，观察他是否贪婪；以享乐施与他，看他是否荒逸；以物质让他高兴，观察他是否轻浮；让他生气，观察他是否稳重；灌醉他，以观察他是否误失；放纵他，以观察他是否保持常态；疏远他，以观察他是否有二心；亲昵他，以观察他是否不倦怠。反复验证他说的话，以观察他的细枝末节；多方面察看他的行为，以观察他的方方面面。以上叫做观诚。

二、常与他交谈，以观察他的志向。心志纯正深远的，他的气度宽广而柔和，他的情态谦恭而不谄媚，比他人更礼貌，言语谦逊，明白自己的不足，叫做日益进步者。给别人脸色，气势凌人，话说得好听，却句句掩饰不足，只夸耀自己能干的人，叫做日益退步者。

性格正直而不轻慢，言辞公正而不偏私，不装饰优点，不隐瞒缺点和遮掩错误的人，叫做有质者；外表邪曲谄媚，言辞精美巧妙，修饰那些显眼的事，求取细节以证明自己的看法，叫做无质者。

用外物诱他高兴或生气而他表情不变，用杂事烦扰他而心意不乱，用利益引诱他而意志不转移，恐吓威胁他而他不卑不亢，叫做平心而固守者；反之则叫做心志浅陋而志气虚伪者。

给一件事能迅速处理，突然惊动他而能应变从容，对不熟悉的事能够明辨是非，叫做有虑者；处理事情困难，语言表达困难，固执一端而不能变通，因循旧例而不知停止，叫做愚戆之人。

用杂事扰乱他而不出错，突然惊吓他而不畏惧，立身于义而不变心，面对钱财美色而不动摇者，是廉洁而果敢者。容易改变主意，心志不能固守，已经许诺的事不能决断者，是弱志者。

和顺地给予他而不为之高兴，无理地夺取他也不会生气，沉静寡言，博学而行为廉洁者，是本质宁静者。善于言辩而行为不正常，邦有道却贫困，自以为是而不谦逊，以是为非而强行者，是妒贤诬善者。

能显发隐微之事，能深远地审视，叫做治志者；言语浮夸不实，巧言令色足恭，都是以无为有者。以上叫做考志。

三、诚于中而形于外，以现象占卜其本质，以小节占测其大德，以声音决断其内气。太初之气生物，物质产生而有声音，声音有刚有柔、有浊有清、有美有丑，都生发于气。心气虚妄的人，他的声音漂移不定；心气平稳实在的人，他的声音顺畅有节奏；心气鄙陋乖戾的人，他的声音嘶哑难听；心气宽广柔顺的人，他的声音温柔平和。

诚信之气适中平易，仁义之气随时舒缓，智慧之气简大完备，勇武之气雄壮有力。聆听他的声音，判断他的气息，考察他的行为，观察他的动机，考证他的心地。

凭他的前事看他的将来，从他的表现看他的隐微，从他的小处测他的大处。以上叫做视中。

其余观色、观隐、揆德等观人方法，都相当深刻独到，文长不引。

《文王官人》进一步提出“九用”说，即对九种不同气质和特长的管理人才，让他们担任九个方面的工作。周文王求贤若渴，很有识贤观人的慧眼，《诗经》云：“济济多士，文王以宁。”其开辟周王朝八百年天下的空前绝后的成功，良有以也，岂徒然哉。

四 李克的观人五法

李克对魏文侯说过观察人的五个办法：“居视其所亲，富视其所与，达视其所举，穷视其所不为，贫视其所不取。”意思是说，平时看他亲近什么人，富了看他怎么花钱，贵了看他举荐什么人，失意时看他不做什么事情，贫困时看他不拿什么东西。这个“五视”观人法，虽然简单却具体深刻，可以借此深度了解一个人的品德操守和志向。

李克即李悝，战国初期魏国著名政治家，为文侯心腹大臣，主持变法。桓谭认为李悝是文侯之师，班固、高诱认为他是文侯之相。李悝曾受业于子夏门下，然其学术介于儒法之间。后人往往把李克列入法家，也没错。《汉书·艺文志》有《李子》32 篇，列为法家之首。班固注：“名悝，相魏文侯，富国强兵。”注意，法家有两种：一种重道德，“假仁假义”，如管仲晏子，充满儒家色彩和道德追求，导出的是霸道；一种反道德，违仁悖义，如商鞅、韩非、李斯，导出的是暴政。

另外，由于《汉书》以李悝与李克为两人，后代也有学者认为李悝是法家，李克是儒家。兹不详论。

魏文侯在用魏成还是翟璜为相的问题上犹疑不决，征求李克的意见。李克没有正面回答，而是提醒魏文侯，您只要根据这五个方面去比较魏成和翟璜的为人，就足以确定谁更适合担任国相了，哪里还用问我呢！

魏文侯马上醒悟，说：请先生回去休息，我的国相已经定了！魏成和翟璜都是富贵之人，魏文侯根据李克的提醒，通过“富视其所与，贵视其所举”对两位进行比较，最终确定魏成担任国相。

《资治通鉴·周纪一》记载：李克从王宫出来，碰到翟璜，翟璜问李克，魏文侯决定了谁来担任国相吗？李克说：肯定是魏成。翟璜很不服气，愤然作色说：“西河守吴起是我举荐的；国君担心邺这个地方难治理，我推荐了西门豹；国君想讨伐中山国，我推荐乐羊；拿下中山后，没有合适的人去治理，我推荐先生您；国君之子没有师傅，我推荐屈侯鲋。我有什么比不上魏成的呢！”

李克回答说：“我之所以知道国君一定会任用魏成为相，是因为魏成虽然食禄千钟，但他的财富有九成都花在为国家访求贤人方面，更从东方录访到卜子夏、田子方、段干木。这三个高人，国君把他们当做老师，而你所推荐的五个人，国君都把他们当做臣下，你怎么能跟魏成相比呢！”李克一番话说得翟璜心服口服。也可见翟璜尊道服理、从善如流的精神。

“西河守吴起，臣所进也。”吴起的确是翟璜推荐的，不过，李克也出了力。《资治通鉴》载，魏文侯向李克咨询，吴起何如人，李克回答：“起贪而好色，然用兵，司马穰苴弗能过也。”于是文侯以之为将，击秦，拔五城。李克对吴起的评价十分中肯。

能够拜卜子夏、田子方、段干木为师，重用李克、魏成、翟璜、西门豹、乐羊、屈侯鲋、吴起这么多人才，而且量才使用，可见这个魏文侯也是个了不起的人物，很有知人之明。难怪魏国盛极一时，到战国中期才逐渐衰落。

魏文侯之后是魏武侯，然后是魏惠王。魏惠王的智慧眼光远不如乃祖。他“卑辞厚礼以召贤者，于是孟子至梁”。孟子与他论仁义，谈王道，他很赞成，却不用。魏相公叔痤临死前向他推荐卫鞅（商鞅），他也不用。《资治通鉴》记载了他与齐威王在郊野相约狩猎时的一段问答。

魏惠王问：“齐国也有什么宝贝吗？”齐威王说：“没有。”魏惠王说:“我的国家虽小,尚有十颗直径一寸以上、可以照亮十二乘车子的大珍珠。以齐国之大,难道能没有宝贝?”齐威王说:“我对国宝的看法和你可不一样。我的大臣中有位檀子,派他镇守南城,楚国不敢来犯,泗水流域的十二个诸侯国都来朝贺。我的大臣中有位盼子,使他守高唐,赵国人怕得不敢向东到黄河边来打鱼。我的官吏中有位黔夫,令他守徐州,燕国人在北门、赵国人在西门望空礼拜求福,相随来投奔的多达七千余家。我的大臣中有位种首,让他防备盗贼,便出现路不拾遗的太平景象。这四位大臣,光照千里,岂止是十二乘车子呢!”魏惠王听了十分惭愧。

这段对话充分表现了魏惠王的目光短浅以及齐威王的知人之明。后来魏惠王用庞涓为将,齐威王拜孙膑为师,结果众所周知:庞涓败于孙膑,魏师败于齐军。魏国到了魏惠王的儿子魏襄王,就更没出息了,《孟子见梁襄王》中,孟子告诉别人自己对魏襄王的印象:“望之不似人君,就之而不见所畏焉”,鄙视之情溢于言表。

顺及,孙膑遭到老同学庞涓的欺骗迫害,丢了双脚后装疯卖傻,终于死里逃生,被视为智慧楷模。其实,他如果真有知人之明,当初根本就不会上老同学的当。

五 吕氏的识人之法

《吕氏春秋》在《论人》中提出“八观六验”“六戚四隐”等考察贤士的识人之法。“八观六验”是:

> 凡论人,通则观其所礼,贵则观其所进,富则观其所养,听则观其所行,止则观其所好,习则观其所言,穷则观其所不受,贱则观其所不为。喜之以验其守,乐之以验其僻,怒之以验其节,惧之以验其特,哀之以验其人(通“仁”),苦之以验其志。

“八观”是根据一个人在显达、尊贵、富有、听言、赋闲、学习、困窘、卑贱等不同境遇中的行为表现来了解其内在修养的观察法。“六验”则堪称实验法,通过一定的方法诱导出一个人相应的喜乐怒惧哀苦等情感,观察他在这些情感支配下的行为,以鉴别其节操、意念、气度、品行、仁爱、意志等人格特征。

"六戚四隐"是：

> 论人者，又必以六戚四隐。何谓六戚？父母兄弟妻子；何谓四隐？交友故旧邑里门郭（门客亲信）。

即从处理与父母、兄弟、妻子的关系上考察其伦理道德，从处理与熟人、老乡、亲信的关系上考察其政治品质。

通过对观察对象的相貌表情、言谈举止、心理品质、主要社会关系等进行的全方位考察，得出的结论就比较全面。

《吕氏春秋》虽属杂家，颇有儒风。其在《士容》《下贤》《知分》《离俗》《谕大》等篇中，以儒家精神为主、道家色彩为辅，描绘了各种理想中的士人的形象和特征。

首先要有大德。《士节》说："士之为人，当理不避其难，临患忘利，遗生行义，视死如归。"《不苟》说："贤者之事也，虽贵不苟为，虽听不自阿，必中理然后动，必当义然后举。此忠臣之行也。"

其次要有大才，象伊尹、吕望、管仲等人一样，"说义以听，方术以行，能令主上至于王，下至于霸。"

最后要直言谏诤，在道义与君主发生矛盾时，从道不从君。《贵直》中，葆申甚至可以承先王之令鞭笞君主。

《吕氏春秋》中描绘的理想人格除具备上述一般特点外，还要以天下为已任，高瞻远瞩，心胸开阔，见识高远，志向远大。《吕氏春秋》鼓励士人立大志、干大事，致力于为国建功立业，心系社稷天下，而不能像燕雀那样只求个人的安逸。

《士容》中写道："傲小物而志属於大""骥骜之气，鸿鹄之志"；《下贤》中写："贵为天子而不骄倨，富有天下而不骋夸"，"志气之远"；《务大》与《谕大》让人致力于国家大事，追求远大目标，得乎中必取乎上等，都表现出这一特点。

《吕氏春秋》列举了理想之士的仪容举止，品格风范，诸多美德。如谦虚谨慎，忠厚淳朴，胸襟宽广，光明磊落，思想深邃，重义贵德，恪守礼义，严于取舍，公正无私，高节厉行，坚忍不拔，刚毅果敢，无所畏惧，外柔内刚，超世脱俗，不汲汲于势利，不戚戚于贫贱，不折腰于权威，不巧谋谲诈，不骄纵恣睢，不自以为是等等。

另外，理想士人超脱生死，通达荣辱，具有“柔而坚”“虚而实”“不以侈大”“羞用巧卫”“难动以物”“心甚素朴”“物莫之害”“不漫於利”“不牵於执”“羞居浊世”等特点。

理想中的贤士，有节义之德，有忠直之品，有王佐之才，以“三王之佐”为榜样，以国家天下为己任。《应同》说：“故君虽尊，以白为黑，臣不能听。”这与儒家“从道不从君”思想完全一致。道高于势，以道事君，在道义与君主发生矛盾时，贤士应该遵循道义。（本节参考：王启才“《吕氏春秋》论士”）

六 古人的妙观察智

何以知人？不外乎从其外在表现进行观察。一个人的“内存”是藏不起、遮不住、掩不了的，其文化德智水准如何，会从其行为举止言论文章中表现出来，有慧眼的人能够从中判断出对方品格的高低优劣，这就是知人之明。

三国魏刘劭有“八观”：“八观者，一曰观其夺救以明间杂，二曰观其感变以审常度，三曰观其志质以知其名，四曰观其所由以辨依似，五曰观其爱敬以知通塞，六曰观其情机以辨恕惑，七曰观其所短以知所长，八曰观其聪明以知所达。”（《人物志》）

诸葛亮在《知人》一文中提出识人七法：“一问之以是非而观其志，二穷之以辞辩而观其变，三咨之以计谋而观其识，四告之以祸难而观其勇，五醉之以酒而观其性，六临之以利而观其廉，七期之以事而观其信。”

《庄子》里也提出了一个观人模型，叫“八验”：远使之以观其忠，近使之以观其敬，烦使之以观其能，猝问之以观其智，急与期以观其信，醉以酒以观其性，杂以处以观其色，示以利以观其廉。

这些都是古人观人识人验人的智慧结晶，值得今人参考。

要认识一个人，说难很难，所谓人心叵测（这个词本含贬义，形容人心险恶。这里仅为人心不可探测之意）；说容易有时又很容易。一般情况下，用不着八观、八验，也不用听对方长篇大论，三言两语就足以把发言者的脏腑心眼披沥出来了，就足以判断对方值不值得交往,值不值得教导或者值不值得一见了。一言以为智,一言以为不智,此之谓也。

不仅如此,有时候即使对方不发一言,仅凭神态眼睛,就可以透视他的内在情况,看清其"内容"的深浅优劣了。

孟子说:"君子所性,仁义礼智根于心,其生色也睟然,见于面,盎于背,施于四体。四体不言而喻。"(《孟子·尽心篇上》)意谓君子本性所显,仁义礼智都根植于内心,表现出来的气色醇和温润显现在脸上,洋溢在背上,散布到四肢,举手投足间尽显无疑。

实践仁义礼智,会使气质变化,"睟面盎背"是道德修养到家的表现。程子曰:"睟面盎背,皆积盛致然。四体不言而喻,惟有德者能之。"

孟子又说:"存乎人者,莫良於眸子。眸子不能掩其恶。胸中正则眸子了焉,胸中不正则眸子眊焉。听其言也,观其眸子,人焉廋哉!"(《孟子·离娄上》)意谓观察一个人,没有比观察他的眼睛更好的办法了。眼睛掩藏不了邪恶。心胸正直眼睛就明亮,心地不光明正大,眼睛就浊暗。听他的言论,观察他的眸子,这人(内心好坏)怎么隐藏得了呢?

学识、智慧、道德三者原则上成正比,即学识越好智慧越深,智慧越深道德越高。有学识而没智慧者,貌似见多识广,其实肤杂浅薄,博而不渊;有智慧而没道德,貌似聪明机智,其实匮乏正见,属于"大愚如智"类型;有道德而没智慧者,道德终究高不到哪里去。但有没学识而有智慧者,如不识字的山野村夫慧能,这属于特殊情况,慧能后来成为大宗师,学识也提高了。

学识、智慧、道德都有高低之别,且有真伪之异,要正确判断,有赖于知人之明;要有知人之明,则有赖于妙观察智。

佛教有"四智":成所做智、妙观察智、平等性智、大圆镜智。儒家借用其名相另予理解。

成所做智:指办事能力,属于齐家治国平天下的范畴;妙观察智:择法之法眼和择人之慧眼,指能够深入观察、正确判断宇宙万象,属于格物致知的范畴;平等性智:指识自本性,明白人人皆有良知、人人良知平等、人人皆可为尧舜的道理,属于诚意正心的范畴。

成所做智、妙观察智和平等性智,共同成就大圆镜智——最高最大最圆满的智慧。物来则应,物去不留,用之则行,舍之则藏,从心所欲不逾矩。大圆镜智是圣人智慧,圆证良知圆照一切。

妙观察智与平等性智相反相成。妙观察智针对一切物质现象、生命现象和精神现象,包括各种人物及其思想,平等性智"针对"人之本性,即宇宙生命的本质,也就是"天地之心""道心",此相反也;妙观察智的深入有助于平等性智的获得,平等性智的获得有助于妙观察智的开发,此相成也。

知人之明属于妙观察智范畴。自古很多儒官儒将都很知人。如"权倾天下而朝不忌,功盖一代而主不疑"的中唐名将郭子仪,其对卢杞小心翼翼的防范,就充分体现了他的知人之明。《资治通鉴》记载:

> 御史中丞卢杞,奕之子也,貌丑,色如蓝,有口辩。上悦之,丁未,擢为大夫,领京畿观察使。郭子仪每见宾客,姬妾不离侧。杞尝往问疾,子仪悉屏侍妾,独隐几待之。或问其故,子仪曰:"杞貌陋而心险,妇人辈见之必笑,他日杞得志,吾族无类矣!"(《资治通鉴·唐纪》)

大意是,御史中丞卢杞是卢奕的儿子,相貌丑陋,面色如蓝靛,能言善辩,德宗很喜欢他。丁未时,德宗提升卢杞为御史大夫,兼任京畿观察使。郭子仪呢,他原本每次会见宾客,姬妾都不离身边。卢杞去探其病时,郭子仪却将随侍的姬妾悉数屏退,只一人接待卢杞。有人询问原故,郭子仪说:"卢杞面貌丑陋而心地险恶,女人见了必然要发笑,以后卢杞得志了,我便举族无一幸免了!"

关于这一史实,新旧《唐书》均有记载。后来的事实证明,郭子仪对卢杞会得志和得志后会迫害不喜之人的判断,都十分准确。卢杞当宰相后陷害了不少人,而郭子仪一家处境相对略好。

七　抓大放小

知人,包括忽略小德细节,抓住主要矛盾,避人之短,用人之长。唐太宗说,君子用人如器,各取所长。美国南北战争时,林肯重用一名曾经酗酒的将军，终于扳回劣势赢得胜利。

人非圣贤孰能无过。圣贤标准可以拿来自勉自律，但不能拿来苛责他人，所谓躬自厚而薄则于人。对于他人，只要“大人格”没问题就好。

子夏曰：“大德不逾闲，小德出入可也。”(《论语·子张篇》)，大节上不过界，小节上有点出人是可以的。足见儒家通情达理，衡人不唯小德。朱熹说：“言人能先立乎其大者，则小节虽或未尽合理，亦无害也。”(《论语集注》)钱穆说：“论人与自处不同。论人当观其大节，大节苟可取，小差自可略。”(《论语新解》)

小节与大节即小人格与大人格，有关系又有区别，小节对大节有影响但不是决定性的影响，小节可供参考，但不宜无限上纲无限放大，不宜“以小判大”。以一时一地的小节出入而论断和否定一个人的整体品格，乃世俗小人之见也。

如管仲，究其小节，未能尽善，但他能够协助桓公九合诸侯一匡天下，仍受到孔子高度赞扬，称“如其仁，如其仁”。“君子不可小知而可大受”就是这个道理。《吕氏春秋》中有一个齐桓公不拘一格重用宁戚的故事：

> 宁戚欲干齐桓公，穷困无以自进，于是为商旅将任车以至齐，暮宿于郭门之外。桓公郊迎客，夜开门，辟任车，爝火甚盛，从者甚众。宁戚饭牛居车下，望桓公而悲，击牛角疾歌。桓公闻之，抚其仆之手曰：“异哉！之歌者非常人也。”命后车载之。
>
> 桓公反，至，从者以请。桓公赐之衣冠，将见之。宁戚见，说桓公以治境内。明日复见，说桓公以为天下，桓公大悦，将任之。群臣争之曰：“客，卫人也。卫之去齐不远，君不若使人问之，而固贤者也，用之未晚也。”桓公曰：“不然。问之，患其有小恶，以人之小恶，亡人之大美，此人主之所以失天下之士也已。”凡听必有以矣。今听而不复问，合其所以也。且人固难全，权而用其长者。当[是]举也，桓公得之矣。(《吕氏春秋·举难》)

用人最难，首先难在识人。桓公识人有术，只求识其大体，不需明察暗访，以免“以其小恶亡人之大美”，因为人的小缺陷而忽略了大好处。齐桓公人品不咋地,却能称霸一时,良有以也。小节与大节都完美无缺,当然好,但完人毕竟难觅。用完人的标准去要求苛责他人,本身就是不明智的。《资治通鉴·周纪一》记载了子思的用人观:

> 子思言苟变于卫侯曰:"其才可将五百乘。"公曰:"吾知其可将。然变也尝为吏,赋于民而食人二鸡子,故弗用也。"子思曰:"夫圣人之官人,犹匠之用木也,取其所长,弃其所短。故杞梓连抱而有数尺之朽,良工不弃。今君处战国之世,选爪牙之士,而以二卵弃干城之将,此不可使闻于邻国也。"公再拜曰:"谨受教矣!"(《资治通鉴·周纪一》)

卫侯重视品德是对的,可是,他只看到苟变一点微不足道的毛病,而看不到苟变的大将之才,弃之不用,"以二卵弃干城之将"(苟变做税吏的时候,有次收税吃了老百姓两个鸡蛋)。这就是瞎了眼了。好在卫侯从善如流,一经子思提醒,马上改正。

八　左宗棠的故事

儒到大处,自有辨理的法眼和识人的慧眼,一般文人则不具备,很容易误把伪人当伟人,误把歪理当真理。五四以后的知识分子,比起古代儒家士子,不仅文化品德差得远,眼光智慧也差得远。

另拿清朝儒家群体来说,太平天国起事之时,檄文写得冠冕堂皇,招牌打得响当当,什么"忍令上国衣冠,沦于夷狄,相率中原豪杰,还我河山。"可是谁是夷狄或谁更夷狄,却瞒不过绝大多数儒者。

电视连续剧《太平天国》中有这样一个故事:1852 年太平军围攻长沙时,左宗棠化装成打柴人,只身入太平军营,谒见翼王石达开,自称姓高名季左(左宗棠字季高,此为其姓字倒写),纵谈天下形势,为太平军出谋献策。石知他实为湖湘名士左宗棠,欲为引荐给天王洪秀全。后遇东王杨秀清,左向东王直言太平军兴以来三大失误,东王不悦,竟要以"清妖坐探"罪名捉拿左。左大失所望,决定不再进见天王,拜别石达开而去。

这个故事倒不是空穴来风。民国时期日本学者稻叶君山所著《清朝全史》写道：

> 据长沙人言，洪天王围长沙时，有一人布衣单履，与天王论攻守、建国之策。天王不能用，其人乘夜逃去。后湘人欲缚此献策者，因不知其姓名，其事遂寝。然考清末刊行之书，有曰《支那》者，以为此人即左宗棠也，且劝洪天王弃天主耶稣，专崇儒教。推察左宗棠之性格，此说或不诬也。

1947 年，范文澜《中国近代史》写道："据比较可信的传说，当太平军围长沙时，左宗棠曾去见洪秀全，论攻守、建国的策略，劝放弃天主耶稣，专崇儒教。秀全不听，宗棠夜间逃走。"

1962 年，香港猛进书屋出版了简又文所著《太平天国全史》一书，其第七章的一个注释中引述了上述传说："据传说：左宗棠初以怀才不遇，郁郁不得志，尝投太平军，劝勿倡上帝教，勿毁儒释，以收人心。惟洪、杨以立国之源头及其基础乃在新教，不能先自坏之，不听。左乃离去，卒为清廷效力。"

上述所言都属捕风捉影，我相信不是真的，因为没有必要。太平天国和洪秀全们值不值得效力，凭左宗棠的儒学修养，根本用不着通过实地考察才能得出结论，仅凭他们拜上帝会的信仰和一起事就反儒反孔的行径，足以作出判断了。凭这两点，石达开的噩运和太平天国队伍中正人君子的噩运也就已经注定了。至于洪秀全们个人品质怎样已无意义，凭这两点，他们最好也好不到哪里去，就像商韩派法家最好也好不到哪里去一样。

九　乃知帝王自有真

马援是东汉开国功臣之一，为东汉的统一战争立下赫赫战功。新莽末年，天下大乱，马援初为陇右军阀隗嚣下属，甚得隗嚣信任和器重，曾派他往西蜀了解另一个军阀公孙述的情况。

马援与公孙述是同乡，自以为老乡相见，当脱略形迹，握手言欢，没想到公孙述煞有介事地摆起皇帝架子来，先盛陈兵卫，请马援进见;刚见过礼,马上让马援出宫住进宾馆;接着命人给马援制作都布单衣、交让冠,然后在宗庙中聚集百官,设宴招待。公孙述来赴会,途中摆列仪仗前呼后拥,在宗庙则完全按君臣礼节招待百官,给马援设了旧交的位置。席间,公孙述表示要封马援为侯爵,并授予他大将军之位。马援的随从都乐意留蜀为官,马援对他们说:

> 天下雄雌未定,公孙不吐哺走迎国士,与图成败,反修饰边幅,如偶人形。此子何足久稽天下士乎。《后汉书·马援列传》

马援回来后对隗嚣说:"子阳(公孙述的字)井底蛙耳,而妄自尊大,不如专意东方。"后来,隗嚣让马援带信到"东方"洛阳去见刘秀。看看刘秀是如何接见马援的:

> 援至,引见于宣德殿。世祖迎笑谓援曰:"卿遨游二帝间,今见卿,使人大惭。"援顿首辞谢,因曰:"当今之世,非独君择臣也,臣亦择君矣。臣与公孙述同县,少相善。臣前至蜀,述陛戟而后进。臣今远来,陛下何知非刺客奸人,而简易若是?"帝复笑曰:"卿非刺客,顾说客耳。"马援曰:"天下反覆,盗名子者不可胜数。今见陛下,恢廓大度,同符高祖,乃知帝王自有真也。"(《后汉书·马援列传》)

"乃知帝王自有真"。自古以来,能成大事者,即使凶狠之徒,其性情中也不乏真的一面,自有真挚真心真性情,何况出身儒门的光武帝刘秀。即便刘秀之真仍然有限,还没有达到真正的返璞归真之境。真正的真境是天性之真,是《中庸》的诚,唯圣人才能抵达。

返回陇右后,隗嚣问以东方流言及京师得失。马援称赞刘秀为人:"阔达多大节,略与高帝同。经学博览,政事文辩,前世无比。"后来隗嚣不听马援劝告,发兵拒汉。马援上书刘秀表明心迹,详细设计了对付隗嚣的办法,游说羌族的豪长和隗嚣手下的将领高峻、任禹等人,向他们陈说祸福利害,做分化工作。后来,隗嚣死于非命,公孙述亦兵败族灭。

值得一提的是,这个公孙述也很"尊儒",只是他的"尊"法让人受不了,非得招来封以高官厚爵不可,否则就赐以毒酒或逼其自杀。当时蜀地的几个名儒,李业饮毒而死,王皓、王嘉自刎,犍为、费贻漆身为癞，阳狂逃避，任永、冯信托青盲眼病以辞公孙述的征用。谯玄接受毒药，但他儿子向在场的太守叩头泣血，愿意奉上家财千万为父赎死，太守报告上去，获得公孙述同意。

公孙述够坏，这些儒者也不智。既然不屑为公孙述所用，早该想办法离开蜀地了，或者把自己的名声略略弄坏一点，也不失为避难的办法之一。与管宁同时的一个大儒，就是“为商贾以自秽”的。

公孙述式的“尊儒”法，为后世不少奸雄效仿，东汉末年的董卓也是这样“尊儒”的。蔡邕因为进言汉灵帝而得罪群奸，亡命江海十二年。董卓久仰其名，进京站稳脚跟就征辟他，蔡邕称病不就。董卓大怒，骂道：“我力能族人！”（意思是你不从我的话，我可灭你的族！）蔡邕迫不得已应征，后来为董卓之死悲泣，死于司徒王允之手。

史载，王允将蔡邕收付廷尉治罪的时候，经学大师马融的族子、时任太尉的马日磾赶去对王允说：

> “伯喈旷世逸才，多识汉事，当续成后史，为一代大典。且忠孝素著，而所坐无名，诛之无乃失人望乎？”允曰：“昔武帝不杀司马迁，使作谤书，流于后世。方今国祚中衰，神器不固，不可令佞臣执笔在幼主左右。既无益圣德，复使吾党蒙其讪议。”日磾退而告人曰：“王公其不长世乎？善人，国之纪也；制作，国之典也。灭纪废典，其能久乎！”邕遂死狱中。允悔，欲止而不及。（《后汉书·蔡邕列传》）

马日磾不幸而言中。王允成功策划了对董卓的刺杀，但是没有逃过董卓余党李傕、郭汜等人的反扑，被灭族。王允死后，“天子感恸，百姓丧气”。

王允这种人中外古今都有，儒门中也不少，品格好，有节操，可是性情急躁，作为政治家终究美中不足，也容易坏事。蔡邕死后，王允很后悔。奈何人死不能复生，后悔已经太迟，归根结底还是智慧不足。

言归正传。天下统一之后，马援虽已年迈，仍请缨东征西讨，西破羌人，南征交趾（今越南）。马援平生多豪言，“老当益壮”“马革裹尸”这两个成语就出自马援之口，其《诫兄子严敦书》是脍炙人口的古文名篇，其中有两句名言：

效伯高不得，犹为谨敕之士，所谓刻鹄不成尚类鹜者也。效季良不得，陷为天下轻薄子，所谓画虎不成反类狗者也。

东汉初有两位名人，社会影响很大。一个叫龙伯高，为人厚道，节俭自重，谦虚谨慎，奉公守法；一个叫杜季良，轻财尚义，行为豪放，广交三教九流。当时人教育孩子，多以这两人为榜样。

马援带兵在外，在写给孩子的家书中说，龙伯高、杜季良都值得敬重，但是我宁愿你们学龙伯高而不学杜季良。学不成龙伯高，还可以成为一个谨慎谦虚的人，所谓“刻鹄不成尚类鹜者也”；学不好杜季良，很容易变成轻薄浪荡的人，那就“画虎不成反类犬”了。

马援当过督邮。这是汉代各郡的重要属吏，代表太守督察县乡，宣达政令兼司法。一次，他奉命押送囚犯，中途私自将其放掉，自己逃往北地郡。后天下大赦，马援就在当地畜养起牛羊来。时日一久，不断有人从四方赶来依附他。他带着这些人游牧于陇汉之间，常常对宾客们说：“大丈夫立志，穷当益坚，老当益壮。”马援种田放牧，因地制宜，多有良法，因而收获颇丰。但马援说：“凡殖货财产，贵其能施赈也，否则守钱虏耳”（《后汉书·马援列传》）。把所有财产都分给兄弟朋友，自己过着清简的生活。

马援素有知人见事之明。马援的侄婿王磐是王莽堂兄王仁之子。王莽事败，王磐仍住在原地，拥有巨额资财。他为人任侠尚气，爱士好施，在江淮间大有声望。后来，又游历京都，与卫尉阴兴、大司空朱浮、齐王刘章结为朋友，日与往来。马援对外甥曹训说：“王氏，废姓也。子石当屏居自守，而反游京师长者，用气自行，多所陵折，其败必也。”（《后汉书·马援列传》）不出马援所料，过了一年多，王磐果然受官司牵连，死在洛阳狱中。

王磐的儿子王肃不知检束，又出入北宫和王侯府第。马援提醒王肃和司马吕种说，你们这样下去很危险，会“兴大狱”的。后来有人上书，认为王肃等人出于被废黜的人家，有借事生乱之嫌。皇帝下诏命令郡县收捕各位王子的宾客，互相牵引，诛死千人以上，吕种也在处死之列。临死时叹息说：“马将军诚神人也。”（《后汉书·马援列传》）

马援自己的结局也不够完美。他奉命征五溪,师老无功,遭到马武等人的谗毁,以致死后不能“丧还旧茔”。范晔在《后汉书》中论马援:“其戒人之祸,智矣,而不能自免于谗隙。岂功名之际,理固然乎?”

孙犁先生晚年,关于中国古籍,写下大量书话一类文字,曾以《耕堂读书记》之名结集。他评论马援说:

> 马援口辩,有纵横家之才,齐家修身,仍为儒家之道;好大喜功,又备兵家无前之勇。其才智为人,在光武诸将中实为佼佼者。然仍不免晚年悲剧。范晔所言是矣。功名之际,如处江河漩涡之中;即远居边缘,无志竞逐者,尚难免被波及,不能自主沉浮,况处于中心,声誉日隆,易招疑忌者乎?虽智者不能免矣。

十　性明知人郭林宗

郭泰字林宗,东汉末学者,身长八尺,相貌魁伟,与李膺等交游,名重洛阳。李膺力反宦官专政,被太学生们赞美为“天下楷模李元礼”,相当于学生领袖。士人受他接纳,被称为“登龙门”。李膺接见郭泰后,非常欣赏郭泰人品才学,待以师友之礼。他感慨:“读书人我见得多了,可是象郭林宗这样聪明高雅博学多能的人,还真是少见。”

郭泰游太学时,针对当时宦官专权、政治无道的局面,与贾彪等儒者大加挞伐,直言褒贬。在他们的带动和影响下,一时朝野“竟以臧否相尚”,致使“公卿以下”均惧其贬议而不敢登太学之门,郭泰被太学生推为领袖。太学生把敢于同宦官进行斗争的全国三十五位大名士冠以“三君”(一世所宗)、“八顾”(德行引人)、“八俊”(人中俊杰)、“八及”(导人追宗)、“八厨”(以财救人)等称号,郭泰被尊为“八顾”之首。

党锢祸起,知名之士多遭到迫害。“凡党人死者百余人,妻子皆徙边。天下豪杰及儒学有行义者,宦官一切指为党人,其死徙废禁者，又六七百人。”（《资治通鉴·汉纪》）可以说是暴秦以后对儒家文化和群体一次最沉重的摧残。郭泰虽有鲜明精辟的政见，好在有一定节制，“虽好臧否而不为危言激论”，得免于党祸。不过，他听到许多名士枉死，大哭一场，悲愤交瘁，病卧家中，很快就去世了，终年42岁。弥留之际言“汉室灭矣”。

郭泰不求仕进，屡征不起，《后汉书》记载：“司徒黄琼辟，太常赵典举有道。或劝林宗仕进者，对曰：吾夜观乾象，昼察人事，天之所废，不可支也。遂并不应。性明知人，好奖训士类。”“其奖拔士人，皆如所鉴。”虽然他自己不愿当官，但通过日常小事，发掘了好多优秀人才，就鼓励他们好好求学，使他们终有所成。这些表现了郭林宗的知人和“奖拔士人”的热诚。由于郭林宗的奖励推进而成名的人很多。

有天下雨，郭泰和同事们在树下避雨，其他人都歪坐着，只有一个人举止斯文正襟危坐。郭泰有意跟他说话，互通了姓名，要求在他家借宿一宵，此人正是茅容，坦然应允。第二天一早，茅容杀了一只鸡，郭泰暗想这是要款待自己。没想到茅容做好之后送给了母亲，然后自己与郭泰一起共用平常的饭菜。郭泰很感动，对茅容说：“你太贤良了，真是我的好朋友。”于是劝他读书求学。茅容按他指点去做，后来成了名士。

有一次，在钜鹿这个地方，有个人背着沙锅走路，沙锅掉到地上摔碎了，那个人却头也不回继续前走。郭泰看见了，便喊住那个人，问他沙锅摔了怎么也不看看。那人说：“沙锅已经破了，看它有什么用呢？”郭泰很欣赏这人的决断。这个叫孟敏的人也在郭林宗的鼓励下进了太学，十年后成了名士。

庾乘在县署当看门人，申屠蟠是油漆工，都因为得到郭林宗的赏识、鼓励和帮助而成为一代名家。庾乘受到官府多次征召都不去，申屠蟠后来成为经学名家。《后汉书·申屠蟠传》介绍，这个申屠蟠也很有先见之明。申屠蟠见范滂等非议朝政极为激烈，自公卿以下皆折节下交，太学生争着仰慕他们的风范，就叹息说：“昔战国之世，处士横议，列国之王，至拥先驱，卒有坑儒烧书之祸，今之谓矣。”于是隐居山野，自同佣人。两年后，范滂等遭遇党锢之祸，独申屠蟠超然无事。

后来董卓入京，征召申屠蟠和荀爽等名儒。荀爽等人害怕董卓的残暴，不敢不至，结果都死于非命，唯有申屠蟠不肯应聘，得以寿终正寝。

山东济阴黄允，很有才能和名气。郭林宗见到他后对他说："卿高才绝人，足成伟器，年过四十，声名著矣。然至于此际，当深自匡持，不然，将失之矣！"意思是说，您的才能出类拔萃，足以成为担当大事的人物。然而要注意坚持道德规则，以免失足。

后来司徒袁隗为他的侄女谋求婚姻，见到黄允，叹道："得婿如是，足矣。"黄允听到后就驱逐结发之妻夏侯氏。妻子请求大集家族亲人搞一个告别仪式，并在大会中曝光了黄允十五件不道德的隐私。黄允因此被当时舆论鄙弃。《后汉书》原话是"允以此废于时"，废了。

司徒这个职位始置于唐虞之际，舜曾是尧时的司徒官，负责管理民众、土地及教化等事，职位相当于宰相。这个官职传到周代，被称为地官大司徒，列为六卿之一，掌理邦教。汉哀帝时，改丞相为大司徒，与大司马、大司空并列为"三公"。做丞相的女婿，对世俗人等或有一定吸引力，但一般也不至于为此休了糟糠之妻，何况儒者？郭林宗对黄允的提醒可谓对症之药，良药苦口利于病，于此也可见郭林宗的先见之明。

还有个与李膺齐名的杜密，也是一位慧眼识英雄的人物。杜密任北海相的时候，到高密县巡视，遇到乡啬夫（古代乡一级地方小吏，掌管诉讼和税收等事）郑玄，"知其异器"，认为他是不可多得的大才，把他升调到郡里任职，后来又派他去学习深造，终于使郑玄成了经学大师。

郑玄确是一位不得了的文化英雄。他遍注儒家经典，他的注释长期被后代王朝作为官方教材，收入九经、十三经注疏中。建安三年，献帝征召郑玄为大司农，故世人称他为郑司农；因他字康成，人们也称他郑康成。

顺便说明一下，古代很多名家隐士，往往征召不就。原因因人而异，有故作清高的，有借此自抬身价的，有才干不足怕现丑的，但多数确实是不愿出山。因为儒家有"有道则现，无道则隐""邦无道，富且贵，耻也"的教导。

汉桓帝的时候，尚书令陈蕃向桓帝上书，推荐豫章人徐稚、彭城人姜肱、汝南人袁闳、京兆人韦著、颍川人李昙五位隐士，桓帝分头派人去请他们，可这五人都不肯应聘。汉桓帝又派人征召安阳魏桓。魏桓的老乡们劝他去应聘，魏桓说：

> “夫干禄求进，所以行其志也。今后宫千数，其可损乎？厩马万匹，其可减乎？左右权豪，其可去乎？”皆对曰：“不可。”桓乃慨然叹曰：“使桓生行死归，于诸子何有哉！”（《资治通鉴·汉纪》）。

魏桓说，入朝当官，是为了实现政治抱负，可现在，后宫美女千数能精简吗？御厩骏马万匹能减少吗？皇帝身边那些权豪能排除吗？大家都说不可能。于是魏桓叹息道：让我活着去就聘，死后送回来，对你们有什么好处？

李白诗云：“天子呼来不上船，自称臣是酒中仙。”可他还是应招了，除了吟诗作赋为唐玄宗凑趣解闷，一无所为。而自古以来坚决不应皇帝之招的儒者太多了，论清高，可不是李白能比的。

小　结

知人，说容易很容易，一言以为知一言以为不知；说难又很难，知人之难难于上青天。诸葛亮和曹操，一忠一奸，都是绝顶聪慧之人，不能说他们没有知人之明，可也都有看走眼的时候。诸葛亮一失于马谡，二失于李严；曹操则没发现司马懿的奸险。

连孔子都有看走眼的时候呢。孔子弟子中有一个叫宰予的，利口善辩，开始给孔子的印象不错，后来渐渐露出了内在的不足，被孔子骂为“朽木不可雕”；孔子的另一个弟子叫澹台灭明，字子羽，相貌丑陋。孔子开始认为他资质低下难以成才。但他从师学习后，致力修身实践，处事光明正大，后来跟随他的弟子有三百人，声誉很高，名闻诸侯。因此，孔子说：“以言取人，失之宰予；以貌取人，失之子羽。”（《史记·仲尼弟子列传》）说大儒有知人之明，不是绝对无误的。

唯慧眼能识英雄，唯法眼能识圣贤。圣贤大儒遭到世人误解很正常。屠隆说得好："核人贵实，浮论难凭，从古圣贤，不能无谤。试问释迦于移山之口，佛云乎哉；叩宣仲尼于伐木之夫，何圣之有？"（明屠隆《婆罗馆清言》）

不仅一般人，儒门中文化道德水平略低者，对于圣贤也往往测不准。《资治通鉴》载："庐江毛义，行义称于乡里。南洋张奉慕义名，往候之。坐定而府檄适至，以义守安阳令。义捧檄而入，喜动颜色。奉心贱之，辞去。后义母死，徵辟皆不至，奉叹曰：贤者固不可测，往日之喜，乃为亲屈也。"

毛义是东汉庐江人，以孝行著称。他捧檄而喜，并非贪图权位，而是高兴自己可以更好地尽孝，让老母亲有生之年生活得好一些，所谓"家贫亲老，不择官而仕"。母亲去世，毛义葬母后即隐居山野，不再接受朝廷和官府的征召。故有"以张奉之贤，仍不测毛义捧檄之喜"的感叹。

大贤不可测，圣贤道德不可测，圣贤命运亦不可测。大舜渔樵维生的时候，谁也料不到他会贵为帝王；孔子到处碰壁如丧家犬的时候，谁也不知道他将是万世师表。故李白说："大贤虎变愚不测，当年颇似寻常人。"

最后，赠君一法决狐疑。如果缺乏识人慧眼，不能从言论上辨别某个人物的善恶正邪，首先可以从他的文化和信仰初步判断。例如，儒家仁义为怀，佛家善良祥和，道家清净淡泊，墨家乐于助人，杨家自私冷漠，法家刻薄寡恩，自由派肤浅漂浮但不至于太坏，极左最可怕，集刻薄阴冷险恶毒辣于一体……

其次，看他崇拜的是什么人物。最坏的是崇拜盗贼，最好的是崇拜圣贤。比如诸葛孔明，他崇拜管仲乐毅，境界很高，但不是最高的。人们称管仲、乐毅为王霸之佐，其实他们作为"霸佐"或不错，作为王佐则不足，比起姜尚、伊尹、傅说等真正的帝王师，大为逊色。

管仲成就的是齐桓公的霸业，乐毅连霸道都谈不上，只是善于用兵和收敛人心。诸葛孔明以他们为榜样，就注定了一生成就有限。孔子一方面赞扬管仲"如其仁，如其仁"，一方面又批评他器小。我于诸葛亦作如是观。

关于管仲的局限和不足，《孟子·公孙丑》中曾经提及：

> 公孙丑问曰："夫子当路于齐，管仲、晏子之功，可复许乎？"孟子曰："子诚齐人也，知管仲、晏子而已矣。或问乎曾西曰：'吾子与子路孰贤？'曾西蹴然曰：'吾先子之所畏也。'曰：'然则吾子与管仲孰贤？'曾西艴然不悦，曰：'尔何曾比予于管仲！管仲得君如彼其专也，行乎国政如彼其久也，功烈如彼其卑也；尔何曾比予于是？'"曰："管仲，曾西之所不为也，而子为我愿之乎？"

孟子追求王道政治，对于管仲的霸道颇为不屑，正如齐宣王问"齐桓、晋文之事"他不屑回答一样。

三

知时

山梁雌雉，时哉时哉！

——孔子

《论语》共二十篇，以前十篇为上论，终之以《乡党》篇。《乡党》最后一章是这样的：

> 色斯举矣，翔而后集。曰："山梁雌雉，时哉时哉！"子路共之，三嗅而作。

对本章的理解诠释，历来众说纷纭，朱熹以为"必有阙文"，东海强译如下：

（一群野鸡在地上啄食，见到孔子走来）神色惊动而飞起，回翔后又落下来。（孔子）说："山梁上那雌野鸡，懂时宜呀，懂时宜呀！"子路走来，向野鸡拱了拱手，野鸡们受了惊，三次张翅跳跃后飞走了。

《乡党》篇详细记述了孔子身处乡党、宗庙、朝廷时言貌的不同，在朝廷事上接下的不同，介绍了孔子为君摈相之容，在朝廷之容以及为君聘于邻国之礼仪，还有孔子的衣服之制、谨斋之事、饮食之节、居乡之事，以及与人交往之诚、事君之礼、交友之义、升车之容等等。

可见《乡党》篇主要是讲君子为人为政之礼的。"时哉时哉"正是礼的精神。小而言之，对待不同的人、不同的事有不同的礼；大而言之，不同的时代有不同的礼，所以君子必须知时。本章或"有阙文"，作为《乡党》篇最后一章，"时哉时哉"之叹，可谓深得"礼"意。

时之义大矣哉。不仅礼制要与时偕宜，人之行藏出处也应该应时而异。《易经》《彖》曰："艮，止也。时止则止，时行则行，动静不失其时，其道光明。"艮，就是静止如山。时宜止则止，时宜行则行，行止不失其时，则其道光明。

孟子称孔子为圣之时者："可以仕则仕，可以止则止，可以久则久，可以速则速。"可以从政时就从政，可以停歇时就停歇，可以久居时就久居，可以速离时就速离。

一 别太聪明

识时务者为俊杰，意谓能认清时代潮流者才配为出色人物。俊是百里挑一，杰是万里挑一。《白虎通》说："五人曰茂，十人曰选，百人曰俊，千人曰英，倍英曰贤，万人曰杰，万杰曰圣。"《三国志·诸葛亮传》裴松之注引晋·习凿齿《襄阳记》："识时务者在乎俊杰。此间自有伏龙凤雏。"

俊杰一定识时务。中国人1896年创刊的第一本启蒙杂志叫《时务报》，创办人和主笔是梁启超，同仁尚有黄遵宪、汪康年等。该刊以开启民智、变法图存、建立民权国家为宗旨，所以称为《时务报》。

然"识时务者为俊杰"这句话一直遭到很多误解，枉尺直寻、随波逐流、见风使舵、苟同苟异、出尔反尔、有奶便是娘和变色龙等等表现，都会被视为识时务。

例如商鞅，通过秦孝公宠臣景监得见孝公，先说以五帝的帝道和三王的王道，不受秦孝公欢迎；次说以春秋五霸的霸道，亦不被采纳；继说以等而下之的"富国强兵之术"，终得孝公重用。又如苏秦，先欲帮助秦国"连横"，不得用，后游说六国"合纵"；又如张仪，先投奔已经发达的苏秦，不被接纳，又投奔秦国，搞起"连横"。

这些人没有原则，不问是非，朝秦暮楚，首鼠两端，极端利己主义，怎么于自己有利怎么干。如果说杨朱的个人主义是良性的，利己而不损人，法家纵横家的利己主义则是恶性的，为了一己荣华富贵，不惜损人害天下。孟子和荀子都强调，杀一无辜而得天下不为也，法家纵横家们正好相反，为了一己一时之利，哪管天下血流成河！

真正的识时务，是有道则现，无道则隐，是"苟全性命于乱世，不求闻达于诸侯。"——这是诸葛亮在《出师表》中的名言。性命二字有深意，不仅指肉体生命而已。人之本性，天之所命，性命指的是良知本性，即本质之生命和生命之本质。

很多事都是随着时间、地点和条件的转移而变化的，故易经强调“与时偕极”“与时消息”，礼经主张“礼时为大”“礼以义起”，孔子推崇权道。但是，变易中有不易在。宇宙万物变而天道不变，习心变而道心不变，权变而经不变。

在世人眼里，儒家似乎有些不识时务，不合时宜，似乎迂腐和理想化，空谈大道理，与现实相差太远，对处理具体问题没有什么价值，所谓“迂远而阔于事情”——这是梁惠王对孟轲的评判，其语出自《史记》：

> 孟轲，邹人也。受业子思之门人。道既通，游事齐宣王，宣王不能用。适梁，梁惠王不果所言，则见以为迂远而阔于事情。……天下方务于合纵、连衡，以攻伐为贤，而孟轲乃述唐、虞、三代之德，是以所如者不合。退而与万章之徒，序《诗》《书》，述仲尼之意，作《孟子》七篇。（《史记·孟子荀卿列传》）

儒家自有尊严在。道不同不相为谋，你不能认同我的道，我还不给你干呢，退回来，守死善道。这就是识时务，知道这个时代无法行道，那就从事述作教育，传道授业解惑，把仁义之道、良知之光传承下去。

曾有朋友以“识时务者为俊杰”之言劝我，让我大笑。对时代潮流、当前形势和主要矛盾，东海洞若观火。这句老话，应该拿去奉劝那些只识党务不识时务、不见棺材不掉泪的当道诸公才是。

二　别太迂腐

商鞅、苏秦、张仪们的不识时务是奸诈狡猾，另一种不识时务是过于迂腐不知时变。子曰：“愚而好自用，贱而好自专，生乎今之世，反古之道，如此者，灾及其身者也。”（《中庸》）政治性、制度性的复古主义就是这种不识时务的典型。王莽僵硬地照搬周礼于汉朝，堪称历史上最大的复古主义者，乖悖中道，身败名裂。孔子此言就像是为王莽量身定做的。

制度、考文，制礼作乐，时王之职。三代不同礼，后世之人岂能刻舟求剑？儒家在这方面特别强调与时偕宜。制度不良，需要改良，

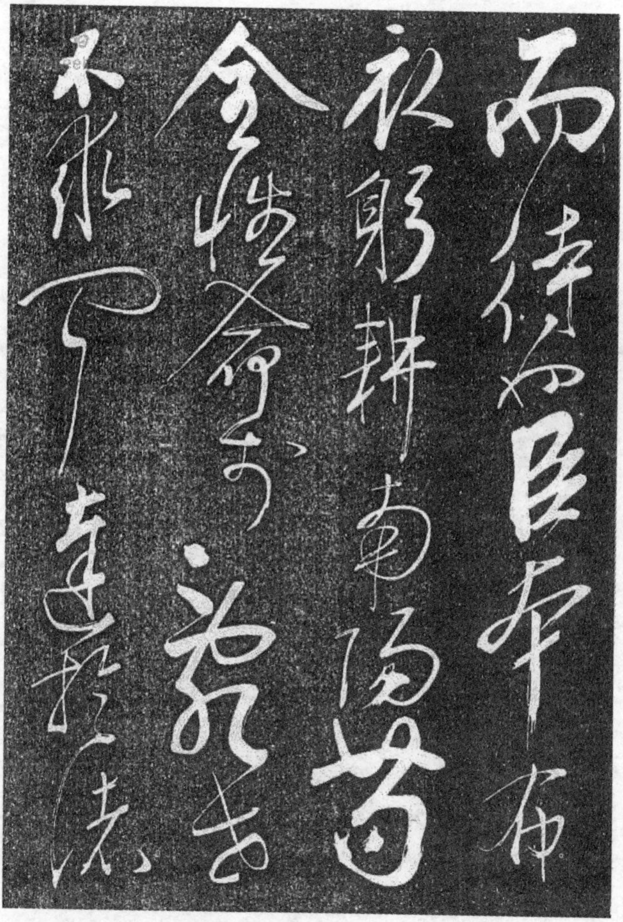

岳飞书法(出师表)

政治无道，必须变革，必要时甚至可以革命。《易经》鼎革二卦讲的就是革命的道理。

汉初，山东有两位儒生也是迂腐的典型。《史记·刘敬叔孙通列传》记载：

> 于是叔孙通使，征鲁诸生三十余人。鲁有两生不肯行。曰："公所事者且十主，皆面谀以得亲贵。今天下初定，死者未葬，伤者未起，又欲起礼乐。礼乐所由起，积德百年而后可兴也。吾不忍为公所为。公所为不合古，吾不行。公往矣，无污我！"叔孙通笑曰："若真鄙儒也，不知时变。"

叔孙通这个人，"权有余而经不足"，通权达变而原则性不强。但他这里对鲁二生"不知时变"的批评颇有道理。对此，王夫之在《读通鉴论》中评论：

> 鲁两生责叔孙通兴礼乐于死者未葬、伤者未起之时，非也。将以为休息生养而后兴礼乐焉，则抑管子"衣食足而后礼义兴"之邪说也。子曰："自古皆有死，民无信不立。"信者，礼之干也；礼者，信之资也。有一日之生，立一日之国，唯此大礼之序、大乐之和、不容息而已。死者何以必葬？伤者何以必恤？此敬爱之心不容昧焉耳。敬焉而序有必顺，爱焉而和有必浃，动之于无形声之微，而发起其庄肃乐易之情，则民知非苟于得生者之可以生，苟于得利者之可以利，相恤相亲，不相背弃，而后生养以遂。故晏子曰："唯礼可以已乱。"然则立国之始，所以顺民之气而劝之休养者，非礼乐何以哉？譬之树然，生养休息者，枝叶之荣也；有序而和者，根本之润也。今使种树者曰待枝叶之荣而后培其本根，岂有能荣枝叶之一日哉？故武王克殷，驾甫脱而息贯革之射，修禋祀之典，成象武之乐。受命已未，制作未备，而周公成其德，不曰我姑且休息之而以待百年也。
>
> 秦之苛严，汉初之简略，相激相反，而天下且成乎鄙倍。举其大纲，以风起于崩坏之余，亦何遽不可？而非直无不可也；非是，则生人之心、生人之理，日颓靡而之于泯亡矣。唯叔孙通之事十主而面谀者，未可语此耳。则苟且以背于礼乐之大原，遂

终古而不与于三王之盛。使两生者出，而以先王安上治民、移风易俗之精意，举大纲以与高帝相更始，如其不用而后退，未晚也。乃必期以百年，而听目前之灭裂。将百年以内，人心不靖，风化未起，汲汲于生养死葬之图；则德色父而谇语姑，亦谁与震动容与其天良，而使无背死不葬、捐伤不恤也哉？

卫辄之立，乱已极矣。子曰："礼乐不兴，则刑罚不中，民无所措手足。"务本教也。汉初乱虽始定，高帝非辄比也。辄可兴而谓高帝不可，两生者，非圣人之徒与？何其与孔子之言相刺谬也！于是而两生之所谓礼乐者可知矣，谓其文也，非其实也。大序至和之实，不可一日绝于天壤。而天地之产，中和之应，以瑞相佑答者，则有待以备乎文章声容之盛。未之逮耳。然草创者不爽其大纲，而后起者可藉，又奚必人之娴于习而物之给于用邪！故两生者，非不知权也，不知本也。

王夫之所言，一针见血。先把经济搞上去，再来搞文化道德制度建设，这是十分错误的观点。对于管子"仓廪实则知礼节，衣食足则知荣辱"这句名言，东海有《别被管子误导了》一文予以批判。我认为：

这句话很容易让人把经济问题和道德问题机械僵化地连接起来，得出物质生活决定道德水平的结论，与"物质决定意识""经济基础决定上层建筑""物质文明决定精神文明"等等观点不谋而合。其实仓廪实衣食足，不一定就知礼节知荣辱。物质有限而物欲无穷，物质主义小人穷斯滥矣，富了可能更滥。

物质对意识、经济对道德、肉体对精神、经济基础对上层建筑当然有影响，但都不是决定性的。"仓廪实则知礼节，衣食足则知荣辱"的观点要成立，有两个前提：一、民众得到较好的文化教育和道德启蒙；二、法律制度完善健全，不正当、不合理、非法的手段致不了富。没有这两个前提，只怕经济越发达，道德越沦丧；民众越富有，民风越败坏。

管子这句话似儒而非，与孔子"先富后教"之说相仿佛，但两者实质不同。

"子适卫，冉有仆。子曰：庶矣哉！冉有曰：既庶矣，又何加焉？

曰：富之。曰：既富矣，又何加焉？曰：教之。"(《论语》)富之，"制田里，薄赋敛"，让民众基本生活得到保障；教之，"立学校，明礼义"。

孔子重视民生，知道发展经济的重要性，但不认为经济是决定性的。孔子更知道正治和教化的重要性。

富之和教之，重点不同，但不能割裂开来，不是说在"富之"阶段就不予教育不讲教化，更不是鼓动某些人违反法律道德规范先富起来。所以，"在足兵、足食、民信之"三者之中，孔子去兵去食，特别强调"民无信不立"，把诚信放在第一位。

三 等待时机

孟子强调时势的重要性说："虽有智慧，不如乘势；虽有鎡基，不如待时。"鎡基是当时的农具，一种大锄头，乘和待是依靠、凭借的意思。有智慧，也要借助形势；有锄头，还要等待农时。知道乘势和待时，才是智慧者。

汤武革命是吊民伐罪、顺天应人之举，正义性至高无上，但发动时也要选择恰当的时机。时机成熟，才能避免双方不必要的牺牲，以最小的牺牲收获再大的效果。

文王为西伯时，仁德布于海内，诸侯四十余国归之，然而文王终其一生，以天下三分之二服事殷。这不能说明文王就一直没有非分之心，始终忠于纣王。相反，伐纣代商是文王生前的初衷与预谋，他一直没有动手，应该是认为条件不成熟。

《保训》("清华简")是周文王的遗训。他对儿子(武王)介绍了舜禹和上甲微的故事，勉之以中道，"不臣之心"昭然若揭，因为"中"是历代圣王相传的治国平天下之道。刘国忠先生认为，《保训》提供了周文王生前称王的证据，并疑"周文王已经着手灭商了"。

其实最直接的证据就在《史记·齐太公世家》中："周西伯昌之脱羑里归，与吕尚阴谋修德以倾商政"。周文王生前之所以一直没有起兵，采取委曲求全、隐忍待时的策略，是认为决战的时机还不成熟。

《吕氏春秋·首时》记载:“王季困而死,文王苦之,有不忘羑里之丑,时未可也。”文王不仅受羑里之辱,而且其父亲王季被文丁(商朝第29任国王,殷纣王的祖父)冤杀。殷朝可说与文王有冤狱之恨加杀父之仇。

武王即位第二年,举行了历史上有名的“孟津观兵”,参加盟会的有八百多诸侯,史称“八百诸侯会孟津”。参加盟会的诸侯劝他立即伐纣。但他审时度势,认为伐纣还不是时候,决定班师回西土,继续等待时机。《史记殷本纪》载:“西伯既卒,周武王之东伐,至盟津,诸侯叛殷会周者八百。诸侯皆曰:纣可伐矣。武王曰:尔未知天命。乃复归。”

所谓天命,实乃人心。纣王虽然大失人心,但罪恶还没全暴,恶贯尚未满盈,朝野还有不少人对他抱有幻想。

过了两年,武王听说纣王更加暴虐,杀了王子比干,囚禁了箕子。太师疵、少师强都抱着乐器逃奔到周国来了。此时武王向全体诸侯宣告说:“殷罪恶深重,不可以不伐了!”于是率领战车三百辆,勇士三千人,甲士四万五千人,东进伐纣。

《吕氏春秋》有一段介绍非常有意思:

> 武王使人候殷,反报岐周曰:殷其乱矣!武王曰:其乱焉至?对曰:谗慝胜良。武王曰:尚未也。又复往,反报曰:其乱加矣!武王曰:焉至?对曰:贤者出走矣。武王曰:尚未也。又往,反报曰:其乱甚矣!武王曰:焉至?对曰:百姓不敢诽怨矣。武王曰:嘻!遽告太公,太公对曰:谗慝胜良,命曰戮;贤者出走,命曰崩;百姓不敢诽怨,命曰刑胜。其乱至矣,不可以驾矣。(《吕氏春秋·慎大览第三·贵因》)

周文王十一年十二月戊午日,军队全部渡过盟津,诸侯都来会盟。武王举行了誓师仪式,发布了著名的《泰誓》。武王举兵灭殷,是天下大势演变的结果,是仁至义尽之后的水到渠成。

知时,才能做到随缘不变,不变随缘。原则毫不动摇,这是不变;方法因地制宜,这是随缘。关此,东海有两首七绝写道:

其一:不肯攀缘不绝缘,箪瓢陋巷胜神仙。暂将身置娑婆地,先送心归极乐天。

其二：生是嘻游死是旋，富贫贵贱更随缘。休叹小子无忧畏，幸立人天大本坚。

先送心归极乐天，借句。身与心、娑婆地与极乐天一体无二，不可分。诗句非究竟语也。

四　不违农时

儒文化中时的概念，除了时机、时务、机会、时代等涵义，还指农时。如“使民以时”“不违农时”“勿夺其时”“斧斤以时入山林”等。

“子曰：道千乘之国，敬事而信，节用而爱人，使民以时。”（《论语·学而篇》）使民以时，意谓依照季节特点役用民力，不要影响农民生产活动及春耕秋收。在民主制被发明之前，敬事、信民、节用、爱人、使民以时这五点，对统治者来说，是相当高的政治要求和道德要求。

朱熹在《论语集注》中引程子之言说：“此言至浅，然当时诸侯果能此，亦足以治其国矣。圣人言虽至近，上下皆通。此三言者，若推其极，尧舜之治亦不过此。若常人之言近，则浅近而已矣。”

孟子对梁惠王的劝告中也郑重提到“农时”问题：

> 不违农时，谷不可胜食也。数罟不入洿池，鱼鳖不可胜食也。斧斤以时入山林，材木不可胜用也。谷与鱼鳖不可胜食，材木不可胜用，是使民养生丧死无憾也。养生丧死无憾，王道之始也。（《孟子》）

大意是说，不妨害农业的季节，粮食便吃不完；不将细密的鱼网投到深池，鱼鳖就吃不光；按季节砍伐树木，木材就用不尽。粮食鱼鳖吃不完，木材用不尽，老百姓能够赡养活着的人，埋葬死了的人，就不会感到遗憾。生养死葬没有遗憾，就是王道的开端。

孔子说：“昔者，明主关讥而不征，市廛而不税，税十取一，使民之力岁不过三日，入山泽以时，有禁而无征。此六者取财之路也。”（《大戴礼记》）意谓明主不会索要关、市、山、泽四者的财富，即使征收田税和征用民力也极其节制。明主取财，取之有道。《礼记·王制》也有“用民之力，岁不过三日”的说法。

荀子说：“圣王之制也：草木荣华滋硕之时，则斧斤不入山林，不夭其生，不绝其长也；鼋鼍、鱼鳖、鳅鳣孕别之时，罔罟毒药不入泽，不夭其生，不绝其长也；春耕、夏耘、秋收、冬藏，四者不失时，故五谷不绝，而百姓有余食也；污池、渊沼、川泽，谨其时禁，故鱼鳖优多，而百姓有余用也；斩伐养长不失其时，故山林不童，而百姓有余材也。”（《荀子·王制》）

大意是说，圣王的制度：草木开花长大的时候，斧头不进山林，鼋鼍、鱼鳖、鳅鳣怀孕生育的时候，渔网毒药不入湖泽，这样是为了不让动植物生命夭折，不断绝它们的生长；春天耕种，夏天除草，秋天收割，冬天储藏，一年四季不耽误时节，粮食作物就不断绝，百姓粮食就有多余的了；池塘、水潭、河流、湖泊，严格遵守每个季节的禁令，就会鱼鳖丰饶繁多，百姓资财就有多余；树木的砍伐、培育、养护不耽误时节，山林就不秃，百姓的木材就有多余了。

《逸周书·文传》中，文王认为“人君之行”的根本在于使“士不失其宜，万物不失其性，天下不失其时”。做到“无杀夭胎，无伐不成材，无堕四时”。人君应该做到“山林以遂其材，工匠以为其器，百物以平其利，商贾以通其货，工不失其物，农不失其时，是为和德”。

“夺民农时”是为政大忌。《国语·周语》告诫：“不夺农时，无蔑民功。”意谓不要耽误农民耕种收获的时节，不要浪费农民的劳力。《吕氏春秋·上农》提醒：“数夺民时，大饥及来。”屡次侵夺农时，就会招来大饥荒。殷鉴不远啊。

《晏子春秋》记载：“景公春夏游猎，又起大台之役。晏子谏曰：‘春夏起役，且游猎，夺民农时，国家空虚，不可。’”《汉书·五行志上》引《传》说：“畋猎不时，饮食不享，出入不节，夺民农时，及有奸谋，则木不曲直。”这里的《传》，应是指刘向《洪范五行传》。李奇曰：“奸谋，增赋履亩之事。”师古曰：“即下所谓作为奸诈以夺农时。”

儒家社会，个人行为也必须遵守农时。《大戴礼记》说：“草木以时伐焉，禽兽以时杀焉。”夫子曰：“伐一木，杀一兽，不以其时，非孝也。”（《曾子大孝第五十三》）将不依时节伐木杀兽的行为与不孝联系起来。

《大戴礼记》又说:“杀六畜不当,及亲,吾信之矣;使民不时,失国,吾信之矣。”(《曾子制言上》)意谓宰杀家畜不适当,会涉及父母;役使民众不合时令,会失去政权。

三

知本

物有本末，事有终始，知所先后，则近道矣。

——《大学》

一 《大学》之本

《大学》说:“物有本末,事有终始,知所先后,则近道矣。”万物有本质和现象,万事有终点和起点。了解事物的前因后果,就接近“道”了。

何为本?《大学》八条目以修身为本。一切格物致知的求知努力、诚意正心的道德追求和齐家治国平天下的政治实践,都归结于修身。“自天子以至于庶人,壹是皆以修身为本。其本乱而末治者否矣,其所厚者薄,而其所薄者厚,未之有也。”上自国家领导人,下至平民老百姓,都应以修身为根本。若这个根本被扰乱了,内而心灵,外而家族、国家和天下就难以得到治理。轻重缓急不分,本末倒置却想做好事情,是不可能的。

董仲舒以顺命、成性、防欲“三者”为本。他说:

> 天令之谓命,命非圣人不行;质朴之谓性,性非教化不成;人欲之谓情,情非度之不节。是故王者上谨于承天意,以顺命也;下务以教化民,以成性也;正法度之宜,别上下之序,以防欲也;修此三者而大本举矣。(《汉书·董仲舒传·对策》)

上承天意,是敬天顺天,尽心知性知天,属于内圣范畴;下教化民,是亲民新民,属于外王范畴。导之以德,齐之以礼,正法度之宜,别上下之序,都是“教化民”的必要措施和手段。

孟子说:“天下之本在国,国之本在家,家之本在身。”(《孟子·离娄上》)东海补充说:身之本在心,心之本在仁。心分本习,仁是人之本心,是道心,堪称儒家法身。德到高处,道心圆呈,惟精唯一,允执厥中,即为圣德。

相对于肉体,精神是本。但肉体和精神仍属于现象,良知才是根本。修身,归根结底修的是良知心。另外,相对于外王,内圣是本;相对于形而下,形而上是本。本末有别而又不二。本是末的依据,末是本的体现。

文与质,即本质与文采。质为本,文为末。质是文的内在基础,文是质的外在表现。本末不二,缺一不可。关于文质问题,《论语》中棘子成与子贡有一段讨论。

> 棘子成曰:"君子质而已矣,何以文为?"子贡曰:"惜乎,夫子之说君子也!驷不及舌。文犹质也,质犹文也。虎豹之鞟犹犬羊之鞟。"(《论语·颜渊篇》)

棘子成是卫国大夫。当时大夫皆可称为夫子,这里的夫子指棘子成。驷不及舌,话一说出口,四匹驰追不上(驷是四匹马驾的车)。鞟同鞹,指去掉了毛的兽皮。

棘子成认为,有质即可,不必文。子贡予以批评,并作了个比喻:如果去掉毛色花纹,则虎豹皮与犬羊皮就没有差别了。君子小人之所以不同,正在于君子多文。故说质犹文也,文犹质也,二者同等重要。《易》曰:"大人虎變,其文炳也。君子豹變,其文蔚也。"

子贡的观点虽比棘子成正确,但矫枉过正了,有失中正。因为他忽略了本末关系,把文与质完全等同起来了。文与质两者虽然都不可缺,但仍有主次本末之别。视文与质同等重要,实际上就有"轻质"之弊,朱熹指出:"夫棘子成矫当时之弊,固失之过;而子贡矫子成之弊,又无本末轻重之差,胥失之矣。"(《论语集注》)

孔子之言最是圆满:"质胜文则野,文胜质则史。文质彬彬,然后君子。"本质超过文采,未免粗率;文采胜过本质,未免浮夸。文与质配合恰当,然后才君子。质与文的关系,也就是体与用的关系。用不足,质胜文;体不足,文胜质。文质彬彬就是中庸。

《大学》又说:"子曰:听讼,吾犹人也,必也使无讼乎!无情者不得尽其辞,大畏民志,此谓知本。"听讼,属于政治实践。听讼审案,要将心比心,最终让民众升起诚敬之心,这才是抓住了根本。这段话古今众解纷纭。东海以为朱静渊先生的解读不错,尽管是增字作解。他翻译如下:

> 夫子说:审理案件,我要将心比心地听取体会两造双方地

诉求和处境，尽最大努力使得作出的裁判结果能让两造双方都能各得其所，心无忿气。使得那些无理者的花言巧语的狡辩不能奏效，通过这种方式大大的促进人民的敬畏之心。这才叫知道处置事情的根本。(《为什么孔子要“大畏民志”》)

这里的知本，是指知道审理案件、处置民事的根本，是为政以德、以民为本原则的具体司法表现。

二　为人之本

修身，就必须知道“为人之本”，做人的根本。《论语·学而篇》记载：

> 有子曰：“其为人也孝弟而好犯上者，鲜矣；不好犯上而好作乱者，未之有也。君子务本，本立而道生。孝弟也者，其为仁之本与？”

有子，姓有名若，孔子弟子，比孔子小四十三岁，长得很像孔子。有子说：“做人，孝顺父母尊敬兄长而喜好犯上的人，少见；不喜好犯上而喜好造反作乱的人，是没有的。君子致力于根本事务，根本扎实了，道德就生长。孝悌，它们是仁的根本性要求呀。”

孔子以仁为本，仁为儒家最高原则和核心道德，也是孝悌的根本。孝悌则是仁的表现。有子之言与孔子有所不同，但不违孔学，因为范畴不同。有子的意思是说，孝悌是仁的基础性、根本性表现。不孝不悌，仁就被架空了，空洞化了。

亲亲和孝悌，是家事也是国事。《诗经》说：“害于尔家，凶于尔国”。一种人物和势力，如果在家中为害，必然于国家为祸。殷鉴不远：“文革”的大义灭亲，创造了无数亲人互斗、父子相残的人间恶迹。侮辱打骂和伤害父母的现象至今绵延不绝。

东海多次强调，仁是万德之本，是儒家最高原则。有人抬出《论语》中“孝悌也者，其为仁之本与”为据，认为孝悌比仁更重要。他不知道，《论语》中有子所说的“本”与东海所说的“本”不是一个层面的。

"孝悌为仁之本"是就外在行为规范而言的。可以说,孝悌是个人行为道德规范的基础。但在根本上说仍是"仁为孝悌之本",即仁德是孝悌的内在依据,不仁就不可能有真孝悌。这是我们必须清楚的。

儒家主张"亲亲仁民爱物",爱有差等而无局限。孝悌尽管重要,仅属"亲亲"范围和家庭责任,儒者还有文化社会责任。《荀子·子道篇》以入孝出悌为人之小行,道理就在这里。各种责任如何平衡,在它们产生冲突时如何作出合适均衡的选择,是对智慧的一大考验。

本章可与《论语·子路下》"子贡问士"章参看。第一等士是"行已有耻,使于四方,不辱君命";"宗族称孝焉,乡党称弟焉"属于次一等。《论语集释》:"称孝称悌,即孟子所谓一乡之善士,此虽德行之美,然孝悌为人所宜尽,不必待学而能,故夫质性之善者亦能行之,而非为士职分之所尽也,故以为次。"

由于时代环境的变迁,大多数人已不可能讲究孝的形式了。例如晨昏定省之类规范,很难照做。但是,常将父母放在心里,好好说话,尽量关心,却是做儿女的本分。每当耳闻目睹各种忤逆现象,既憎恨又悲哀。人不如畜呀。

孝和忠一样也有智愚之别。舜的孝就很智慧。舜身世不幸,《史记》记载,舜的父亲瞽叟在舜母去世后,找了位后妻,给舜生了个同父异母的弟弟叫象。"父顽、母嚚、象傲",瞽叟溺爱后妻和象,不喜欢舜。几个人串通一气,必欲置舜于死地而后快。

但舜始终对父母孝顺,对弟弟友善,表现出非凡的品德。舜在父亲要加害于他的时候,及时逃避;稍有好转,马上回到他身边,尽可能给予帮助。"欲杀不可得,即求尝(常)在侧",成为实践孝道的最佳典范。刘向说:"舜之事父也,索而使之,未尝不在侧;求而杀之,未尝可得。小箠则待,大箠则走,以逃暴怒也。"(《说苑·建本》)

箠,杖也,小杖则受,大杖则走。这方面曾参就不智。他因为犯了小过错被父亲打了一棒,昏死过去,醒来后还装作很高兴的样子问父亲:"您教训了我,没累着吧?"孔子听说后严厉批评了他,说当年舜对待父亲的责罚从来都是小受大走,也不失对父亲的孝心。为一件小事,做父亲的不该暴怒杖罚,做儿子的也不该等待杖罚。万一不小心被父亲打死，为父大不义，为子大不孝。

“二十四孝”里有几个故事就是愚孝的典型。如晋朝吴猛的“恣蚊饱血”：吴猛年八岁，家境贫困，床上没有蚊帐。每到夏天夜里，蚊子很多，吴猛却任凭蚊子来叮咬自己，而不驱赶，以免蚊子去咬父母亲；又如晋朝王祥的“卧冰求鲤”。他的继母想吃鲜鱼，当时是冬天，天寒地冻，王祥竟脱下衣服，躺倒冰上，融冰求鱼。

这类严重伤害自己的尽孝方式，不科学，不可取，其实恰恰违背了孝道。盖《孝经·开宗明义》说：“身体发肤，受之父母，不敢毁伤，孝之始也。”

郭巨的“为母埋儿”就更荒唐了。郭巨家贫，有孩子三岁，郭巨母亲曾经减少自己的饮食给小孙子。郭巨就对妻子说：咱家贫穷，不能好好供养父母，而孩子又分父母的食物，不如把孩子埋了。“不孝有三，无后为大。”埋了孩子，绝了后代，父母岂不伤心？若不伤心，非人也。

《论语·学而》接下去一章也是强调孝悌重要性的。子曰：“弟子，入则孝，出则弟，谨而信，泛爱众而亲仁。行有馀力，则以学文。”孔子说：弟子在家要孝顺，出门要友爱，言行要谨慎和诚信，要仁爱众人，亲近仁人。这样做了还有空闲的，就用来学习文化。

很多人好高骛远，不知“道在伦常日用间”的道理，不知孝悌、谨信、泛爱众等德行中蕴含着至高无上的真理。

从这段话中可以读出多重意思。首先，爱有差等。儒家之爱，亲亲仁民爱物，由近及远，秩序井然。“入则孝，出则弟”是亲亲，“谨而信，泛爱众”是仁民。对民众要广泛地爱，对民众中有仁德者要特别亲近。仁爱无止境，先爱人，后爱物，最后达到“天地万物一体之仁”的境界。

其次，道德的建立不可躐等，要从孝悌开始，由近及远，下学上达。儒家特别重视孝悌，认为这是为人之本，为君子之所当务、所必务。事实正是如此，一个对父母妻子兄弟都不好的人，还谈得上别的吗？“文革”之所以邪恶，很重要的一条就是强调大义灭亲的极端。

有人问：如果其他德行与孝悌产生冲突怎么办？比如为了勤政爱众，为了伟大事业而不能尽孝，咋办？东海答：类似冲突一般不会太尖锐,可根据具体状况依据义德和中庸原则化解,只要寻求一个合宜的度,为勤政爱众伟大事业付出,不仅不违孝道,而且是更高境界的大孝。当遇到极端情形"忠孝不能双全"的时候,如何选择就要看具体情况而定了。儒者该尽忠时就尽忠,移孝作忠,不违孝道。

有一个著名的两难问题:母亲与妻子同时落水,只能救一人时选择救谁?很多人认为这个难题无解。其实这种时候怎么选择都是大憾大悲,无法选择也不能选择,只能视当时情景凭本能而定,谁凑手就救谁,尽人事,听天命。

《论语·学而》这句话还揭示了德与文的关系:一、先立德后学文,文章有德行为基础,才不会流于口头禅,才能产生持久的影响力。二、有了道德还要有文章,只有多闻博识,才能心胸开阔、眼界宽广和志趣高远。

有网友问我,良知大法有没有什么修炼秘诀?我说,四书五经每一章都是修炼秘诀。《论语·学而》中这句话最为全面,如有人真的做到了,做好了,做圆满了,他就成德成圣成为良知佛了。

三　再论孝道

慈母手中线,游子身上衣。
临行密密缝,意恐迟迟归。
谁言寸草心,报得三春晖。

——孟郊《游子吟》

孝是人类最基本、最朴素的一种情感。古今中外,正人君子、英雄豪杰和大师大德,或许孝的表现方式不同,程度不同,但没有对父母不敬、不爱、不孝的,自古没有忤逆的英雄。孔门弟子中,曾参、子路、闵子骞等,都是著名的孝子。

西游记中孙悟空四海访道的时候,在灵台方寸山的山路上遇到一个终日打柴孝养老母的樵夫,称颂他"是一个行孝君子,向后必有好处"。可见神仙也赞赏孝顺的人。

"一幢住着不同种族人的房子失火了,犹太人首先抢出钱袋,法国人首先救出情人,中国人则首先背出了老母。”这个段子也反映了中华民族重人伦、讲孝道的文化特征。

儒家讲君君臣臣父父子子,讲父慈子孝,其中对“子孝”又特别强调。这是有人性考虑的。林语堂说得好:“一个自然人必定会爱自己的子女,但只有受文化熏陶的人,才会孝养父母。”“对子女不公平”的父母有,但少,“对父母不公平”的子女却多,虽于今为烈,实自古皆然啊。

不仅儒家,孝道在其他各大宗教教义中也占有重要位置。基督教认为,上帝没办法照顾每一个人,所以创造了母亲。《申命记》说:“当照耶和华——你上帝所吩咐的,孝敬父母,使你得福,并使你的日子在耶和华所赐你的地上,得以长久。”《以弗所书》说:“要孝敬父母,使你得福,在世长寿。这是第一条带应许的诫命。”

在伊斯兰教中,孝顺父母的重要性仅次于礼拜真主。有人问穆罕默德:“哪种功德最得真主的喜悦?”穆罕默德说:“按时礼拜。”又问:“其次呢?”穆罕默德说:“对父母行孝。”穆罕默德解释说,因为“乐园就在母亲的脚下,其门是孝顺。”

不过,不同宗教和文化表现孝的形式有所不同,也没有像儒家这样把孝放在第一位的。中国有句古语:“百善孝为先”,孝敬父母在各种美德中占第一位。

《孝经》是儒家专论孝道的一部经典,或说是孔子自作,或说是孔子亲授、曾子所作,或说是孔子“七十子之徒之遗言”,总之是儒家重要经典。《孝经》指出,孝是诸德之本,“人之行,莫大于孝”。

《孝经》对实行“孝”的要求和方法也作了系统而详细的规定。它主张把“孝”贯穿于人的一切行为之中,“身体发肤,受之父母,不敢毁伤”,是孝之始;“立身行道,扬名于后世,以显父母”,是孝之终。主张“孝”要“始于事亲,中于事君,终于立身”。

自爱自重,明哲保身(儒家的明哲保身与见义勇为、成仁取义相辅相成,详见东海《大良知学》相关文章,兹不详论),这是孝道的初始;爱人立人,显亲扬名,这是孝道的延续。

《孝经》首次将孝亲与忠君联系起来,认为“忠”是“孝”的发展和扩大。君主时代,君是国家的象征,当“君使臣以礼”(君主按照儒家的道德制度规范的要求对待臣子)的时候,当君主的旨意符合

子曰君子之事孝故
忠可移於君事兄悌
故順可移於長居家
理故治可移於官是
以行成於內而名立
於後世矣
右廣揚名章第十四

孝经

民本原则和道义精神的时候,忠君即是忠于国家民族的表现。

《孝经》视忠君为大孝,这就将孝道从家庭延向了社会、国家和民族。可见孝道广大。做一个堂堂正正的真君子,是最好的孝;做一个为国为民的大丈夫,是最大的孝。必要时成仁取义,为民为国而牺牲自身,也是孝的特殊表现,是大孝。孝,不仅是物质层面的奉养,更是一种"宜家宜国"的品格修养和道德精神。

"五刑之属三千,而罪莫大于不孝。要君者无上,非圣人者无法,非孝者无亲。此大乱之道也。"(《孝经·五刑章第十一》)

这是《孝经》开宗明义第一章。孔子说:"五刑所属的犯罪条例有三千条之多,其中没有比不孝的罪行更大的。以武力胁迫君王的人,是眼中没有君王;诽谤圣人的人,是眼中没有法纪;诽谤孝道的人,是眼中没有父母。这三种现象都是招致大乱的根源。"

这里,把孝道与刑律联系起来了,五刑的罪虽多,没有比不孝更重大的,所以人人都应当尽心行孝。也说明刑罚是用以辅弼教育的。

某些人士将孝道等同于"养儿防老,积谷防饥",是对孝道简单化、狭隘化、功利化、庸俗化的理解。

孝心孝心,关键在心,有句古话说:"百善孝为先,论心不论迹,论迹贫家无孝子"形式不是不重要,但更重要的是你的居心。

孝敬孝敬,落脚在敬。子游问孝,子曰:"今之孝者,是谓能养。至于犬马,皆能有养。不敬,何以别乎?"孔子强调对父母的敬重之心。人对于犬马也能饲养乃至爱护,但不会讲礼仪,不会尊敬它们。《礼记·坊记篇》说:"子云:小人皆能养其亲,君子不敬,何以辨?"说明尊敬的重要。

至于物质上,儿女长大成人以后,力所能及地奉养老人,理所当然,特别是在福利制度没有建立和健全的社会。当然,如何奉养,是否需要,因不同家庭而异,不能也不可能强求一律。有的家庭父母收入很高,已经买好退休基金、医疗保险、投资基金等,根本不需要儿女操心,就是反过来赞助儿女也未尝不可。

条件优越不需要儿女奉养,算不得什么高尚,更不是否认和反对孝道的理由。儒家倡导的孝道,主要目的并非养儿防老,而是教育儿女建立基本品格,培养儿女的家庭、社会责任感。

孟子说："不孝有五：惰其四支，不顾父母之养，一不孝也；博弈好饮酒，不顾父母之养，二不孝也；好货财，私妻子，不顾父母之养，三不孝也；从耳目之欲，以为父母戮，四不孝也；好勇斗狠以危父母，五不孝也。"(《孟子》)

好逸恶劳，沉湎于赌博和酗酒，贪图钱财只顾自己的妻子儿女，寻欢作乐，打架斗殴而危及父母的，都是不顾父母的养育之恩，都是不孝。

很难想象一个不孝父母的"做任何事情都以是否让自己幸福为标准"的人，会是一个富有爱心能担责任的正人。儒家仁爱无极限而有秩序，亲亲仁民爱物，老吾老以及人之老。

《孝经》曰："不爱其亲而爱他人者，谓之悖德；不敬其亲而敬他人者，谓之悖礼。"不爱亲人、不敬父母却爱敬他人，无论如何都是不正常的。

百善孝为先，"以子女是否孝顺来评判子女的好坏"这一传统观念有其正当性。古人又有"移孝作忠"之说，不孝之人，亦无忠德可言。孝是对父母负责，忠是对工作和国家负责，更是对良知负责。良知是儒家的最高"教主"，不论忠民忠国忠君，首先都要忠于良知。

孝，并非唯父母之命是从。古人云："小杖则受，大杖则逃；"又云："亲之命可从而不从，是悖戾也；不可从而从之，则陷亲于大恶。"(《温公家范》)东周时的卫急子就是固执"以从命为孝"而一味"不可从而从之"的典型。

卫急子是卫宣公卫晋的私生子。卫宣公为人"淫纵不检"，声名极差，在他的父亲庄公还在世时，便和庄公的妾夷姜私通，生下卫急子，并答应日后要让急子继承国君之位。后来，卫宣公将本来要许配给急子的齐国宣姜占为己有，等于把本来要当儿媳妇的女子抢来当了老婆，还生下了两个儿子：寿和朔。

卫寿和卫朔虽一母所生，性情却天差地别，卫朔十分狡猾，曾使计谋逼得急子的母亲夷姜自杀，并煽动卫宣公杀死急子。哥哥卫寿却和急子十分友爱，他得知暗杀急子的计谋后，便劝急子出逃。《东周列国志》于此写道：

公子寿(即卫寿)知其计已成，谏之无益。私下来见急子，

> 告以父亲之计:"此去莘野必由之路,多凶少吉。不如出奔他国,别作良图。"急子曰:"为人子者,以从命为孝。弃父之命,即为逆子。世间岂有无父之国;即欲出奔,将安往哉?"遂束装下舟,毅然就道。公子寿泣劝不从,思想:"吾兄真仁人也!此行若死于盗贼之手,父亲立我为嗣,何以自明?子不可以无父,弟不可以无兄,吾当先兄而行,代他一死,吾兄必然获免。父亲闻吾之死,倘能感悟,慈孝两全,落得留名万古。"

卫寿要以身代急子而死,但是急子知道情况后,竟然自动找上刺客,让他们把自己也杀掉。

卫急子的行为不是不孝顺,不是不可敬,但一错(拒绝出逃)再错(白白送死),过于迂腐,不明大义,不识大体,不知变通,不仅死得毫无意义,还造成了严重的恶果:间接害死了好弟弟卫寿,让父亲卫宣公背上杀子之名并悔愧而亡,让卫国政权落入奸恶无比的卫朔之手,其表现已经偏离了仁义原则。清蔡元放评得好:

> 子寿劝急子出奔,是明于大义者。急子以背父为嫌,而自愿就死,是只知自好者,不知以宗嗣社稷为重,而成其君父败伦杀子之名,此圣教之所谓匹夫匹妇者也。故吾于卫之急子、晋之申生,皆不深取焉。

蔡元放说的申生,是晋国的太子,也是死得不合中道、不负责任、毫无意义。

申生,春秋时期晋献公的太子,第一夫人齐姜所生。齐姜死后,献公提拔最喜欢的骊姬为第一夫人,生了儿子奚齐。骊姬为了让奚齐成为君位继承人,不断在献公面前诋毁和陷害太子申生。申生既不愿辩白,又不肯逃离,自缢而死。《礼记·檀弓上》记载了"晋献公杀世子申生"的故事:

> 晋献公将杀其世子申生,公子重耳谓之曰:"子盍不言子之志于公乎?"世子曰:"不可。君安骊姬,是我伤公之心也。"曰:"然则盍行乎?"世子曰:"不可。君谓我欲弑君也。天下岂有无父之国哉?吾何行如之?"

事实上,在知道事实真相和骊姬的恶毒之后,申生肯定伤心。

可是,任父亲受这么恶毒的女人的玩弄和蒙蔽,难免误国。所以,无论是为自己洗冤还是为父亲和国家考虑,都应该说明实情,这才是大孝。暂时不愿辩白,可以远走高飞,天下是没有无父之国,可是自己并非真的弑父弑君之人呀,这种奇冤大屈,岂能永远含忍不言?

《礼记·檀弓上》最后说"是以为恭世子也"。谥之为恭,有所肯定又很有限,显然不许之为孝。逊顺事上曰恭,恭在谥典里是很一般的号,与逊和顺近似,谥恭帝、顺帝、逊帝的都是末代或退位的皇帝,很乖顺但没出息的那种。

还有后来秦朝的太子扶苏,更是死得不明不白。扶苏,秦始皇长子。他认为天下未定,百姓未安,因而反对实行"焚书坑儒"的政策,被贬到上郡监蒙恬军。秦始皇临终以前,曾为玺书召令扶苏至咸阳主持丧事并继承帝位。但中车府令赵高和丞相李斯等人与秦始皇的小儿子胡亥合谋篡改了遗诏,立胡亥为太子,即皇帝位,同时另书赐蒙恬和扶苏死,并"数以罪"。大将蒙恬曾起疑心,力劝扶苏先不要死,"请复请,复请而后死,未暮也。"但扶苏说:"父而赐子死,尚安复请!"即自杀于上郡军中。扶苏为人颇为仁厚,素有贤名,可惜智慧不足,死得毫无意义,而且不负责任,对自己、对国家和父亲都不负责任。

孟子说:"可以死,可以不死,死伤勇。"卫急子、晋申生、秦扶苏这些人的死法,都是匹夫匹妇式的,不仅伤勇,而且伤仁伤义伤孝,对社稷对父亲对自己,都没有尽到应尽的责任。

父母有错要耐心规劝,只不过,耐心规劝之后如果父母不听,儿女不能怀恨。子曰:"事父母几谏。见志不从,又敬不违,劳而不怨。"侍奉父母,(假如他们有什么不对的地方),要委婉地劝说。表达自己的意见后,父母如不听从,仍要恭恭敬敬,不忤逆,相机再劝,虽这样操心,也毫无怨恨。

《礼》规定:"父母有过,下气怡色,柔声以谏。谏若不入,起敬起孝。说则复谏。不说,则与其得罪于乡党州闾,宁熟谏。父母怒,不说而挞之流血,不敢疾怨,起敬起孝。"曾子曰:"父母爱之,喜而不忘;父母恶之,惧而弗怨。"

君臣以义合,父子是天伦。在君主制时代,对于君主,谏而不从或君主不好,可以离去,可以"易位",对于暴君甚至可以诛杀和革命。可见儒家的忠君是有条件的。但孝却没有条件，任何情况下对父母都要“敬不违，劳而不怨”。“孝子有深爱者，必有和气；有和气者，必有愉色；有愉色者，必有婉容。”(《礼记》)

儒家的孝道与“父道”相辅相成。孔子说：父父子子，意为父亲要像父亲的样子，儿子要像儿子的样子。要求儿女做到的，父母亲自己先要做到，以身作则。

另复须知，古代孝道在实践中往往有过于政治化、形式化的弊病。“以孝治天下”，这是政治化；繁文缛节多多，这是形式化。这就难免极端化和虚伪化，出现种种流弊。像《二十四孝》里“郭巨埋儿”的故事，就不仅不值得提倡，更要大大批判。

世易时移，君主时代有关孝道的礼仪形式已过时，当然不可能也没必要一一遵守(也早已没有人遵守)，是否“养老”也可因人而异，但孝心不可或缺，孝道不可不讲。即使所有国民都“老有所依、老有所养”了，孝德仍是人类必不可少的一种核心品德。

其实现代社会的问题，不是孝道有过于政治化、形式化的问题，而是普遍不讲孝道、没有孝道的问题。不少国人毫不利人专门利己，不仅不爱他人，不爱同胞，不爱国家，对自己的父母也冷酷无情。

把父母当马牛的儿女，视父母为包袱、弃父母如敝屣的儿女，滔滔者天下皆是，甚至虐待、打骂、杀害父母的案子也层出不穷，令人触目惊心。孟子说：“食而不爱，豕交之也；爱而不敬，兽畜之也。”而现在，对父母能够做到“豕交之兽畜之”的儿女，已堪称“拔乎其萃”的好儿女、孝顺儿女了。

人心不良、伦常不振、孝道不存久矣。扬孝道，振兴儒家，此其时矣。

四

知几

几者，动之微，吉凶之先见者也。君子见几而作，不俟终日。

——《易经·系辞下》

一　从易经说起

《易经》教人知几。几是细微、隐微、端倪义,引申为事物的苗头、迹象、预兆,是事物变化前的蛛丝马迹和吉凶的先兆。知几,即从细微变化及偶然现象中预见事物发展的趋势、方向和人事的吉凶。这是君子智慧。

《易·系辞上》说:“夫易,圣人之所以极深而研几也。唯深也,故能通天下之志;唯几也,故能成天下之务。”极深研几,就是要穷理于事物始生始发之处,预知事情变化的先兆,从而把握事物运动变化的规律和关键。

《易·系辞下》说:“知几其神乎?君子上交不谄,下交不渎,其知几乎?几者动之微,吉凶之先见者也。君子见几而作,不俟终日。”知几仿佛通神,若有神助。君子与上交往不谄媚,与下交往不轻慢,是因为知几,能够预料吉凶。

“动之微”,一件事情将要发动还没发动的时候,好像有又好像没有,周敦颐说:“动而未形,有无之间者,几也。”牟宗三说是“动还未动的时候”。易经教人怎样去认识这个几,在事物发端之初,即把握事物的本质和发展方向。

《中庸》说:“至诚之道,可以前知。国家将兴,必有祯祥;国家将亡,必有妖孽;见乎蓍龟,动乎四体。祸福将至,善,必先知之;不善,必先知之。故至诚如神。”

达到至诚的境界,就可以预知未来。国家将要兴旺,必有吉祥征兆;国家将要衰亡,必有反常现象。呈现在蓍草龟甲上,表现在四种体态上。祸福将要来临时,都可以预先知道。所以至诚就像通神一样。

曾子说:“君子患难除之,财色远之,流言灭之。祸之所由生,自纤纤也，是故君子夙绝之。”（《大戴礼记·曾子立事》）荀子也有类似说法：“流言灭之，货色远之。祸之所由生也，生自纤纤也，是故君子蚤绝之。”（《荀子·大略》）大意是，要断绝流言蜚语，远离钱财女色。祸患产生的根源，都始于那些细微的地方。所以君子应及早把它消灭于萌芽状态。这也是一种见几而作的表现。

知几是一种预测学。审几度势，对个体遭遇和家国大事有先见之明，从而预作准备。安不忘危，可以保持安；存不忘亡，可以保持存；治不忘乱，可以保持治，在“可以死，可以不死”的时候避凶趋吉。

冯梦龙说：“圣无死地，贤无败局。逢祸于渺，迎祥于独。”（《智囊全集》）意谓圣人行事，不会自陷死地；贤者所为，不会遭逢败局。因为能防范祸患于细微的时候，察觉吉祥于独处的时候。很多问题，对儿童来说是灾难，对少年来说是困难，对大人来说是小事。《易》说：“君子以思患而豫防之”，未雨绸缪，防患于未然，灾患尚未形成就化解了。仁者无敌，圣人不败，此之谓也。

仁者无敌，语出《孟子》。孟子劝梁惠王，只要实行王道仁政，就可以内得本国民拥护，外得异国民欢迎，无敌于天下。可引申出另外两层意义：一是深怀悲悯，不把敌人视为敌人。仁之敌人都是病人，无论义刑义杀义战，都是为了救善制恶不得不然；二从历史的高度看，邪不胜正，在善与恶的斗争中，善必将取得最后胜利。

孔子释尊都曾遭意外，又都有惊无险。释尊还被提婆达多暗杀而流过血，孔子则从来毫发无损。他们曾分别为小国司寇和太子，都很短暂也没什么实权，但在人类历史上他们又堪称最有势力的人。生前死后虽误会重重，但他们只有满怀慈悲无边仁爱，为仁者无敌这个词语作了最佳注解。

圣贤集团必胜盗贼势力。道理很简单：圣贤作为君子之大者，除了大仁大勇，还有大智慧，君子成团，智慧如海，足以对付任何奸诈邪恶势力。武王说“予有乱臣十人，同心同德。”十人者，周公旦、召公奭、太公望、毕公、荣公、太颠、闳夭、散宜生、南宫适、文母也。有这么多圣贤相助，想不成功都不可能。

有圣王出，必有圣贤集团，如“舜有臣五人而天下治”（《论语》），武王“予有乱臣十人”（《尚书》），这就是圣贤集团；君子得位必有君子集团，历代明君贤王周围都有不少正人君子，都能形成君子集团，刘秀集团最为典型。圣贤集团和君子集团，道德境界有高低但无明确区分，圣贤事业必得到大量正人君子参与支持。

只要权位相当，圣贤不可能斗不过盗贼，正如汤武不可能斗不过桀纣。仁者失败，不外乎两种原因。一是外因，外在条件悬殊，遇上反道德和逆淘汰的时代了，时也命也；二是内因，仁“度”不够，智勇有限，没能真的抵达圣贤境界，言论行为出了偏差，理论实践犯了错误。

善到极致，仁者无敌。反过来，恶到极致，无人非敌，亲信部属亲戚朋友都可能与之为敌。故大奸大恶者永远不安全，也没有安全感。即使获得广泛崇拜，照样危险。崇拜邪恶者或受蒙蔽不明真相，或是小人别有用心。小人靠不住，翻脸如翻书，当面好话背后毒手。

将物竞天择、适者生存、优胜劣汰、弱肉强食统称为丛林法则是不对的。优胜劣汰是正常的生存法则，弱肉强食才是丛林法则的典型特征。对于人类来说，文明为优、野蛮为劣，真善美为优、假恶丑为劣，仁智勇为优、恶愚怯为劣。奉行弱肉强食法则的恶人恶势力，本身就属于劣者，最容易被淘汰。

总之，顺势而为因地制宜，见好就收急流勇退，上交不谄下交不渎，不冒不必要之险，不打无把握之仗，在持经守道的前提下通权达变，这都是知几的表现。易曰：惟圣知几。勇于杀身舍生，未必成仁取义，仁义是大德也是大智。不知几，智慧不足，入不了圣贤境界。

二　孔子见政治之几

春秋时期，礼崩乐坏。孔子从各诸侯国政治失序的程度，相当准确地推断出它们政权丧失的“时间长度”。孔子指出：

> 天下有道，则礼乐征伐自天子出；天下无道，则礼乐征伐自诸侯出。自诸侯出，盖十世希不失矣；自大夫出，五世希不失矣；陪臣执国命，三世希不失矣。（《论语·季氏》）

天下有道的时候，制度建设和军事讨伐由天子决定；天下无道的时候,制度建设和军事讨伐由诸侯决定。由诸侯决定,大概可以传十代;由大夫决定,传五代就很少有不丧亡的;由卿大夫的家臣来掌握国家的命运,传上三代就很难得了。

礼乐征伐自天子出,是政治秩序的基本保障,很有必要。《中庸》说:"非天子,不议礼,不制度,不考文。今天下车同轨,书同文,行同伦。虽有其位,苟无其德,不敢做礼乐焉,虽有其德,苟无其位,亦不敢作礼乐焉。"

不是天子不能议订礼仪、制订法度和考订文字。这是为了保证天下车子轮距一致,文字字体统一,道德规范相同。虽有天子之位,如果没有相应的德行,不能制礼作乐;虽有天子之德,如果没有相应的地位,也不能制礼作乐。朱熹《集注》引郑氏说:"言作礼乐者,必圣人在天子之位。"这种规定,有助于保障政治、社会、道德的基本秩序。

孟子说:"征者,上伐下也,敌国不相征也。"(《孟子·尽心下》)制度建设和军事行动乃国之大事,"自天子出",在古代,理所当然。礼乐征伐自诸侯出、自大夫出,甚至陪臣执国命,就乱套了。

孔子这段话既有总结性又有预言性。《论语·季氏》下一章孔子的预测更加明确。孔子曰:"禄之去公室五世矣,政逮于大夫四世矣,故夫三桓之子孙微矣。"朝廷失去政权已有五代了,政权落在大夫手里有四代了,所以三桓的子孙就要衰微了。

禄之去公室,谓爵禄赏罚之权不从君出。郑康成注"禄为爵禄,爵是爵位,禄是俸禄"。爵禄赏罚,决于君主,即代表君主之权。公元前 608 年,鲁文公死,大夫东门遂(襄仲)杀嫡长子子赤而立宣公,掌握了鲁国政权。宣公死,政权实际上落在季氏手中。到孔子说这段话时,又经鲁成公、鲁襄公、鲁昭公,到鲁定公,共五代。

三桓,即鲁国的三卿季孙氏、叔孙氏、孟孙(即仲孙)氏。因这三家都是鲁桓公的后代,故称三桓。这三家一直掌握着鲁国政权。公元前 591 年,鲁宣公死,季文子驱逐了东门氏,此后,季氏为正卿,掌握了鲁国政权。从文子、武子、平子到桓子,孔子说这段话时正为四代。

刘宝楠《论语正义》谓孔子此言:"在定公五年阳虎作难之时。"从鲁国以后的历史发展看,直到鲁悼公时,三桓的势力还是很强大的,“三桓盛,鲁如小侯,卑于三桓之家。”(《史记·鲁周公世家》)但到鲁穆公时代(公元前407——382年),三桓的势力就衰弱了。孔子预测成功。

孔子是依常理推断。但考以后世诸多事实,如王莽、司马懿、高欢、杨坚、五胡十国、南朝四姓等等政权,都得之不以其道,短的只有其自身,长的会传到其子孙,但也不过传个四五代就到头了。孔子所说,几成谶言。历史上儒家王朝,政治都相对清明;反儒的王朝,都极其无道,也都很短命。这也是一个历史规律。

孔子的政治预测能力非常高。《左传》记载,哀公三年夏季五月二十八日,鲁国司铎官署发生火灾。孔子当时在陈国,听说鲁国发生了火灾,说:“其桓、僖乎!”果然,火灾烧毁的是祭祀桓公、僖公的庙宇。(《左传·哀公三年》:“夏五月,辛卯。司铎火,灾逾公宫,桓僖灾。……孔子在陈,闻火,曰:其桓僖乎?”)此事亦载于《史记·孔子世家》:“夏,鲁桓釐庙燔,南宫敬叔救火。孔子在陈,闻之,曰:灾必于桓釐庙乎?已而果然。”

孔子曾根据“将祭而亡其牲”一件小事,预料到公索氏不到两年就会死亡。结果不到一年,公索氏就死了。此事载于《孔子家语·好生》:

> 鲁公索氏将祭而亡其牲。孔子闻之,曰:“公索氏不及二年将亡。”后一年而亡。门人问曰:“昔公索氏祭亡其祭牲,而夫子曰‘不及二年必亡’,今过期而亡。夫子何以知其然?”孔子曰:“夫祭者,孝子所以自尽于其亲,将祭而亡其牲,则其余所亡者多矣。若此而不亡者,未之有也。”

公元前513年冬,晋铸刑鼎,孔子预言说:“晋其亡乎,失其度矣!”果然不久就发生了权臣窃国和三家分晋事件,应了孔子的预言。此事载于《左传·昭公二十九年》和《孔子家语·正论解》。这年冬天,晋国铸造了一口大鼎,把范宣子所作的《刑书》铸在上面,孔子听说此事,说晋国这样做是丧失了基本的政治分寸。孔子这句话曾被中国法学家视为孔子反刑法。其实只要通读原文,就知道这是误读了。《左传·鲁昭公二十九年》原文如下:

> 冬,晋赵鞅、荀寅帅师城汝滨,遂赋晋国一鼓铁,以铸刑鼎,

著范宣子所为刑书焉。仲尼曰："晋其亡乎，失其度矣。夫晋国将守唐叔之所受法度以经纬其民，卿大夫以序守之，民是以能尊其贵，贵是以能守其业。贵贱不愆，所谓度也。文公是以作执秩之官，为被庐之法，以为盟主。今弃是度也，而为刑鼎，民在鼎矣，何以尊贵，贵何业之守？贵贱无序，何以为国？且夫宣子之刑，夷之蒐也，晋国之乱制也，若之何以为法？"蔡史墨曰：范氏、中行氏其亡乎。中行寅为下卿，而干上令，擅作刑器，以为国法，是法奸也。又加范氏焉，易之，亡也。其及赵氏，赵孟与焉；然不得已，若德，可以免。

孔子认为，如果晋国能守着原来合理的法度，治理国民，那就没有什么问题，但是现在晋国不遵循原来的法度，把《刑书》铸在了鼎上。须知鼎是国之重器，国家的象征，以鼎来铸《刑书》，等于赤裸裸的刑法挂帅，是用刑法威胁百姓，礼义道德完全靠边站了，法统改变，国本动摇，难免有亡国之患。

孔子不可能反对刑法。儒家礼制，包括礼乐刑政。《礼记·乐记》说："礼节民心，乐和民声，政以行之，刑以防之。礼乐刑政，四达而不悖，则王道备矣。"从这句话也可以看出，礼乐政刑，礼占首位，顺序井然，不能改变和紊乱。晋国把《刑书》铸在鼎上，就是把刑法放在第一位，是严重的政治失度和非礼。

三　孔子见弟子和自己之几

孔子对一些弟子的发展道路和人生命运有所预知，最典型的是见子路之几。

仲由，字子路，一字季路，长于武勇，富有政才，在孔门四科中列于政事科。据孔子年谱，子路比孔子小 10 岁，比孔子早死一年，享年应该是 62 岁。曾做过鲁国大夫季氏的家臣，是孔子另一个学生冉有的上司。在孔子出走的 14 年中，大都陪伴其左右。

子路性格刚烈，勇敢直率，曾多次直言不讳地批评孔子。比如孔子背蒲人之盟，孔子见南子，都曾被他严厉责问。这一方面说明孔门师生惟道是从、真理第一的门风，尊师更加重道，当仁不让于师，另一方面说明子路勇敢有余，智慧不足，已经登堂，尚未入室，对孔子的品德和中道的高明理解不够。

《论语·先进》记载："闵子侍侧，訚訚如也；子路，行行如也；冉有、子贡，侃侃如也。子乐。若由也，不得其死然。"訚訚，中正的样子。行行，刚强的样子。侃侃如，和乐而从容的样子。孔子眼见弟子们各有所长、各有所成，非常开心。

唯对子路，孔子喜其刚勇，又担心他过于刚勇而危身取祸，不保天年。峣峣者易缺，皎皎者易污呀。孔子曾说子路"好勇过我，无所取材"，意谓他比我更勇敢，可惜像一块好料子没得好好剪裁。"若由也，不得其死然。"这是孔子发言警戒，正是裁剪他呢。由指仲由，即子路。

后来，孔子的担心变成了事实。公元前 480 年(鲁哀公十五年)，孔子 72 岁的时候，卫国宫廷政变的消息传来，而子路其时任卫国大夫孔悝的采邑之宰。孔子预感子路有生命危险。"孔子闻卫乱，曰：柴也其来，由也死矣。"(《左传·哀公十五年》)果然，高柴跑了回来，子路死在了卫国。

孔悝即孔文子的儿子。孔子曾经称道孔文子"敏而好学，不耻下问"。孔文子娶卫国太子蒯聩之姊，生孔悝。孔文子死后，孔悝母亲跟他家的门客竖浑良私通，并勾结了太子蒯聩发动政变。之后，卫出公蒯辄与其父卫庄公蒯聩二人争位。孔悝在这场变乱中起了关键的作用，而子路即死于此难。

关于子路之死，历来争议很多。大多数持"不完全赞同"的态度，认为他死得不得其所。"可以死，可以不死，死伤勇。"仁者智勇双全，缺一不可，缺一就无法抵达仁境。子路好勇而欠智，认不清大义识不得人，食了孔悝这等鄙夫的俸禄，襄助了不值得襄助的人，白白丢了性命。

勇于牺牲，常人所难。然有两大忌：一忌是非不辨善恶不分，站在了历史错误的一边，站在了野蛮邪恶的一边，热血洒错地方，头颅抛错方向；二忌鲁莽灭裂暴虎冯河，成事不足败事有余。两种献身都源于智慧不足。

孔子说"由也不得其死然"，不是算命，而是君子见几。

最后,通过一个梦,孔子预知了自己的死亡。

孔子蚤作,负手曳杖,逍遥于门,歌曰:“泰山其颓乎,梁木其坏乎,哲人其萎乎。”既歌而入,当户而坐,子贡闻之曰:“泰山其颓,则吾将安仰?梁木其坏、哲人其萎,则吾将安放,夫子殆将病也。”遂趋而入。夫子曰:“赐!尔来何迟也?……予畴昔之夜,梦坐奠于两楹之间。夫明王不兴,而天下其孰能宗予,予殆将死也。”盖寝疾七日而没。(《礼记·檀弓上》)

四 子贡的预测能力

在孔门十哲中以言语闻名的子贡,也颇有知几的能力。《左传》记载:

十五年春,邾隐公来朝。子贡观焉。邾子执玉高,其容仰,公受玉卑,其容俯。子贡曰:“以礼观之,二君者皆有死亡焉!夫礼,死生存亡之体也。将左右周旋进退俯仰于是乎取之。朝祀丧戎于是乎观之。今正月相朝,而皆不度,心已亡矣。嘉事不体,何以能久?高仰,骄也;卑俯,替也,骄近乱,替近疾。君为主,其先亡乎。”……夏五月壬申,公薨。仲尼曰:“赐不幸言而中,是使赐多言者也。”

邾隐公来朝鲁定公。双方举行仪节时,邾隐公把玉高高地举起,仰着脸;鲁定公谦卑地接受了玉,俯着脸。一旁观礼的子贡,认为两位国君都失礼,恐怕不会长久了。后来,子贡之言果然得到了应验,“夏五月壬申,公薨。”鲁定公去世。孔子责怪子贡太多嘴了。邾隐公则一直到哀公二十四年才失位,后死于越国,也被子贡说中。

孔子逝世的时候,子贡根据鲁哀公的诔词判断,鲁哀公将会客死异乡。《史记·孔子世家》记载:

孔子年七十三,以鲁哀公十六年四月己丑卒。哀公诔之曰:“旻天不吊,不慭遗一老,俾屏余一人以在位,茕茕余在疚。呜呼哀哉!尼父,毋自律!”子贡曰:“君其不没于鲁乎!夫子之言曰：‘礼失则昏，名失则愆。失志为昏，失所为愆。’生不能用，死而诔之，非礼也。称‘余一人’，非名也。”

孔子活着的时候，鲁哀公不能重用，死了却来致悼辞。“余一人”是夏商周三代帝王的自称，鲁哀公只是诸侯，自称“余一人”，就僭越了。非礼非名，难免后患。鲁哀公的结局果然一如子贡所料，客死异乡。

知几的能力被子贡用于商业中，获得了空前成功，对此孔子也表示佩服。子曰：“回也其庶乎，屡空。赐不受命，而货殖焉，亿则屡中。”（《论语·先进》）亿同臆，估计，猜测。

颜回与子贡，一个安贫乐道，一个亿则屡中，各有特长。不过，颜回安命，子贡不受命；颜回贫而乐，子贡富而无骄；颜回闻一知十，子贡闻一以知二；颜回三月不违仁，子贡则连“我不欲人之加诸我也，吾亦欲无加诸人”的恕道尚不能及。依儒家标准，颜回无疑优于子贡。孔子也曾直接对子贡说：“吾与女，弗如也。”有学者说孔子“贤颜回而讥子贡”是有道理的。孔子虽未明讥子贡，确是更贤颜回。

五　卫姬和管子察言观色

《吕氏春秋》颇有儒风，我称之为儒家副经典，其中《精谕篇》介绍了几个通过察言观色发现对方心事或机密的故事，兹介绍两则。

> 齐桓公合诸侯，卫人后至，公朝而与管仲谋伐卫。退朝而入，卫姬望见君下堂再拜，请卫君之罪。公曰：“吾与卫无故，子曷为请？”对曰：“妾望君之入也，足高气强，有伐国之志也。见妾而有动色，伐卫也。”明日，君朝一揖管仲而进之。管仲曰：“君舍卫乎？”公曰：“仲父安识之？”管仲曰：“君之揖朝也恭，而言也徐，见臣而有惭色，臣是以知之。”桓公之所以匿而不言也，今管子乃以容貌音声，夫人乃以行步气志，桓公虽不言，暗夜而烛燎矣。

卫姬根据行步气志，管仲根据容貌音声，就得出桓公伐卫、又放弃伐卫的结论，桓公虽然没明说，但他的心事就好像黑夜里点起了蜡烛被看得明明白白。这个故事也说明齐桓公一举一动瞒不过他人之眼，毫无城府，颇为浅薄。

> 晋襄公使人于周曰："弊邑寡君寝疾，卜以守龟曰：'三涂为祟。'弊邑寡君使下臣愿藉途而祈福焉。"天子许之。朝，礼使者事毕，客出。苌弘谓刘康公曰："夫祈福于三涂，而受礼于天子，此柔嘉之事也，而客武色，殆有他事，愿公备之也。"刘康公乃儆戎车卒士以待之。晋果使祭事先，因令杨子将卒十二万而随之，涉于棘津，袭聊阮、梁、蛮氏，灭三国焉。此形名不相当，圣人之所察也，苌弘则审矣。故言不足以断小事，唯知言之谓者可为。(《吕氏春秋·精谕》)

晋襄公派人到周朝说："敝国君主卧病，用龟甲占卜，说是三涂山鬼为祟，敝国君主派小臣来，希望能借路祈福去。"周天子同意请求，升朝，按礼节接待使者。客人出去后，苌弘对刘康公说："去三涂山祈福，又受到天子的礼遇，这是多好的事呀，客人却露出勇武之色，大概有别的事，希望您防着点。"刘康公于是部署兵车士卒，严阵以待。晋国果然让祭祀的队伍领头，再派杨子率领十二万兵马随后，从棘津渡水，偷袭聊阮、梁、蛮氏，消灭了这三个国家。这是圣贤通过察言观色所能明察的，苌弘就审察清楚了。所以仅根据言语不足以决断一件小事，只有懂得言语之所指的人才可以决断事情。

《吕氏春秋》中这个标题《精谕》，意谓超越言诠的精微谕意。

六 《淮南子》的两个故事

《淮南子》中说："人皆务于救患之备，而莫能知使患无生。夫使患无生，易于救患而莫能加务焉，则未可与言术也。"意思是说，人们都竭力想做到防备和阻止祸患，但都不懂得怎样使祸患不发生。使祸患不发生，比制止祸患容易，可是没人在这上面花工夫，这就无法与他们谈论道术了。《淮南子》接下去讲了两个故事，第一个故事：

晋公子重耳过曹，曹君欲见其骿胁（骿 pian 胁，胁骨并成一片），使之袒而捕鱼。厘负羁止之曰："公子非常也。从者三人，皆霸王之佐也。遇之无礼，必为国忧。"君弗听。重耳反国，起师而伐曹，遂灭之。身死人手，社稷为墟。祸生于袒而捕鱼，齐楚欲救曹，不能存也。听厘负羁之言，则亡患矣。今不务使患无生，患生而救之，虽有圣知，弗能为谋耳。

患祸之所由来者，万端无方。是故圣人深居以避辱，静安以待时。小人不知祸福之门户，妄动而絓罗网（絓 guà，绊住、触犯），虽曲为之备，何足以全其身！譬犹失火而凿池，被裘而用箑也（箑 shà，扇子）。且唐有万穴，塞其一，鱼何遽无由出？室有百户，闭其一，盗何遽无从入？夫墙之坏必于隙，剑之折必有齿。圣人见之密，故万物莫能伤也。

晋公子重耳流亡途中经过曹国，曹国君好奇心重，听说重耳肋骨骈生，就想看看，有意让重耳裸露上身下河捉鱼。厘负羁劝说道："重耳公子是位非常人物，跟随的三位随从也都是王霸之佐。对他们无礼，必定给国家带来后患。"曹君不听。后来重耳返回晋国登基，果然发兵进攻灭了曹国。曹君身死，曹国一片废墟，这灾祸正是让重耳裸露上身下水捉鱼引起。当初如果曹国君听了厘负羁的劝告，就不会有此灾祸了。不致力于使祸患不发生，等到祸患发生了再去挽救，虽有圣明智慧，也无计可施。

祸患的由来，四面万端，没有一定方所。所以圣人深居简出以避侮辱，静心安适以等待时机。小人不知道祸福的由来，轻举妄动自投罗网，尽管千方百计加以防范，又怎能保全得了自身？就像失了火再去开凿水池，穿着皮衣摇扇取凉一样。况且池塘有万洞，塞着其中一个，鱼自有其他洞逃生；房屋有百门，关闭其中一扇，盗贼还会从其他门进来。墙倒塌往往起因于小裂缝；剑折断常常是因为本身有缺损。圣人看得深远，所以万物不能伤害。

这个釐负羁，有知人之明，料事如神，是个了不起的人才，可惜曹君不听劝告，更不加以重用。

第二个故事：

太宰子朱待饭于令尹子国。令尹子国啜羹而热，投卮浆而沃之。明日，太宰子朱辞官而归。其仆曰："楚太宰未易得也，辞官去之，何也？"子朱曰："令尹轻行而简礼，其辱人不难。"明年，伏郎尹而笞之三百。夫仕者先避之，见终始微矣。(《淮南子·人间训》)

楚国太宰子朱侍候令尹子国用餐，令尹子国尝了羹汤觉得太烫，就将杯子里的汤水往子朱身上浇去。第二天，子朱便辞职回家了。他的仆人问："楚国太宰的职务不易得到，为何辞官离去？"子朱说："令尹行为轻浮疏忽礼仪，轻易就会侮辱人。"第二年，令尹子国找岔制服了郎尹，打了郎尹三百大板。而太宰子朱得以预先避开，可以说，他从细微的苗子中就预料到了事情的结果。

七　智果和穆生的故事

春秋末期有个晋国大夫，叫智果，很有政治远见和儒家修养。当时的智氏宗主智宣子，决定让次子智瑶作为智氏家族的接班人。智果反对。他说：

> 不如宵也。瑶之贤于人者五，其不逮者一也。美鬓长大则贤，射御足力则贤，伎艺毕给则贤，巧文辩慧则贤，强毅果敢则贤，如是而甚不仁。夫以其五贤陵人，而以不仁行之，其谁能待之？若果立瑶也，智宗必灭。

智瑶五个方面都比智宵强，唯独一点不及：不仁，没有仁心。这是致命的缺点。有五个方面的优势却加上这个缺点，如果立智瑶为继承人，智氏宗族必然有灭门之祸！

可惜智宣子听不进去，固执己见，坚持立智瑶为接班人。智果就带领着自己的一小部分族人，到晋国太史那里注册，改智氏为辅氏，表示脱离智氏，另立宗庙。不久，智宣子去世，智瑶继任，当了智伯，最终因贪婪野心被赵襄子杀了，连累智氏之族被灭。只有辅果无恙。(《资治通鉴》)

《汉书楚元王列传》中有个穆生，也很知几。

楚元王刘交是汉高祖弟弟，年轻时和申公、穆生、白生等人俱在荀子的门人浮邱伯处学习。后来刘交被封为楚元王,以三人为中大夫。刘交对穆生很敬重。穆生不善饮酒,刘交每设宴,总要专门为他特设醴酒(甜酒)。后来楚元王去世,其孙子刘戊即位,开始也为穆生设醴酒,后来就忘了。

> 穆生退而与申公、白生曰:“可以逝矣! 甜酒不设,王之意怠;不去,楚人将钳我于市。”二人皆曰:“独不念先王之德与! 今王一旦失小礼,何足至此!”穆生曰:“易云:知几其神乎! 几者,动之微,吉凶之先见者也。君子见几而作,不俟终日。先王之所以礼吾三人者,为道存也。今而忽之,是忘道也。忘道之人,胡可与之久处,岂为区区之礼哉!”遂谢病而去。申公、白生独留。

刘戊稍长渐渐荒淫残暴,后因之而削地,遂与吴王私通谋反。申公、白生谏之,刘戊不听,反将二人判以胥靡之刑,让他们身着囚衣在市集舂米,以羞辱他们。

穆生从楚王不为自己设醴酒的小事上感到了危机。后遂用“醴酒不设”比喻待人礼貌渐衰。穆生见几,反衬出申公、白生的迟钝。

八 陶朱公的故事

越王勾践的谋臣范蠡,儒道兼修,是个大智者。

在范蠡和文种的帮助下,勾践卧薪尝胆,经过了十年生聚、十年教训,深谋20余年,终于灭掉了吴国。之后勾践挥师北上,与众诸侯会盟于徐州,并致贡于周。周元王使人赐勾践胙,命为伯,伯即霸主。

大功告成,范蠡悄悄离开了。离开的时候,给同事文种留了一封信说:“蜚鸟尽,良弓藏;狡兔死,走狗烹。越王为人长颈鸟喙,可与共患难,不可与共乐。子何不去?”

文种接到信后,就称病不朝,但没有及时离去。越王左右有嫉恨文种的人向勾践进谗言,说文种要作乱。于是勾践赏赐给文种一把剑,说:“子教寡人伐吴七术,寡人用其三而败吴,其四在子,子为

我从先王试之。"文种只好自杀。(《史记·越王勾践世家》)

还有件事,更显出范蠡的料事如神。

陶朱公次子在楚国杀了人,犯了死罪。陶朱公在楚国有朋友庄生,素为楚王所信任。于是陶朱公拟让老三带上黄金千斤和自己的信去向庄生求援。老大却争着要去。陶朱公不允,说如果老大去,只能运老二的尸体回来。可是老大硬闹着要去,并以自杀要胁。古时嫡长为大,长子在家中权威仅次于父亲,其母亲西施也帮大儿子说话。

陶朱公无奈,只好派老大去。临行前反复叮嘱:庄生是我故交,极有能量,你到了楚国,把这一千两黄金全部交给他,一切听凭他的安排,切忌多嘴。老大满口答应,为保险起见,出发前又私自取了几百两黄金带上。

老大按照老爸的吩咐去见庄生。庄生收下黄金就请陶家老大回老家去,千万别呆在楚国。可老大见庄生家徒四壁,便有几分看不起,不信庄生能救弟弟。便暗地留在了楚国,通过别的门路继续活动。

庄生虽穷困潦倒,在楚国却威望崇高,之所以收下黄金,不过是为了让陶老大放心,准备事成之后还给他的。适逢这年楚国有灾,庄生建议楚王实施大赦,以仁政挽回天心。楚王接受了他这项建议。陶老大从别的渠道知道了这个消息,却不知这正是庄生为了救他的弟弟想出来的办法。所以又去看庄生,提起大赦的事,意思是既逢大赦,就无须花钱请庄生卖力了。

庄生知他心意,就将黄金退回。然后连夜进宫再见楚王说,有一个死刑犯是陶朱公的大公子,现在外面传言,大王大赦,是因为陶家的贿赂。楚王大怒,下令把陶朱公的次子杀了才颁大赦令。陶大公子不得已把弟弟的尸首运回。全家大哀,只有陶朱公一笑置之。

陶朱公说,这样的结局早在意料之中。并非老大不爱弟弟,而是他从小跟着我创业,知道钱来之不易,把钱看得太重,反而害了弟弟。老三出生时家里就很有钱,他花惯大钱了,送了千斤黄金也就送了。这就是当初我为何要派小儿子去啊。

这个故事在《艺文类聚·治政部》中介绍得比较简短,录于下:

《史记》曰：陶朱公中子杀人，囚於楚，朱公曰：杀人死，职也，使少子往视之，装黄金千镒，长男请行，公不许。长男曰："长子，家督也，今不遣，是吾不肖，欲自杀。"不得已，乃为一封书及金，令遗故所善庄生。庄生乃见王曰："某星犯某宿，宜以德报。"王乃使使封三钱之府。长男为王当赦，弟固当出，见庄生曰："弟今自赦。"固辞去，乃取金。庄生耻为儿子所卖，乃入见王曰："陶朱公子多赂王左右，今赦，恐失望。"王遂杀之，载丧而归。

台湾著名小说家高阳的小说中对其有过详细描写。有人说，以陶朱公之智慧明察，不应听之任之，坐而待毙，至少可预先与大儿子明说；以庄生之德高望重，"以廉直闻于国，自楚王以下皆师尊之"，何不大度宽容些，帮忙帮到底，以成老友之美，却为这区区小事和陶老大计较？冯梦龙就认为庄生心胸狭隘，"庄生纵横之才不下于朱公，生人杀人，在其鼓掌。然宁负好友，而必欲伸气于孺子，何德宇之不宽也！"(《智囊全集》)对这两个问题，高阳书中都有解释：

庄生所用的方法，至少在原则上，陶朱公已经料定。可是他不能跟他的儿子说破，因为在那个时代，最重朋友这一伦，从事一项秘密工作所取得的高度默契，真是天知、地知、你知、我知，虽亲如父母妻子，亦不可泄漏，这是朋友相交到了某一个阶段，所必须严守不渝的一条规律——因为如此，所以得一知己，可以死而无憾。就实际的利害关系看，也不能说破。庄生极其爱惜羽毛，纤尘不染，同时在这方面的警觉性很高。而朱老大则是愚而好自用的人，如果事先说破，就算他能懂其中的道理，一定在态度、语言上也会流露出来，无论如何瞒不住庄生。这件事只要有第三个人知道，庄生必然峻拒，同时会怪陶朱公轻率，不可共事。这样，儿子未曾救到，先已失了一个朋友。

庄生在楚国是一位真正的社会贤达，他没有政治野心，没有权力欲望，但有非常强烈的荣誉感。他能获得楚国朝野的信任和尊敬，完全是因为他清廉正直，大公无私，岂仅不收红包，并且不讲交情。在楚王面前，他有足够的力量，可以把一个应判死刑的人救出来，但是救那个人必须出于"无私"的动机，否则,清誉毁于一旦,便无法再受人信任和尊敬了——个人的毁誉还是小事,权威一失,发言不生作用,将来再也不能劝楚王行善政了,也无法救一个真正受了冤屈的人了！基于这样的一种视天下事如家事,作为一个国士所应有的责任感,他必须挽救自己在楚国的发言地位。

这个故事的内蕴很深,涵盖很广,值得从政治学、心理学多方面去体会。我曾借来说明"吝小钱,不能办大事,贪小利,不能建大功"的道理,这里再借来说明聪明与智慧的区别。故事里的陶朱公与庄生都是智慧人。陶朱公的大儿子聪明则聪明矣,奈智慧不足,以致断送了弟弟一条命。

关于陶朱公,刘向《新序·杂事》中还记载了一个故事:

梁尝有疑狱,群臣半以为当罪,半以为无罪,虽梁王亦疑。梁王曰:"陶之朱公,以布衣富侔国,是必有奇智。"乃召朱公问曰:"梁有疑狱,狱吏半以为当罪,半以为不当罪,虽寡人亦疑。吾子决是奈何?"朱公曰:"臣,鄙民也,不知当狱。虽然,臣之家有二白璧,其色相如也,其径相如也,然其价一者千金,一者五百。"王曰:"径与色泽相如也,一者千金,一者五百金,何也?"朱公曰:"侧而视之,一者厚倍,是以千金。"梁王曰:"善。"故狱疑则从去,赏疑则从与,梁国大悦。由此观之,墙薄则亟坏,缯薄则亟裂,器薄则亟毁,酒薄则亟酸。夫薄而可以旷日持久者,殆未有也。故有国畜民施政教者,宜厚之而可耳。

从中可见陶朱公的政治见识和道德修养。为人为政都强调"厚",正是儒家道德题中应有之义。"狱疑则从去"相当于现在的"疑罪从无"的法治原则。"狱疑则从去,赏疑则从与"就是政治"厚道"的表现之一。

九　商鞅门客和韩侂胄馆客

秦国商鞅和南宋韩侂胄都是奸恶之相,但门下都有见几的高人,预先看出他们处境的危险,为之设计避险的良策,可惜商鞅和韩

侂胄都不能用,以致死于非命,

商鞅以他的刻薄暴虐和严刑恶法,把自己变成秦国的全民公敌,从贵族到平民,无不恨之入骨。临死前五个月,门客赵良已经直言指出其危若朝露的处境:

今君之见秦王也,因嬖人景监以为主,非所以为名也。相秦不以百姓为事,而大筑冀阙,非所以为功也。刑黥太子之师傅,残伤民以骏刑,是积怨畜祸也。教之化民也深于命,民之效上也捷于令。今君又左建外易,非所以为教也。君又南面而称寡人,日绳秦之贵公子。诗曰:“相鼠有体,人而无礼,人而无礼,何不遄死。”以诗观之,非所以为寿也。公子虔杜门不出已八年矣,君又杀祝欢而黥公孙贾。诗曰:“得人者兴,失人者崩。”此数事者,非所以得人也。君之出也,后车十数,从车载甲,多力而骈胁者为骖乘,持矛而操闟戟者旁车而趋。此一物不具,君固不出。书曰:“恃德者昌,恃力者亡。”君之危若朝露,尚将欲延年益寿乎?则何不归十五都,灌园于鄙,劝秦王显岩穴之士,养老存孤,敬父兄,序有功,尊有德,可以少安。君尚将贪商、于之富,宠秦国之教,畜百姓之怨,秦王一旦捐宾客而不立朝,秦国之所以收君者,岂其微哉?亡可翘足而待。(《史记》)

赵良之言,至今读来依然字字惊心,给商鞅出的主意,也属对症之药,可商鞅就是无动于衷,不肯听从。狡兔三窟,他一窟也没有(封地商属于秦国,随时可能被收回,而且地狭人少,人心不附,毫无安全可言),而依旧骄横贪财、独断专行、耀武扬威。商鞅一再强调“民弱国强,民强国弱”,铁血推行“弱民”政策,自己也变成了弱智。不到半年,秦孝公去世,他大难临头了。

秦惠文王即位,公子虔门下有人指控商鞅谋反,便派官吏前去捕捉。商鞅逃往深受其害、深受其骗的魏国,当然被拒纳,还把他送回秦国。商鞅只好与他的门徒来到封地商於,起兵北攻郑县。秦军抓住商鞅,将他车裂分尸,尽灭其家。

《续资治通鉴·宋纪》记载了韩侂胄的馆客的故事:

初,侂胄为南海尉,延一士人作馆客,甚贤而文,既别,音问不通。侂胄当国，尝思其人，一日忽至，已改名登第有年矣，一见欢甚，馆遇极厚。尝夜阑酒罢，侂胄屏左右，促膝问曰："侂胄谬当国秉，外间议论如何？"其人太息曰："平章家族危如累卵，尚复何言！"侂胄愕然问故，对曰："是不难知也。椒殿之立，非立于平章，则椒殿怨矣。皇子之立，非出于平章，则皇子怨矣。贤人君子自朱熹、彭龟年、赵汝愚而下，斥逐贬死不可胜数，则士大夫怨矣。边衅既开，三军暴骨，孤儿寡妇之哭声相闻，则三军怨矣。并边之民，死于杀掠，内地之民，死于科需，则四海万姓皆怨矣。丛是众怨，平章何以当之？"侂胄默然久之，曰："何以教我？"其人辞谢再三。固问，乃曰："仅有一策，主上非心黄屋，若急建青宫，开陈三圣家法，为揖逊之举，则皇子之怨可变而为恩，而椒殿退居德寿，虽怨无能为矣。于是辅佐新君，涣然与海内更始，曩日诸贤，死者赠恤，生者召擢。遣使聘金，释怨请和，以安边境。优犒诸军，厚恤死士，除苛解慝，尽去军兴无名之赋，使百姓有更生之意。然后选择名儒，逊以相位，乞身告老，为绿野之游，易危为安，其庶几乎！"侂胄犹豫不能决，欲留其人，处以掌故，其人力辞去。未几，祸作。

韩侂胄曾封平原郡王，故称韩平原。他是"庆元党禁"的罪魁祸首。

蔡京的"崇宁党禁"、秦桧的"绍兴党禁"和韩侂胄的"庆元党禁"，是宋朝三次大规模的政治、文化和道德自残。这种政治恶象发生于中华正统王朝，只能归结于家天下君主制中晚期的恶性病变。在宋朝，程朱是儒家的最高代表，理学是儒学的与时偕宜，居然被斥为伪师伪学，等于是宋廷自绝于儒了，灭天理纵人欲就是必然的结果。

"奏禁语孟学庸等书"（黄宗羲《宋元学案》）的操盘手是吏部尚书叶翥，总策划是韩侂胄。"庆元党禁"最疯狂的是让儒经成为世之大禁。"叶翥和刘德秀奏言：伪学之魁，以匹夫窃人主之柄鼓动天下，故文风未能丕变。乞将语录之类尽行除毁。故是科取士，稍涉义理者悉皆黜落，六经论语孟子中庸大学之书为世大禁。"（《宋史纪事本末》）

儒经“为世大禁”的结果是，世风士气愈趋愈下。“于是谤议朋兴，以学为伪；盖谓贪黩放肆，乃人真情，其廉洁好修者伪也。从游之士，依阿巽懦者，更名他师，过门不入，甚至变易衣冠，狎游市肆以自别其非道学。”（钱基博《中国文学史》）史称：“方是时，士之绳趋尺步，稍以儒名者，无所容其身。”“世俗毁方为圆，变真为佞，而流风之弊有不可胜言者矣！”

《智囊全集》讲的是，韩侂胄为南海尉时，曾请一位儒士做馆客，此人很贤德。分别后一直未通音信。韩侂胄当了宰相后，很思念他。有一天该儒士忽然来了，原来他已改名换姓，中进士好几年了。韩侂胄见了他非常高兴，给他优厚的待遇。

一天夜深人静时，韩侂胄同馆客喝完了酒，摒退左右，促膝谈心。韩问馆客：“我掌握了国家大权，外面怎么议论呀？”馆客叹息说：“您的家族危如累卵，还有什么可说的！”韩侂胄惊问原因。馆客答：“这不难理解。宫中立皇后，不是您的主意，皇后怨恨您；宫中立太子，不是您的主意，太子怨恨您；您当政后，贤人君子，从朱熹、彭龟年、赵汝愚以下，被斥贬逐放的不计其数，士大夫们怨恨您；同金人打仗，将士们暴尸荒野，孤儿寡妇哭声不断，三军怨恨您；边境百姓死于掠夺和杀害，内地百姓死于捐税科派，天下百姓都怨恨您。众怨集中，您怎么能承担得了？”

韩侂胄沉默了许久说：“有什么办法可以帮我？”馆客再三推辞，韩坚持追问，他才说：“只有一个办法，只怕您不愿采纳。现在皇上无心处理国政，如果提出尧舜禅让之法，请皇上让位给太子，那么，太子对您会由怨恨而转为感谢。皇后成了皇太后，即使怨恨也无能为了。于是您可以辅佐新帝，从头开始，对被贬的诸贤者，已死的赠予抚恤，活着的召回提升，派遣使者聘请贤德，消除积怨，谋求和解，安定边境；好好地犒劳军人，抚恤牺牲的将士，免去苛捐杂税，解决好种种矛盾，使百姓有新生的乐趣。然后选择一位名儒，将相位让给他，请求告老还乡，遨游于山水之间。那么您就能转危为安，变祸为福。”韩侂胄犹豫不决，想留下馆客当顾问，可他坚持要告辞。馆客走后不久，韩侂胄果然大祸临身，被史弥远与杨后合谋杀了。

十　见几而作

有人问：明末四方农民起义，朝廷抚之而无粮，剿之则无义，若东海先生在，当以何策救国？

我的回答是，儒者知几察微，不治已病治未病，不治重病治初病。等到病入膏肓，神仙无能为力。明末内忧外患深重，崇祯似精明实冥顽，已不可救。若崇祯能避免赏罚不明、重用宦官等各种重大错误，早遣太子经营江南，或可重发生机。至于采用现代政治法门如地方选举、君主立宪等，则又是另一番局面了。

有备无患。人世间有很多事，等到事到临头再想办法，就再没有好办法了。这里介绍一个著名的"赵苞弃母"的故事。

公元177年（东汉灵帝熹平六年），赵苞为辽西太守，派人去接老母及妻儿来郡，不意被屡为边患的鲜卑人劫获做了人质。当赵苞阵前突遇老母，悲痛欲绝，但他遥谢母亲说："惟为王臣，义不得顾私恩。"其母说："人各有命，何得相顾，以亏忠义。"赵苞即时进攻，击溃敌人，而老母、妻小因此被杀。事后赵苞说："食禄而避难，非忠也；杀母以全义，非孝也。如是，有何面目立于天下！"遂呕血而死。

赵苞在敌人大兵压境、母亲被劫作人质的情况下，不顾母子私恩，奋力与敌作战；其母则鼓励儿子以国为重，奋勇杀敌。在官方和民间的普遍认知中，赵苞及其母亲都是作为深明大义、不顾私恩、为国忘家、为公忘私、转孝为忠的典范宣传的。

忠孝不能两全，两难选择。赵苞虽然有负孝道，呕血而死也"够意思"了。还能怎么样呢？然而也有不同看法。蔡东藩认为赵苞应该作更好的选择。他在《后汉演义》中说：

> 赵苞之弃母全城，后人多悯其全忠，而惜其昧义；夫君与亲一也，亲不可弃，犹之君不可忘，为赵苞计，不如退兵守城，徐为设法，或啖以重利，或佯为乞降，务使母得生还，然后再谋却敌；万一不能如愿，则为君弃母，亦为后人所共谅，奈何锐图杀贼，忍视老母之遽膏锋刃乎？故苞之失不在于昧义，而在于少智；

设令智士处此，当不若是之冒昧进战也。

蔡东藩为赵苞出的主意确实比较智慧，但也有点站着说话不腰疼。须知他面对的鲜卑人首领檀石槐，是个非常厉害的人物，不论是“啖以重利”还是“佯为乞降”，“使母得生还”的可能性都很小，更可能弄巧反拙丢了全城。

王夫之认为，在那种情况下，是没有两全之策的，“若苞者，无可为计，虽君子亦不能为之计也，无往而非通天之罪矣。”无论怎么选择，赵苞都是罪人。赵苞之罪，不在于他阵前弃母，而在他把老娘带到这么危险的地方来，“甫到官而即迎母以居柳城之绝塞”，置母亲于险地。

赵苞这么做，如果是为了母亲的口腹之养，那是“禽虫之爱”，如果是为了母亲的“荣宠”，那是“市井之得金钱而借亲以侈华美者之情”，不论为的是什么，赵苞“奉衰老妇人以徼幸于锋镝之下”，都是“罪通于天”。下面是王夫之在《读通鉴论》中的原话：

> 论为子为臣之变，至于赵苞而无可言矣。何也？若苞者，无可为计，虽君子亦不能为之计也，无往而非通天之罪矣。以苞之死战，为能死于官守；苞与手刃其亲者均也，为此论者，无人之心。以苞当求所以生母之方，不得已而降于鲜卑；分符为天子守邑，而北面臣虏，终身陷焉，亦不可谓有人之心也。故至于苞，而求不丧其心之道穷矣。此谁使之然哉？苞自处于穷以必丧其心。故曰无往而非通天之罪也。
>
> 为人子者，岂以口腹事亲乎？抑岂敢以己之荣施及其母为愉快乎？故子曰：老者安之。求所以安之之方，虽劳不辟，虽死不辍，而况于苞之安其母者甚易乎？苞，东武城人也，所守则辽西也。母所居者，中国之乐土，苞所守者，鲜卑凭陵蹂践之郊也；胡为乎甫到官而即迎母以居柳城之绝塞哉？苞于此已不复有人之心矣。以口腹与？禽虫之爱也；以荣宠与？市井之得金钱而借亲以侈华美者之情也。疆寇在肘腋之间，孤城处斗绝之地，奉衰老妇人以徼幸于锋镝之下，苞之罪通于天，奚待破贼以致母死之日邪？故曰：正其本，万事理。一念之不若，而成乎昏昧，母子并命于危城，苞虽死，其可以逭中心之刑辟哉？

或者其愚也，则君子弗获已而姑为之计，当羯贼出母示苞之日，自悔其迎母之咎，早伏剑以死，委战守之事于僚吏，母之存亡城之安危不计也，则犹可无余恶也。虽然，晚矣！苞死而母必不可得生，城必不可得存也。

所以，先见之明太重要了，时机太重要了。例如，光绪时帝制可改良，慈禧杀死六君子，杀死了改良，也杀死了清政府和帝制的合法性。袁世凯再来搞君宪，便不可行了——即使迎孔子后人为帝也不行。萨达姆、卡扎菲们大权在握时，若主动还权于民，或可保住家族尊荣，等到国际武力干涉，就回不了头了。机不可失，时不再来也。

可见，知几还要能行，见几还要能作。见几而作，不俟终日。

道家知道祸福相倚，儒家不仅知道此理，知道剥极必复、否极泰来，而且以道德为依据积极地转祸为福，以人力加快复泰的速度，即听天由命又尽心尽力。

道家"祸兮福之所倚，福兮祸之所伏"的观点有一定道理，又不完全正确，如"塞翁失马"之类故事，没有把道德这个至关重要的因素考虑进去，带有福祸无常的虚无态度。其实圣贤心想事成，未必有什么后祸伏着；盗贼大祸临头，未必有什么后福倚着。列子讲过一个故事：

宋人有好行仁义者，三世不懈。家无故黑牛生白犊，以问孔子。孔子曰："此吉祥也，以荐上帝。"居一年，其父无故而盲。其牛又复生白犊，其父又复令其子问孔子。其子曰："前问之而失明，又何问乎？"父曰："圣人之言先迕后合。其事未究，姑复问之。"其子又复问孔子。孔子曰："吉祥也。"复教以祭。其子归致命。其父曰："行孔子之言也。"居一年，其子又无故而盲。其后楚攻宋，围其城。民易子而食之，析骸而炊之；丁壮者皆乘城而战，死者大半。此人以父子有疾，皆免。及围解而疾俱复。(《列子·说符》)

故事应属寓言，与孔子无关，但这个故事很好地说明了一个道理：祸福的关键在于德行，在于仁义。列子属道家，但这个故事颇有儒家风味。

另复须知，君子一方面见几而作，不俟终日，另一方面又见义勇为，当仁不让，明知不可而为之。君子走正义之路，唯真理是从，沿中庸之道，循良知而行，只问义不义，不问利不利。见利则思义，以义导利；义利若冲突，以义为利。为了正义，别说牺牲利益名誉，必要时即使杀身舍生，也是大吉大利。

因此《易经》说：善易者不占；易学家云：大君子不卜。善易者即大君子，善易即知义，义之所在即是吉。素富贵行乎富贵，更好地济世救人，吉；素贫贱行乎贫贱，人不堪其忧回也不改其乐，吉；艰难困苦玉汝于成，吉；必要时舍生成仁杀身取义，更是大吉大利。故大君子无入而不自得，无往而不自在。

十一　不要“好察隐微”

见几与“好察隐微”不同，智者见几知微，但不“好察隐微”，而懂得必要时装聋作哑。《韩非子·说林上》中记载一个故事：

> 隰斯弥见田成子，田成子与登台四望。三面皆畅，南望，隰子家之树蔽之。田成子亦不言。隰子归，使人伐之。斧离数创，隰子止之。其相室曰：何变之数也？隰子曰：古者有谚曰：知渊中之鱼者不祥。夫田子将有大事，而我示之知微，我必危矣。不伐树，未有罪也；知人之所不言，其罪大矣。乃不伐也。

田成子想要谋反，便拉拢隰斯弥，隰斯弥通过登高眺望这件事，知道田成子嫌他家的树木挡住了目光。隰斯弥回家后本想立即砍树，但他又停住了，因为他想到，田成子如果知道自己能够猜到他的心思，就会对自己提高警惕，继续拉拢不成，就可能杀人灭口。隰斯弥不愿意掺和到田成子谋反的事情中去，所以干脆就来个装聋作哑。

韩非思想固然不行，本人智慧也不高，但这个故事中隰斯弥的智慧，却是颇深刻的。

《资治通鉴》记载了卫嗣君的几个故事：

> 嗣君好察隐微，县令有发褥而席敝者，嗣君闻之，乃赐之席。令大惊，以君为神。又使人过关市，赂之以金，既而召关

市，问有客过与汝金，汝回遣之，关市大恐。又爱泄姬，重如耳，而恐其因爱重以壅己也，乃贵薄疑以敌如耳，尊魏妃以偶泄姬，曰：“以是相参也。

卫嗣君“好察隐微”。其治下有县令有一天掀自家的床铺，发现席子已经破旧了。卫嗣君知道后就赠送席子给他，县令大吃一惊，以为卫嗣君很神。这位卫嗣君还懂得“钓鱼执法”。他让人贿赂关卡上收税的官员，过后招他来质问，指出该官员纳贿。该官员吓得半死。他还会搞平衡术。他爱泄姬，重用如耳，又怕泄姬和如耳恃宠放肆，就故意重用薄疑来平衡如耳、尊重魏妃来平衡泄姬。

荀子用一句话来论断卫嗣君：“聚敛计数之君也，未及取民也。”只懂得聚敛财富，不懂得收取民心，看上去绝顶精明，实际上是小聪明，不会长久。

自古以来，“好察隐微”，却口无遮拦而死于非命者众。杨修就是一个典型。

曹操出兵汉中进攻刘备，困于斜谷界口，进退两难，犹豫不决时，正碰上厨师进鸡汤。操见碗中有鸡肋，因而有感于怀。正好夏侯惇入帐禀请夜间口号。曹操信口回答：“鸡肋！”行军主簿杨修见传“鸡肋”二字，便教随行军士收拾行装，准备归程。

夏侯惇闻报大惊，遂请杨修至帐中问：“公何收拾行装？”修说：“以今夜号令，便知魏王不日将退兵归也，鸡肋者，食之无肉，弃之有味。今进不能胜，退恐人笑，在此无益，不如早归，来日魏王必班师矣。故先收拾行装，免得临行慌乱。”夏侯惇说：“公真知魏王肺腑也！”遂亦收拾行装。于是寨中诸将，无不准备归计。曹操得知此情后，唤杨修问之，修以鸡肋之意对。操大怒说：“你怎敢造谣言，乱我军心！”喝刀斧手推出斩之，将首级号令于辕门外。

李贽点评《三国演义》时写道：“凡有聪明而好露者，皆足以杀其身也。”尽管“惑乱军心”的罪名是曹操的借口，但按律而斩，严肃军纪，名正言顺。杨修是自有取死之道。

罗贯中在写杨修之死时说：“原来杨修为人恃才放旷，数犯曹操之忌。”犯了哪几个忌呢？一是曹操为了卖弄一下自己的才干，在花园门上写一个“活”字,而杨修偏要揭穿曹操的西洋镜,曹操“忌之”。二是远方客人送酥一盒给曹操,被杨修卖弄小聪明,一人一口与众分吃了,曹操“恶之”。三是曹操本想以梦中杀人来警戒身边人,惟有杨修又识破了他的意图,临葬时指着被杀近侍尸体而叹惜说:“丞相非在梦中,君乃在梦中耳!”曹操“愈恶之”。四是杨修告曹丕密请吴质入内府商议,反被吴质用计陷害,曹操认为杨修是陷害曹丕,曹操“愈恶之”。五是曹操本想试一试曹丕、曹植的才干,杨修偏要教曹植怎么做,结果被曹操知道了,曹操“大怒”。六是杨修为曹植作答教,被曹操得知,曹操又“大怒”。

这六件事,一步步激怒曹操,最后以“鸡肋”事件“惑乱军心”的罪名杀了杨修。

当然,这是小说家言。历史上的杨修由于卷入曹丕和曹植争夺接班的斗争,在曹丕已经得势的情况下,成为这场斗争的牺牲品。曹操杀掉他,是出于对身后接班人安危的考虑。

《列子》说:“周谚有言:察见渊鱼者不祥,知料隐匿者有殃。”《列子》同时介绍了一个“知料隐匿者有殃”的故事:

> 晋国苦盗。有郄雍者(郄 qie),能视盗之貌,察其眉睫之间,而得其情。晋侯使视盗,千百无遗一焉。晋侯大喜,告赵文子曰:“吾得一人,而一国之盗为尽矣,奚用多为?”文子曰:“吾君恃伺察而得盗,盗不尽矣,且郄雍必不得其死焉。”俄而群盗谋曰:“吾所穷者郄雍也。”遂共盗而残之。晋侯闻而大骇,立召文子而告之曰:“果如子言,郄雍死矣!然取盗何方?”文子曰:“周谚有言:‘察见渊鱼者不祥,智料隐匿者有殃。’且君若欲无盗,若莫举贤而任之;使教明于上,化行于下,民有耻心,则何盗之为?”于是用随会知政,而群盗奔秦焉。

治贪反腐,也是一样的道理。不从文化(指导思想和意识形态)和制度上抓起,只会越治越贪、越反越腐,认真的反腐者,反而可能遭到贪污分子、腐败势力的算计、打击和迫害,乃至像这个郄雍一样被群盗整死。

十二 治盗的故事

李悝说过一句话:“王者之政莫急于盗贼”,意谓治盗事宜是王道政治的当务之急。

这话当然不准确。真正的王道,治盗工作不至于棘手,盗贼也不至于猖獗。

李悝曾为魏文侯的国相,其学术介于儒法之间。其著作著录于《汉书·艺文志》,有法家类《李子》三十二篇,儒家类《李克》七篇,是个杂家。他汇集各国刑典,著成《法经》一书,通过魏文侯予以公布。有学者称《法经》是封建社会第一部法典。(其实不对。我国第一部成文法典应该是《吕刑》,出于西周周穆王时代。周穆王在各地游历之时,见到某些诸侯任意施刑,遂命吕侯(亦称甫侯)以“明德慎罚”为指导原则,“作修刑辟”,对周初刑法改革修正,重新制定了一部法典。因为是吕侯主持修订的,故称之为《吕刑》。)

如何治盗,很能体现一个人的政治智慧和能力。历史上,治理盗贼的事务,也经常成为地方执政官一份非常棘手的工作。下面介绍几个古人治盗的故事。

张敞画眉之事众所周知,但很多人不知道,他还是一名治盗高手。西汉年间,山东胶东、渤海一带,盗贼窝聚不散,到处为患,地方不宁。张敞主动请缨。他到任后就发布告示:凡身为盗贼者,若能捕杀同伙,一律免罪。盗贼们因相互猜忌,纷纷先下手为强,互相捕杀,争相邀功免罪。不出几个月,当地盗贼基本肃清。

汉宣帝听说张敞在胶东、渤海的治盗工作有声有色,便任命他为京兆尹(相当于首都的市长)。当时作为汉朝京都的长安,盗患深重,商家苦不堪言,好几任京兆尹都无能为力。张敞到任后,明察暗访,发现京城盗贼们都已把身份漂白了,以富家身份出没于长安街头。于是张敞把几个有名的盗首抓起来,对他们说,若想免罪,须协助朝廷缉拿其他盗贼。盗首们回去后,大摆宴席,乘赴宴的盗贼喝得大醉时,在他们衣服上做了记号。宴席散后,被守在大街小巷的捕吏一网打尽。

张敞的治盗事迹在《汉书》《资治通鉴》和《折狱龟鉴》中都有记载。作者在该事迹后面按语：

> 敞以偷盗治偷盗，督察之术，莫善于此，故首着焉。若后汉黄昌为蜀郡太守，密捕盗帅一人，胁使条陈诸县强暴姓名、居处，分遣掩讨，无有遗脱，宿恶大奸，奔走他境，则又猛政之尤者，抑亦用敞察盗之术欤！……张敞召偷长悉受职，特取其一时之用而已矣，未尝置之左右，任以耳目，岂非虑患深欤？

这种以贼治贼的方式，后来被历代很多地方官效尤，且屡有创新。《折狱龟鉴》载，东汉邓骘在缉盗时，特别部署一些缝衣匠，在给一伙盗贼缝补时，用一种专门制作的彩色线在盗贼们的衣服上缝补，如果街头发现穿着此般标识衣服的盗贼，立即缉捕归案。

又比如后周时，任职北雍州刺史的韩褒，见雍州盗贼极多，为祸乡里，经过密访，不少人还是当地豪强。韩褒便委任了一批年轻人，让他们划区负责，对他们说，若在他们分管的地域内发生盗窃事件，限期内若不能破获，就以故意放纵罪处以极刑。

于是，被委任的一批年轻人纷纷向韩褒检举揭发辖区内的盗贼。韩褒又发布告示，限所有盗贼一个月内前来自首，自首者可减免罪行；超过一个月不来自首者，将依法抓捕处死，抄没所有家产，赏赐给那些前来自首的盗贼。盗贼们无论有没有被揭发的，不到十日全部都来自首了。韩褒一概从宽处理，允许他们改过自新。于是群盗绝迹。

韩褒治盗，办法与张敞差不多，只不过张敞毫不宽贷，纠之以猛；韩褒首原其罪，施之以宽。张敞猛烈，但不至于残民以逞，故市无偷盗；韩褒宽容，但不至于让民众亵慢，而群盗摒息。殊途同归，都同归于治。治盗，是从猛还是从宽，应时而异，因地制宜，没有一定之规。

另外，张敞严于执法，又适可而止，与一般酷吏不同。他与河南太守、酷吏严延年有交情，对他的滥用刑法、诛杀太多不满，曾写信劝告说："昔朝卢之取菟也，上观下获，不甚多杀。愿次卿少缓诛罚，思行此术。"严延年回信说："河南天下喉咽，二周余毙，莠盛苗秽，何可不锄也？"意思是说，河南是天下咽喉之地，又承周代余弊，坏人多好人少,怎么不可以痛加铲除?为了树威,他把各县的死囚集中到郡府行刑,血流数里,人们背地里叫他"屠伯"。

严延年的母亲来河南探望,看见他的所作所为,大惊,再三劝阻,无效,便告辞说:我可不忍看见自己的儿子被刑戮,我还是赶紧离开,回老家替你预备后事吧。一年多后,严延年果然为人所告,以诽谤罪被朝廷处死。

关于治盗的办法,王夫之说:

> 治盗之法,莫善于缓;急者,未有不终之以缓者也。且盗之方发而畏捕也,疆则相拒,弱则惊窜伏匿而莫测其所在。缓之而拒之气馁矣,不能久匿而复往来于其邑里族党矣,一夫之力擒之而有余矣,吏不畏其难获而被罪也。人孰无恶盗之情,而奚纵之?惟求之已急也,迫之以拒,骇之以匿,吏畏不获而被罪,而不敢发觉,夫然后展转浸淫而大盗以起,民以之死,而国因以亡。
>
> 光武之法,吏虽逗留、回避、故纵者皆勿问,听以禽讨为效。牧守令长畏愞选怯不敢捕者,皆不以为罪,只取获贼多少为殿最。唯匿蔽者乃罪之。此不易之良法,而愚者弗能行久矣。

王夫之主张从缓,是很有道理的。光武帝时,群盗处处并起。朝廷派使者到各郡国,鼓励群盗互相揭发,五人共斩一人,其余四人除罪。官吏即使逗留、回避、故意纵容,都不追究,唯以抓捕盗贼多少衡量政绩。只有藏匿盗贼,才会受到惩罚。于是,各级官吏争相追捕,盗贼都解散了。

相反,汉武帝的办法就差远了。汉武帝末年,盗贼蜂起,大郡几千人,小郡几百人。汉武帝派绣衣使者持节虎符,到各地发兵打击,并且作"沉命法",规定:"群盗起不发觉,觉而不捕,满品者二千石以下至小吏主者皆死。"其后小吏害怕被杀,虽有盗贼,不敢报告,害怕追捕不到。而官府也同样害怕,让他们别声张。为了逃避"沉命法",上下都瞒报,盗贼越来越猖狂。

有句成语叫与民更始,就是给人民一个新的开端。对盗贼,必要的时候也不妨既往不咎,"与盗更始"。东汉末年的大儒李固就是这样治盗的。

李固在荆州刺史任上，一面严惩在梁冀或阉宦庇护下的地方贪官，一面以恩信疏解铤而走险的盗寇，因为当时的盗寇，多数是被逼上梁山的饥民。李固到了荆州，对他们妥为慰抚，赦过宥罪，许贼更新。盗贼头目夏渠等自缚归罪，群贼一律反正，全州肃清。

与李固同时的大儒张纲更厉害。张纲是汉留侯张良的后代（七世孙），“豺狼当道，安问狐狸”这句名言就是他说的。当道的豺狼指梁冀，他是当朝国舅、大将军，专擅朝政，结党营私。张纲上书历数梁冀十五条罪状，京城为之震动。汉顺帝也知道张纲是仗义执言，既不采纳，也不降罪。梁冀则痛恨张纲，伺机报复，就指使他人推荐张纲去当广陵太守。这是借刀杀人之计，因为当时广陵巨寇张婴，扰乱扬州徐州十几年了。

张纲到广陵后，率领郡吏十余人径直来到张婴营垒。张婴大吃一惊，闭垒严防。张纲派人将手书传喻张婴，说明自己是奉诏宣慰，希望见面。张婴见张纲来意诚恳，出垒相迎。张纲以利害祸福晓喻张婴，张婴很受感动，决定投诚。次日，张婴率领部众万余人，与妻子一道归降。关于这件事，《后汉书·张纲传》如是描述：

> 前遣郡守，率多求兵马，纲独请单车之职。既到，乃将吏卒十余人，径造婴垒，以慰安之，求得与长老相见，申示国恩。婴初大惊，既见纲诚信，乃出拜谒。纲延置上坐，问所疾苦。乃譬之曰：“前后二千石多肆贪暴，故致公等怀愤相聚。二千石信有罪矣，然为之者又非义也。今主上仁圣，欲以文德服叛，故遣太守，思以爵禄相荣，不愿以刑罚相加，今诚转祸为福之时也。若闻义不服，天子赫然震怒，荆、扬、兖、豫大兵云合，岂不危乎？若不料强弱，非明也；弃善取恶，非智也；去顺效逆，非忠也；身绝血嗣，非孝也；背正从邪，非直也；见义不为，非勇也。六者成败之几，利害所从，公其深计之。”
>
> 婴闻，泣下，曰：“荒裔愚人，不能自通朝廷，不堪侵枉，遂复相聚偷生，若鱼游釜中，喘息须臾间耳。今闻明府之言，乃婴等更生之辰也。既陷不义，实恐投兵之日，不免孥戮。”纲约之以天地，誓之以日月，婴深感悟，乃辞还营。明日，将所部万余人与妻子面缚归降。纲乃单车入婴垒，大会，置酒为乐，散遣部

众，任从所之；亲为卜居宅，相田畴；子弟欲为吏者，皆引召之。人情悦服，南州晏然。

顺便说一下梁冀的结局。梁氏家族七人封侯，出了三个皇后、六个贵人、三个大将军，卿、将、尹、校五十六人。梁冀秉政二十年，富贵无比，势焰炽盛，威行内外。梁冀宾客众多，其中不乏聪明才智之士，梁冀本人也颇有智谋，做了很多自我防范的保卫工作，可惜防不胜防，难逃下场的悲惨：梁冀自杀，梁氏一家"无少长皆弃市"，就是灭族了。

梁冀如果见几的话，早早洗心革面，或许就不至于落到这种下场。汉桓帝利用单超等五个宦官消灭梁冀，封五宦官为侯，结果五侯更加贪纵胡闹。这又是汉桓帝的不见几。

论治盗之法，最高明的还要数唐太宗。《资治通鉴》记载：

上与群臣论止盗。或请重法以禁之，上哂之曰："民之所以为盗者，由赋繁役重，官吏贪求，饥寒切身，故不暇廉耻耳。朕当去奢省费，轻徭薄赋，选用廉吏，使民衣食有余，则自不为盗，安用重法邪？"自是数年之后，海内升平，路不拾遗，外户不闭，商旅野宿焉。

十三　王夫之的高见

秦朝崇尚法家，法网森严，威加四海，从立法到执法都很严厉。但王夫之指出，这样做的实际效果并不好，反而加速了秦朝的灭亡。王夫之说：

孰谓秦之法密，能胜天下也？项梁有栎阳逮，蕲狱掾曹咎书抵司马欣而事得免。其他请托公行、货贿相属、而不见于史者，不知凡几也。项梁，楚大将军之子，秦之所尤忌者，欣一狱掾，驰书而难解。则其他位尊而权重者，抑孰与御之。（《读通鉴论》）

意思是说，秦朝立国之初，项梁是国家通缉的要犯，一封写给

“狱掾”小吏司马欣的书信就让他被放跑了，王夫之由此推测，其他“请托公行、货贿相属”而不见于史书的情况肯定很多。比如鸿门宴之前，“沛公问张良：君安与项伯有故？张良曰：秦时与臣游，项伯杀人，臣活之。今事有急，故幸来告良。”张良以普通百姓的身份居然可以庇护杀人犯！王夫之由此指出法家的一大弊端：

> 法愈密，吏权愈重；死刑愈繁，贿赂愈章；涂饰以免罪罟，而天子之权，倒持于掾史。南阳诸刘屡杀人而王莽不能问，皆法密吏重有以蔽之也。

秦朝和王莽的新朝都过于信任法律的效能了，不知法律愈严，给执行者上下舞弊的“资源”和机会也越多，最后免不了连天下也被严法酷刑所断送。

秦朝法律条文严密，曾是战胜六国的利器，为什么后来却效果不良甚至负面呢？王夫之揭示了个中原因。统一六国后，秦国面对剧烈的领土扩张、巨大的文化差异及人群数量，要完成繁重的普法任务几乎不可能。这种情况下，胥吏阶层实际上成为法律的解释者和执行者。这就使胥吏“连章屡牍、援彼证此”，依附藏慝、眩目荧心，造成“天子之权，倒持于掾史”的情况，同时也带来了普遍的社会贪腐行为。“死刑愈繁，贿赂愈章”。

秦始皇和王莽严法不行，法律宽简是否就好呢？也不一定。王夫之认为法律一味宽厚，也会惹麻烦。比如对于西汉宣帝的仁厚作风，他就认为“宣帝下宽大之诏，而言刑者益淆，上有以招之也”。进一步言，“吏省而法简，则墨吏暴人，拥权自恣，无以相察；而胥吏豪强，易避就以仇其奸。”如此法权下移，流弊也很大。

所以法律宽严都有弊病，谁好谁坏很难定论。如何选择，王夫之泛泛地提出了一个标准：“天下有定理而无定法。定理者，知人而已矣，安民而已矣，进贤远奸而已矣；无定法者，一兴一废一繁一简之间，因乎时而不可执也”。

王夫之认为，“严法”和“宽法”的弊病都和包括法律制定者在内的各种“主子”专权弄法大有关系。所以问题的根本是，法律本身能否保证法律的执行者无法轻视或玩弄法律。

五

知权

男女授受不亲，礼也。嫂溺援之以手，权也。

——《孟子》

一　权者，权宜变通

毒药是不好的，但在治疗某些疾病的时候，是必要的；武力是不好的，但在对付强盗恶贼时候，是必要的；权力是不好的，但在人人皆有士君子之行的大同时代到来之前，是必要的；政府是不好的，但在一定的历史时间段内，是必要的。

毒药、武力、政府权力，只要用得好，就是好东西。以毒攻毒，毒药可以治病救人；以戈止武，武力可以创造和平。以毒攻毒，以戈止武，都是一种权道。无政府主义者排斥政府、道家鄙弃仁义，都是只知其一不知其二，不切实际。

原则与变通的问题，可以儒家的经权论圆满解决。

经者，常道也，基本原则、普遍规定也；权者，权宜变通、方便善巧也，因地制宜随机应变也。权，是对经的灵活运用。易经中说：穷思变，变则通，通乃久，讲的就是权道。易经的易，有变易、不易（不变）、简易三义。其中不易与变易，就相当于经与权的关系。

古今比较“高级”的学说都是有经有权、经权结合的。法家之所以不好，主要就是违背道德原则，有权无经，非礼悖仁，以致法沦为苛法，术沦为邪术，势沦为恶势。

前不久在灵隐寺中与友人曾就一册薄薄的《三世因果经》进行了简单的对话。友人认为该经功利相诱，庸俗不堪，有违佛教根本教义。友人有所不知，《三世因果经》虽不是佛法，却也不违佛法，乃是佛教度人的一种方便善巧的手段，借以吸诱和接引众多名利客而已。佛教有许多方便法门，皆权道，所谓“归元性无二，方便有多门”。对于大乘而言，小乘也是权教。

二　权是经之用

经权学以儒家最为圆满。儒学经权论由孔子发端，孟子荀子发展，在以董仲舒为代表的西汉公羊学家手中完备。关于经权论，我的看法是：

孔子很重视权道，在《论语》《易传》中都表达了经权思想，在《春秋》中将经权思想贯穿在历史事件中表达。孔子认为“权”是很高的人生修养和政治艺术，强调在把儒家基本原则落实到具体的政治、社会生活中去的时候，需要因地因时因人而制宜。但权不离经，仁本主义任何时候都不能变，在行权之时不能违仁。这也是儒家的权道与法家的权术本质的不同。

《孔子世家》载：

> (孔子)过蒲，会公叔氏以蒲畔，蒲人止孔子。弟子有公良孺者，以私车五乘从孔子。其为人长贤，有勇力，谓曰：“吾昔从夫子遇难于匡，今又遇难于此，命也已。吾与夫子再罹难，宁斗而死。”斗甚疾。蒲人惧，谓孔子曰：“苟毋适卫，吾出子。”与之盟，出孔子东门。孔子遂适卫。子贡曰：“盟可负邪？”孔子曰：“要盟也，神不听。”

孔子离开陈国，途经蒲地，遇到卫国大夫公孙氏据蒲邑以叛，蒲邑人扣留了孔子。有个弟子叫公良孺，带着五辆私车跟随孔子。他为人长大贤能又有勇气力量，对孔子说：“我昔日跟着老师在匡地遭遇危难，如今又在这里遭遇危难，这是命啊。我与老师再次蒙难，宁可搏斗而死。”搏斗非常激烈。蒲邑人恐惧了，对孔子说：“如果你不去卫国，我们就放了你。”孔子与他们立了盟誓，蒲邑人将孔子放出东门。可孔子还是前往卫都。子贡问：“盟誓可以背弃吗？”孔子说：“这是要挟订立的盟誓，昊天上帝是不会认可的。”

要盟，指被要挟、威胁或外力逼迫下所签订的盟约。这种盟约用不着遵守。孔子不遵守与蒲人所立的盟誓，并非失信。这就是孔子对权道的运用。

《孟子·离娄上》:"男女授受不亲,礼与;嫂溺,援之以手者,权也。"这是对经权关系的形象说明。

孟子对许穆夫人非礼行为的肯定,也充分说明了孟子对权道的重视。周礼规定,出嫁为诸侯夫人的妇人,如父母已亡,不许再回娘家,有事也只有让大夫们去办。但春秋时许穆夫人违礼回国事件,却赢得了孟子的赞扬。

当时,卫国受到狄人进攻,卫军大败,卫懿公被杀,卫国遗民在宋国曹地立戴公为国君,寄住曹邑。许穆公夫人为卫懿公之女,卫戴公之妹,后嫁于许国许穆公为妻,世称许穆夫人。她不顾许国君臣的反对,克服重重阻碍,坐车回国慰问救援,联络诸侯救援父母之邦。许穆公派大臣追夫人于半路,劝阻她回去。许穆夫人唱了首歌以明志(《诗经:载驰》),表示自己回国的决心绝不动摇。《韩诗外传》及《春秋繁露义证》二书皆载孟子对这件事的评论。

> 高子问于孟子曰:"夫嫁者,非己所自亲也。卫女何以得编于《诗》也?"孟子曰:"有卫女之志则可,无卫女之志则殆。夫道二,常谓之经,变谓之权。怀其常道而挟其变,乃得为贤。夫卫女行中孝,虑中圣,权如之何?"

经是权之体,权是经之用。权必受经的制约,经可借权以实施,权不违经,经不碍权,经权有别而又不二,经权不二而又有别,充分体现了儒家道德绝对性与灵活性的统一。知权不守经,没有原则性,当然不行;守经不达权,缺乏灵活性,也不好。

董仲舒在《春秋繁露》里说:"春秋有经礼,有变礼。为如安性平心者,经礼也;至有于性虽不安,于心虽不平,于道无以易之,此变礼也。"意谓礼的精神不可变,一些具体礼仪规范则可随情况发生变化而随机应变、偕时而变。变的前提是不损害基本原则。儒者及君主须"明乎经变之事,然后知轻重之分"(《玉英》),"得其处,则皆是也;失其处,则皆非也。春秋固有常义,又有应变。"(《精华》)

明朝首辅高拱把经比作秤之衡,把权比作秤之锤,"常相为用,而不得以相离"。"经乃有定之权,权乃无定之经"。他在《程士集》中强调经权的统一性,"夫物各有则,经之谓也;称物而使当其则,权之谓也","经也者,立本者也","权也者,趋时者也,经以权为用"。

三　权不违经

在儒家，就仁礼关系而言，仁是经，礼是权，礼要以仁为核心；就礼法而言，礼是经，法是权，法要体现礼的精神。孟子曰："徒善不足以为政，徒法不足以自行"。政治之善必须体现在一定的制度法律之中，法律制度要遵循道德原则。

权而无经，权就会成为歪术恶权，滑向邪道；经而无权，经就会脱离时代，脱离现实，僵化无用。一味使用毒药，倚恃武力，迷信权力，就是有权无经；一味反对毒药武力权力，就是有经无权。

古人云：菩萨心肠，霹雳手段。菩萨心肠是经，霹雳手段是权。霹雳手段不能有违仁义，这叫权不违经；菩萨心肠有时不妨借霹雳手段去体现，这叫经不碍权。

在儒家学说中，人人平等、选贤与能、天下大同是为太平世设计的最高社会理想，良性等级制的小康理想则是孔子为家天下时代的据乱世和升平世而设计的。儒家某些现在看来消极落后的部分，恰体现了儒家对历史现实的尊重。

例如，世袭制、嫡长制乃至开明君主专制本身，都具有某种历史的合理性和合法性，不妨视之为一种历史性的权道。

有人问：儒家如此重视权道，为什么在历史上有些时候照样行不通？

答曰：儒家在政治上理想与现实并重，其理想主义是一种"现实的理想主义"，其现实主义是一种"理想的现实主义"，但"理想的现实主义"毕竟是道德为主的。

"嫂溺叔援，权也"，枉尺直寻就不能以权来解释了。孟子弟子陈代为孟子出了一个以屈求伸的主意：先投机取巧、机会主义地迎合诸侯们，等时机成熟再慢慢实施自己的思想主张（先将自己弯曲到一尺，有朝一日条件成熟再伸展为八尺）。孟子坚决不同意，因为"枉己者，未有能直人者也"。这，正是孟子与苏秦张仪等纵横家的本质区别。

可见，虽然孔孟都倡导通权达变，但在立身处世的原则方面却是绝不苟且的。儒家权道不是法家权术，在世俗眼里，仍有“迂腐”的、不切实际的一面，仍充满理想主义色彩，故在奉行弱肉强食丛林原则的时代照样行不通，碰上法家那种反道德、反理想的极端现实主义流行的时代，难免败下阵来。

孔孟一生栖栖惶惶终无所成，主要原因在此。汉武帝以来，儒家虽上升为“王官学”，但历代王朝往往阳儒阴法、外儒内法，主要原因也在于儒家强烈的道德性和理想色彩。所以我常说儒家文化是太文明太先进太早熟了。

附：“权”论

在自由群体中，有两种倾向特别值得警惕。一是为了目的不择手段，二是只讲原则不知变通。在儒家看来，都是不懂“经权”所致，前者是有权无经，后者是有经无权。有这两种倾向的人，有必要学习一下儒家经权论。《论语·子罕》说：

> 子曰：可与共学，未可与适道；可与适道，未可与立；可与立，未可与权。

孔子说的是四种类型的朋友，或者人的四种境界、进学的四个阶段。第一种，可以共同学习，但未必可以共同追求道德理想，如有的人志在富贵、志在干禄，就“未可与适道”；第二种，有理想追求，但未必能够坚定不移，很有可能中途变卦；第三种能够坚持原则、坚持到底，但僵化固执、不通权变。第四种没明写，无疑是“可与权”者。

四种人中，第一种较差，第二种较好，第三种很好，第四种最好，道德境界最高，作为朋友最难得。

朱熹在《论语集注》中引杨氏言：“杨氏曰：知为己，则可与共学矣。学足以明善，然后可与适道。信道笃，然后可与立。知时措之宜，然后可与权。洪氏曰：易九卦，终于巽以行权。权者，圣人之大用。未能立而言权，犹人未能立而欲行，鲜不仆矣。”

“知为己，则可与共学矣”的“为己”，是提高、完善自我之意，所谓“古之学者为己，今之学者为人”。儒学，从根本上说是一种为己之学。对于当今知识分子来说，“知为己”也是不易达到的境界。

“可与共学”者可不易找到呢。

《说文解字》:“权,黄华木,一曰反常。”一些学者认为这个注解奇怪,不可解。其实,权的本意是黄华木,初民常以之做秤锤,取其坚实质重之用,久而久之,权字便引申出称量、审度、权衡、权变等意义。段玉裁在“反常”一条下罗列了三条经文,分别出自《论语》《孟子》《公羊传》。“反常”之义便出自《公羊传》。

公羊学以“反经合道”说“权”。《公羊传》曰:“权者何?权者反于经然后有善者也。”

在这里,“经”与“道”的意思差不多,都是指大经大法,这是任何情况下都不许改移和违背的基本原则。儒家的“权”,表面上看,似乎违背常道,反常,实质上不违,而是从另一个侧面和角度维护原则、维护常道。这叫“反经合道”,这才是儒家的“权”道。用一位前辈的话说:

> 运动是个长时期的工作,条件随时变动,要最好的完成每个时期的工作,显然要针对特殊“时”刻的要求、而非“终极目标”之要求。这个要求显然会和后者的要求不同,甚至看起来有与之违背的样子,但是,它是要达成终极目标的此“时”刻的最优做法。

“反经”不是真的“反”,否则就不合道了。法家就是“反经”不“合道”的典型。儒家的“权”,是建立在“立”的基础上的。可与立,始可与权,在原则上脚跟站稳了,才可以论权变之术。钱穆解释得好:

> 权:称物之锤名权。权然后知轻重。孟子曰:男女授受不亲,礼也。嫂溺援之以手,权也。《论语》曰:立于礼,然处非常变局,则待权其事之轻重,而后始得道义之正。但非义精仁熟者,亦不能权。借口适时达变,自谓能权,而或近于小人之无忌惮,故必能立乃始能权。(《论语新解》)

未能“立”者不能“权”,否则很容易把“经”丢了,把“权”变成“权术”,变成护身符、敲门砖、登龙术甚至“害人经”。为了目的不择手段者就是未能“立”者,没有原则的。

另外，权是非常情况下的非常措施，不能把权奉而为经、习以为常，当作家常饭吃。朱子提醒："经是万世常行之道，权是不得已而用之，须是合义也。如汤放桀，武王伐纣，伊尹放太甲，此是权也。若日日时时用之，则成甚世界了！"（《朱子语类》）

在儒家，"权"与"时""义""中""智"的概念相通共融。"义"有正义与适宜二意，兼经权而言。坚持正义与通权达变、坚持原则与因地制宜统合在一起，经权合一，是儒家的"义"，是儒家的中道。通经达权，是大智慧。

其中"时"的概念尤为重要。孔子被称为"圣之时者"。《孟子·万章下》："伯夷，圣之清者也；伊尹，圣之任者也；柳下惠，圣之和者也；孔子，圣之时者也。孔子之谓集大成。"孔子是圣人里面最时中的，是圣之集大成。我在《通权达变与时偕行的"圣之时者"》中曾指出，"圣之时者"主要特点有二：

一是通权达变。把原则性与灵活性圆融地统一起来的经权思想，是儒家一大智慧。守经是对理想、原则的担当和坚持，达权则是在不违反原则的前提下的灵活权变。朝闻道夕死可矣、杀身以成仁、君子穷而不滥、君子务本、非礼勿视勿听勿言勿动等，均是守经；"子绝四：毋意，毋必，毋固，毋我"，此"四毋"即是达权。

二是与时偕行。《礼记·礼运》曰："变而从时"；《礼记·礼器》曰："礼时为大。尧授舜、舜授禹、汤放桀、武王伐纣，时也。"可见儒家之礼，以"时"为大，要随时之宜、合乎时宜。《大易》有《随卦》与《鼎革》二卦。《随卦》曰："随时之义大矣哉"；《杂卦》曰："革，去故也，鼎，取新也"，说的都是与时偕行、革故鼎新之义。

六

知中

人心唯危，道心唯微。唯精唯一，允执厥中。

——《论语》

一 恰恰好

中庸是方法论、人生观和价值观,也是本体论,是和谐之道、双赢之道、成功之道、智慧之道、普适之道,是人生之义道、社会之公道和政治之正道。陈立夫说:"中,于己可收正心之功,于人可达忠恕之效,于事可得合理之果。"东海草堂联:人能仁义终无敌,道及中庸不易行。中庸之用大矣哉。

孔子倡中庸之道,把它抬得非常之高,说:"中庸之为德也,其至矣乎! 民鲜能久矣。"(《论语·雍也》)又说:"天下国家可均也,爵禄可辞也,白刃可蹈也,中庸不可能也。"把掌握和坚持中庸之道看成世界上最难的事情。

中道由来已久。在孔子生前1700年左右,尧以"允执厥中"传之舜,舜以"人心唯危,道心唯微。唯精唯一,允执厥中"十六字真言传之禹,经汤武周公历代圣王相传,到《中庸》加一庸字,称为中庸之道。

庸释为用,中庸就是"用中"的意思。《中庸》郑玄注:"中庸者,以其记中和之为用也;庸,用也。"庸又寓平常、正常、恒常之意。真理不偏颇不怪诞,故平常、正常;大道永不变,故恒常。北宋二程曰:"不偏之谓中,不易之谓庸。中者,天下之正道;庸者,天下之定理。"(《遗书》卷七)

中庸就是恰到好处。"子贡问:师与商也孰贤? 子曰:师也过,商也不及。曰:然则师愈欤? 子曰:过犹不及。"(《论语·先进》)"道之不行也,我知之矣;知者过之,愚者不及也;道之不明也,我知之矣;贤者过之,不肖者不及也。人莫不饮食也,鲜能知味也。"(《中庸》)过与不及都不符合中庸的要求。

任何事情包括某些善政,也会过犹不及。如某些西方国家的国民福利,太好了,好得过度,就会有弊端出现。同样,税负太轻,难养礼仪,政府必要的开支跟不上,必须的责任负不起,“不足法也”。“宋时亩税一斗”,应该是恰到好处;“元有天下,令田税无过亩三升”,就太轻了。

孟子与孔子一样崇奉中庸,对于过与不及皆予以批评。孟子批杨墨,是在利己主义和利他主义之间保持中庸。孟子曰“可以取,可以无取,取伤廉;可以与,可以无与,与伤惠;可以死,可以无死,死伤勇。”这是关于“取与”与“生死”的中庸。孟子曰:“伯夷隘,柳下惠不恭。隘与不恭,君子不由也。”(《孟子》)这是出处的中庸。

中庸就是恰恰好。《荀子·宥坐》记载:“孔子观于鲁桓公之庙,有欹器焉。孔子问于守庙者曰:此为何器?守庙者曰:此盖为宥坐之器。孔子曰:吾闻宥坐之器者,虚则欹,中则正,满则覆。孔子顾谓弟子曰:注水焉!弟子挹水而注之。中而正,满而覆,虚而欹。”这里的虚与满都是极端,宥坐之器都会因而倾斜和倒覆,满是过,虚是不及,只有中,才能正。

很多东西,刻意逃避与刻意追求都不好。对富贵,素富贵行乎富贵,素贫贱行乎贫贱;对物质,格物爱物而不役于物;对欲望,以文化化之以道德导之,节之而不禁之;对名,人不知而不愠,也不以人不知而鸣高;对利,先义后利,以义导利,君子爱财取之有道……这都是中庸的态度。

有人问明儒吕坤说:“中之道,尧舜传心,必有至玄至妙之理。”吕坤回答:

> 只就我两人眼前说,这饮酒不为限量,不至过醉,这就是饮酒之中;这说话不缄默,不狂诞,这就是说话之中;这作揖跪拜,不烦不疏,不疾不徐,这就是作揖跪拜之中。一事得中,就是一事的尧舜。推之万事皆然。又到那安行处,便是十全的尧舜。(《呻吟语》)

喜怒哀乐发而中节,处世接物不亢不卑,为政合乎人情天理,能够与时偕宜,这就是当可之宜。说起来容易做起来难,要在经典学习和道德实践中慢慢体会。

有佛徒说:“有不完美的佛教徒,但没有不完美的佛教。”借来说儒,有不完美的儒者,没有不完美的儒学。儒门中,有士、君子、贤人和圣人,圣人才是完人,其他虽好,都不完美。但儒家正经和圣言,“极高明而道中庸,极广大而尽精微”,无缺无漏,高度圆满。

二 执两用中

中庸最基本的含义是“执两用中”。子曰:“舜其大知也与!舜好问而好察迩言,隐恶而扬善,执其两端,用其中于民。其斯以为舜乎!”(《中庸》)

孔子说:“舜真是大智慧者啊!他喜欢向人问问题,又善于分析浅近话语里的含义。隐讳他人的不好处而宣扬他人的好处。掌握认识事物的过与不及的两个方面,采纳适中的办法施行于民。这就是舜之所以为舜的原因吧!”

执两用中的中是一个动态的概念,不是模棱两可的折中主义、和稀泥的调和论,不是圆滑处世的中间路线,更不是“同于流俗、合乎污世”的乡愿态度。

孔子痛恨乡愿,斥之为“德之贼”。乡愿,乡里之谨愿者,无是无非似是而非,唯唯诺诺到处讨好,没有原则没有立场,好好先生也。孟子解释乡愿曰:“非之无举也,刺之无刺也,同乎流俗,合乎污世,居之以忠信,行之似廉,众皆悦之,自以为是,而不可入尧舜之道,故曰德之贼也。”(《孟子·尽心下》)

孔子说:“君子和而不流,强哉矫!中立而不倚,强哉矫;国有道,不变塞焉,强哉矫!国无道,至死不变,强哉矫。”(《中庸》)中庸是“和而不流”“中立而不倚”,是如此的强哉矫,哪有丝毫乡愿味道?

利己主义和利他主义都是有违中庸的。孟子曰:“杨子取为我,拔一毛而利天下不为也。墨子兼爱,摩顶放踵为之。子莫执中;执中为近之。执中无权,犹执一也。所恶执一者,为其贼道也,举一而废百也。”(《孟子·尽心上》)

杨朱为我,“拔一毛利天下而不为”,是严重的“不及”;墨子兼爱,平等地爱世上每一个人,又严重地“过”了。杨朱和墨翟都趋于极端,“不及”有害于仁,“过”则不合乎义。

世人对孟子批杨朱多会取赞同态度,但对孟子排墨就比较难以理解。墨子主张平等的爱,摩顶放踵以利天下,比儒家爱人利他救民济世情更热心更切,孟子以禽兽斥之,似乎不合情理。殊不知孟子排墨针对的是墨子之学而非墨子个人道德。墨子主张兼爱,个人言行一致以身作则,当然值得尊重,但作为一派学说,流弊不可胜言。想想当年“文革”力倡“大公无私”,当有所悟。

子莫“执中”似乎好一点,但“执中”必须懂得权道,因为中是随时而变的,要审时度势因时制宜,这就是《中庸》所说的“时中”。中庸之道讲“权”和“时”。“权”是不违背原则前提下通权达变,如果执中而不懂权变、不合时宜,与执着于一边的偏见无异,也是有害于道的。

有人问,中间、中上、中下、中左、中右,都有可能是中,也可能不中,以谁为准?这就需要明心见性和辩证思维,具体情况具体分析。孟子赞孔子为“圣之时者”,有深意在焉。

朱熹对孟子这段话的理解最为通透:

> 为我害仁,兼爱害义,执中者害于时中,皆举一而废百者也。此章言道之所贵者中,中之所贵者权。杨氏曰:“禹稷三过其门而不入,苟不当其可,则与墨子无异。颜子在陋巷,不改其乐,苟不当其可,则与杨氏无异。子莫执为我兼爱之中而无权,乡邻有斗而不知闭户,同室有斗而不知救之,是亦犹执一耳,故孟子以为贼道。禹、稷、颜回,易地则皆然,以其有权也;不然,则是亦杨墨而已矣。(《四书集解》)

儒家仁而有义,经而有权,虽然对亲友民众和自然万物都有一颗仁爱之心,但并不同等对待,而是对父母孝,对兄弟悌,对朋友信,对民众仁,对万物爱,亲亲仁民爱物,秩序井然。

仁爱有度,任何事物包括高尚道德都有一个度。例如,以直报怨就可以了,以德报怨就“好”过头了。“好”过头反而是不好的。用儒家标准衡量,有人主张打完左脸再主动送上右脸,是“好”过头了,而割肉喂鹰、以身饲虎,献身于动物而且是凶恶的动物,就更过头了。

“毫不利己,专门为人”的道德要求就过了头。顺便提及,有人把儒家“天下为公”的大同理想与大公无私的“共产主义精神”并为一谈,认为现代民主政治是“天下为私”的,其出发点与落脚点皆在私人利益,而“天下为公”的政治思想本质上还是把人当成物当成人肉。

这是对“天下为公”这个概念完全错误的理解。儒家的最高政治理想选贤与能,天下为公,追求的是政治之公,是领导的公选,权力的公开,法律的公正及福利的公共,是对公权力的限制和为个人自由提供制度保证,维护的恰是每一个国民合法的私。

所以,“天下为私”的西式民主与传统“天下为公”的政治理想血脉相通。“天下为私”,是从个体的权力和自由的角度来讲,“天下为公”是就社会公共权力而言。维护人权自由之私,才是天下最大的公。

三 两个小故事

道德有度。《吕氏春秋·察微》中有“子贡赎人”和“子路拯溺”两个小故事,充分体现了孔子的中庸智慧对道德之度的把握。

> 鲁国之法,鲁人为人臣妾于诸侯,有能赎之者,取其金于府。子贡赎鲁人于诸侯,来而让不取其金。孔子曰:“赐失之矣。自今以往,鲁人不赎人矣。取其金则无损于行,不取其金则不复赎人矣。”
>
> 子路拯溺者,其人拜之以牛,子路受之。孔子曰:“鲁人必拯溺者矣。”孔子见之以细,观化远也。

鲁国法律规定,在国外沦为奴隶的鲁人,有人把他们赎出来,可以向国库领取赎金。子贡在他国赎回一个鲁国人,却拒领国家赏金。孔子说:“赐呀,你做得不对。从今以后,一般鲁国人就不肯再替本国同胞赎身了。你收领赎金,并不损害你行为的价值;你不肯收领赎金,反令别人不肯再赎人了。”

另一件事恰相反。子路救起一名落水者,那人感谢他送了他一头牛，子路收下了。孔子说：“鲁国人从此一定会勇于救落水者了。”

子贡主动放弃赎金，这是他的自由也是他的高尚。但子贡作为孔门高徒，一举一动为世人所重，人们觉得子贡放弃赎金很高尚，但真要效仿则意味着较大的利益牺牲，多数人必是索性不管闲事，以避开这种尴尬局面，鲁国的赎人法因此成为一纸空文。故孔子认为子贡的做法欠妥。

这两个小故事在《淮南子·齐俗训》也有引用和评价：

> 子路拯溺而受牛谢，孔子曰：鲁国必好救人于患也；子贡赎人而不受金于府，孔子曰：鲁国不复赎人矣。子路受而劝德，子贡让而止善。

了凡大师说：“自俗眼观之，子贡不受金为优，子路之受牛为劣，孔子则取由而黜赐焉。乃知人之为善，不论现行，而论流弊，不论一时，而论久远，不论一身，而论天下。”（《了凡四训》）

有人认为，在子贡赎人这个故事里，最好的办法是子贡先把赎金收下来，完全遵守鲁国这条法律，以免误导一般民众，然后找个机会把这笔钱以其他形式归还国府，如出钱设立赎人基金等。这个建议颇有创见，亦合中庸。这是另一个方面的问题了。

四 不 苟

《荀子·不苟》开宗明义说：

> 君子行不贵苟难，说不贵苟察，名不贵苟传，唯其当之为贵。故怀负石而赴河，是行之难为者也，而申徒狄能之；然而君子不贵者，非礼之中也。山渊平，天地比，齐秦袭，入乎耳，出乎口，钩有须，卵有毛，是说之难持者也，而惠施、邓析能之；然而君子不贵者，非礼义之中也。盗跖吟口，名声若日月，与舜、禹俱传而不息，然而君子不贵者，非礼义之中也。故曰：君子行不贵苟难，说不贵苟察，名不贵苟传，唯其当之为贵。

荀子阐述了立身行事必须遵循礼义的道理。他认为，难能之行未必可贵,殷朝末年申徒狄,因恨道不能行而抱石跳河自杀,死得不值,何贵之有？难能之辩未必可贵,惠施、邓析善于狡辩,说得天花乱坠,但不符合事实和正理,何贵之有？难能之名未必可贵,盗跖名声如日月一样无人不知,与舜禹等一起万古流传,但盗贼恶名,何贵之有？只有行为、学说、名声合乎礼义要求才是宝贵的。特以一联与读者诸公共勉:君子于言无所苟,大人处世要全真。

荀子接着阐述了君子的中道修养:"君子宽而不慢,廉而不刿,辩而不争,察而不激,寡立而不胜,坚强而不暴,柔从而不流,恭敬谨慎而容,夫是之谓至文。"君子待人宽容而不懈怠,方正而不伤人,辩论而不争吵,明察而不偏激,正直而不凌傲他人,坚强而不凶暴,柔顺而不随波逐流,恭敬谨慎而从容,这就是完美的德行。

《荀子・不苟》结尾指出:"人之所恶者,吾亦恶之,夫富贵者则类傲之,夫贫贱者则求柔之,是非仁人之情也,是奸人将以盗名于晻世者也,险莫大焉。"

儒家重视民意,以民为本,但不唯民意,不唯民是从,不民粹主义;儒家关心民生和弱势群体,但并非一律傲视富贵,一味迁就弱势。儒家既不依附强权,也不苟同弱势,而是以道德为最高标准。这就是儒家的不苟,儒家的中道。

五 黄金中道

中庸之为用大矣哉！中庸是成功之道。一个人如果反对中庸,就会沦为"小人无忌惮者";如果不懂中庸,其智其德亦必有缺陷,或好心办坏事,或小心坏大事。中庸是智慧之道,是处理事物解决问题的最佳方法和策略,是一种具有普遍意义的优化决策之道。

中庸是放诸四海而皆准的普适之道,广泛适用于日常生活和政治社会生活。它是人类同生共存的和谐之道,人与人、人与社会、人与自然的和谐以及个体生命的身心和谐,都离不开中庸之道。小则人与人之间,大到国与国之间,人世间的许多矛盾、冲突、斗争、仇恨,都是对立双方或相关各方不懂中庸造成的。

中庸还是对敌之道和复仇之道。坚持原则,勇于斗争,以直报怨,公平报复,君父之仇必复。柯斯文《原始文化史纲》将原始人复仇划分为三个阶段:一是复仇不怕过度,仇上加仇世代不解,直到一方被彻底消灭;二是同态复仇,以牙还牙、以眼还眼,不能太过分;三是以赎金代替杀人报仇。其中的同态复仇,指的就是公平报复。

中庸是儒家道德的核心,象仁一样,其他任何道德都不能违背它,义德和恕道都是它的表现。孔子曰:"君子惠而不费,劳而不怨,欲而不贪,泰而不骄,威而不猛。"此"五美"说,讲的就是为人处世的中庸。

孔子说:"质胜文则野,文胜质则史。文质彬彬,然后君子。"(《论语·雍也》)朴实过头,失之粗野;文雅过头,欠缺诚心;文质调谐互补,方为君子。这是个人修养的中庸。

古希腊哲人亚里士多德也有类似主张。他考察各种德行,以为都相当于两个极端之间的中道,如勇敢是怯懦与鲁莽之间的中道,磊落是放浪与猥琐之间的中道,不亢不卑是虚荣与卑贱之间的中道,机智是滑稽与粗鄙之间的中道,谦逊是羞涩与无耻之间的中道(亚里士多德《尼各马可伦理学》)。当然,亚里士多德所言,类似而已,并不中肯。

总之,中庸是人生正道、社会大道和政治公道,也是天地万物之常道。人天大道是中庸,此之谓也。英译中庸之道为"黄金中道",大佳。

就思维方法而言,中庸是对事物的两个对立面作全面综合的考察后作出科学的判断,加以圆融的统一;就实践行为而言,是照顾各方面的利益和需要而有所妥协,存异求同,以求和谐合作。小到个人的待人接物,大到各种典章刑律的制定,都要尽量合情合理,正常适度。

《中庸》继承发展了孔子的中庸思想,把中庸从方法论提高到世界观和本体论的高度,并加以系统化。《中庸》的观点是:中庸是天地之大本和天下之达道,即体即用,体用合一。树立中庸价值观和人生观,按照中庸方法处理一切事物一切问题,即可达到"致中和,天地位焉,万物育焉"的境界。

邓球柏先生认为,中庸之道的理论基础是天人合一。他在《论易道与中庸之道》中写道:"中庸之道的天人合一表现在以下几个方面:天道与人道合一,天性与人性合一,理性与情感合一,鬼神与圣人合一,外内合一等。中庸之道的具体内容主要包括五达道、三达德、九经等。”

五达道是运用中庸之道调节君臣、父子、夫妻、兄弟以及朋友五种基本人际关系,处理这五方面关系的准则是“君惠臣忠”“父慈子孝”“夫义妇顺”“兄友弟恭”“朋友有信”。这又有赖于智仁勇三达德。

九经是君主利用中庸之道治理天下国家以达到太平和合的九项具体工作。这九项工作是:修养自身,尊重贤人,爱护亲族,敬重大臣,体恤众臣,爱护百姓,劝勉各种工匠,优待远方来的客人,安抚诸侯。中庸之道的主要标准有三:一是慎独自修,二是忠恕宽容,三是至诚尽性,另外还有信友、亲亲、诚身、明善等。

可悲的是,对于这一“黄金中道”,岂止是“民鲜能久矣”,大多数文化人和政治家更“鲜久矣”。在日常个人生活和社会政治生活中,在思想学术界政界,对于片面、偏激、极端、反常、一根筋等种种思维、观点和行为,人们早已习以为常。走笔至此,东海叹出两千多年前孔子叹过的一口气:道其不行久矣夫!

子曰:“素隐行怪,后世有述焉,吾弗为之矣。君子遵道而行,半涂而废,吾弗能已矣。君子依乎中庸,遯世不见知而不悔,唯圣者能之。”(《中庸》)儒者宁可隐遁不为人知,也不为素隐行怪,而是依从中庸之道,并且持之以恒。乃作《中庸赞》曰:

中才能正,中才能忠。中才能平,中才能公。
中才能久,中才能弘。中才能和,中才能通。
法律公正,福利共公,领导公选,天下为公。
保障自由,博爱兼容。政治之道,和而不同。
有理有度,言发于衷。待人处世,通达圆融。
智勇合璧,仁义双宏。人生之道,五美是崇。
己立立人,存异求同。有仁有义,大智大雄。
不虚不滞,不固不空。不左不右,得其环中。
中即无滞,中有大用。中成大功,中可大同。
过犹不及,执两用中。执中有权,应物无穷。

日月常明，春仁夏荣。超圣入凡，无德不通。

阐幽扬隐，发瞶振聋。人天大道，唯我中庸！

附：允执厥中

一

尧传舜、舜传禹的，是位，帝位，更是道，中道，中道相传，形成道统。接受道统指导的政权，即儒家政权，中华正统；儒家文明，即中华文明。文明，是礼乐的光明，道德的辉煌。中道，与中华和中华文明就这样密切地融合在一起。

尧禅位于舜、舜禅位于禹的时候，各说过一段非常重要的话。

> 尧曰："咨！尔舜，天之历数在尔躬，允执其中。四海困穷，天禄永终。"舜亦以命禹。曰："予小子履敢用玄牡，敢昭告于皇皇后帝：有罪不敢赦。帝臣不蔽，简在帝心。朕躬有罪，无以万方；万方有罪，罪在朕躬。"（《论语·尧曰》）

朱熹《四书集注》解释说："此尧命舜，而禅以帝位之辞。咨，嗟叹声。历数，帝王相继之次第，犹岁时气节之先后也。允，信也。中者，无过不及之名。四海之人困穷，则君禄亦永绝矣，戒之也。舜后逊位于禹，亦以此辞命之。今见于《虞书大禹谟》，比此加详。"

《尚书·大禹谟》中舜传位给大禹时说的有所不同，但都强调"允执厥中"。

> 帝曰："来，禹！洚水儆予，成允成功，惟汝贤。克勤于邦，克俭于家，不自满假，惟汝贤。汝惟不矜，天下莫与汝争能。汝惟不伐，天下莫与汝争功。予懋乃德，嘉乃丕绩。天之历数在汝躬，汝终陟元后。人心惟危，道心惟微，惟精唯一，允执厥中。无稽之言勿听，弗询之谋勿庸。可爱非君？可畏非民？众非元后何戴？后非众罔与守邦。钦哉！慎乃有位，敬修其可愿。四海困穷，天禄永终！惟口出好兴戎，朕言不再。"

舜帝说："禹啊，洪水警示我们，你信守诺言，取得成功，你最贤德！能辛勤为国操劳，能勤俭持家，不自满自夸，你最贤德！你虽不自矜，天下没人能和你争能；你虽不自夸，天下没人能和你争功。我褒扬你的美德,嘉许你伟大的功绩。天命所定的顺序(帝位)在你身上,你终究要登上帝位。人心惟危,道心惟微,惟精唯一,允执厥中。没有根据的话不要听,没有听取过众人意见的谋略不要施行。民拥戴的不是帝吗?帝敬畏的不是民吗?民没有帝,拥戴什么?帝离开民,就没有人与守卫邦土。注意啊!谨慎对待你的帝位,认真为人民做好事。如果天下民生困穷,上天赋予的帝位就会永远终止!好话坏话我都说了,我不再讲了。"

"人心惟危,道心惟微,惟精唯一,允执厥中。"这就是历史上著名的"十六字心传"。人心指习心,习心容易恶化,故曰危,危险,靠不住。道心惟微,精微,微妙也。惟精唯一,吕坤说:"只有一毫粗疏处,便认理不真,所以说惟精,不然众论淆之而必疑;只有一毫二三心,便守理不定,所以说唯一,不然利害临之而必变。"(《呻吟语》)

王阳明在《重修山阴县学记》中写道:

> 夫圣人之学,心学也。学以求尽其心而已。尧、舜、禹之相授受曰:人心惟危,道心惟微,惟精唯一,允执厥中。道心者,率性之谓,而未杂于人。无声无臭,至微而显,诚之源也。人心,则杂于人而危矣,伪之端矣。见孺子之入井而恻隐,率性之道也;从而内交于其父母焉,要誉于乡党焉,则人心矣。饥而食,渴而饮,率性之道也;从而极滋味之美焉,恣口腹之饕焉,则人心矣。唯一者,一于道心也。惟精者,虑道心之不一,而或二之以人心也。道无不中,一于道心而不息,是谓允执厥中矣。

道心就是中,中庸之道,她是方法论,又是价值观,更是本体论。

二

"中"的形而上是道,子贡所说不得而闻的"性与天道",于天为道体,于人为道心。这个中道,就天而言称太极,就人而言称人极,就政治而言称皇极,即《尚书洪范》里说的皇极。太极表天德,人极表圣德,皇极表君德,归根结底都是表性德。

清华大学出土文献研究与保护中心"清华简"《保训》中,周文王反复强调要求儿子(武王)遵守中道,并以尧舜禹和商汤先祖以中道相传的故事勉励之。文王说:

> 昔舜旧作小人，新耕于鬲丘，恐救中，自诣厥志，不讳于庶。万姓之多欲，厥有施于上下远迩，乃易位迩诣，则阴阳之物，咸顺不逆。舜既得中，言不易实变名，身兹备，惟允，翼翼不解，用作三降之德。帝尧嘉之，用受厥绪。（《清华简〈保训〉释文》）

这里的小人，意谓舜出身民间。或释“救”为“求”，释“恐”为“工”，“工求中”，意谓善于追求中道（我怀疑“恐救”二字是专家误读了竹简）。下面讲的都是“得中”的征象。

“自诣厥志，不讳于庶。”自我考察其志向，不违背民众之愿望。孟子说：“大舜有大焉，善与人同。舍己从人，乐取于人以为善。”（《孟子·公孙丑上》）《淮南子·原道训》介绍：“昔舜耕于历山，期年，而田者争处墝埆，以封壤肥饶相让；钓于河滨，期年，而渔者争处湍濑，以曲限深潭相予。当此之时，口不设言，手不指麾，执玄德于心，而化驰若神。使舜无其志，虽口辩而户说之，不能化一人。是故不道之道，莽乎大哉！”都是“不讳于庶”的表现。

“万姓之多欲，厥有施于上下远迩”，国人那么多欲求，他尽量施惠于上下远近。《左传·昭公二十六年》载：“陈氏虽无大德，而有施于民。”舜与陈氏不同，是有大德又有施于民。“有施于上下远迩”，即《太平御览》卷八十一引《尸子》曰：“舜兼爱百姓，务利天下”之意。

子贡问：“如有博施于民，而能济众，何如？可谓仁乎？”孔子答：“何事于仁，必也圣乎！尧舜其犹病诸！”意谓尧舜也未必完全能够“博施于民而能济众”。但是，尧舜毕竟尽心尽力去做了。

“乃易位迩诣，则阴阳之物，咸顺不逆。”总是设身处地，从正反两面考虑，将事情做好。阴阳协调，自然无违。《尚书·舜典》称“慎徽五典，五典克从。纳于百揆，百揆时叙。宾于四门，四门穆穆。纳于大麓，烈风雷雨弗迷。”可作此言注脚。

“舜既得中，言不易实变名，身兹备，惟允，翼翼不解，用作三降之德。帝尧嘉之，用受厥绪。”易实变名，帝王之事。舜掌握中道，不违于民，阴阳咸顺，但并不易实变名，仍然躬行臣道，更加顺服，小心翼翼，毫不懈怠，推举三位大德用以治民。这三位大德指伯夷、伯禹、后稷三人。《尚书吕刑》称“乃命三后，恤功于民。伯夷降典，折民惟刑；禹平水土，主名山川；稷降播种，农殖嘉谷”。

“帝尧嘉之，用受厥绪。”帝尧赞许他，传之以道统。

子曰：“舜其大知也与！舜好问而好察迩言，隐恶而扬善，执其两端，用其中于民。其斯以为舜乎！”（《中庸》）“舜既得中”，岂虚言哉。

接着周文王又介绍了商汤先祖上甲微的故事：

> 昔微叚中于河，以复有易，有易服厥罪。微无害，乃归中于河。微志弗忘，传贻子孙，至于成汤，祇备不懈，用受大命。（《清华简〈保训〉释文》）

微即上甲微，叚即“假”。上甲微复仇这个历史故事兹不详论，只论“中”。关于这一段的解读，学者见仁见智，廖名春先生的《清华大学藏战国竹简〈保训〉释文初读再续》最为合理，特录于左：

> 简文“追中于河”即“敦中于河”，也就是在河内崇尚中道。太甲微“假（加）中於河”，在河内施行中道，收到了明显的效果，“有易服厥罪。微无害”（简八），所以，“乃追（敦）中于河”，就在河内崇尚中道。一個“乃”字，正道出了这种条件关系。下文說“微志弗忘，传贻子孙，至于成汤”（简九），正是太甲微“追（敦）中”的具体表现。不但自己“追（敦）中”而“志弗忘”，而且还“传贻子孙，至于成汤”。所以，这一段，与上段说舜相似，是说太甲微是如何用中、重中的。简文告诉我们，太甲微是在河内起家的，他是用中道将河内经营成其根据地。“河”是他的老家，他就是“河伯”，正顾炎武所谓“国居河上而命之为伯”者，这与《汲郡竹书》的记载颇有出入。特别值得注意的是，《汲郡竹书》等文献说太甲微“假师于河伯”，简文却说太甲微“假中于河”。一是尚力，一是尚德，两种文献记载的性质迥然不同。

三

这个中道，《礼运》称太一，《春秋》称王心，《大学》称至善，称絜矩之道，《中庸》称至诚，《孝经》称至德要道，《论语》称一（“吾道一以贯之”）、“性与天道”、曰“从心所欲不逾矩”，孟子曰性善、曰尽心尽性知天,指向的都是“这个东西”。

“这个东西”涵盖、包容和超越物质意识,是真正第一性的“东西”。唯物主义和唯心主义都是错误的。物质和意识都是现象,“这个东西”才是本质。

执中,天子必须制礼,政治必须守礼,行为必须中礼。“敬而不中礼谓之野,恭而不中礼谓之给,勇而不中礼谓之逆。”(《孔子家语·论礼第二十七》)

“作稽中德”(《酒诰》),“汤执中,立贤无方。”(《孟子·离娄下》)“王懋昭大德,建中于民,以义制事,以礼制心,垂裕后昆。”(《尚书·仲虺之诰》)都是赞美商汤的。执中,建中,就是执此中道,建此中道,就是“皇建其有极”(《洪范》)。“立贤无方”和“以义制事,以礼制心”,则是中道的作用、表现或方法。

还有“士制百姓于刑之中”,“故乃明于刑之中”,“惟良折狱,罔非在中”,“明启刑书相占,咸庶中正”等(《尚书》)。这里所说的“刑之中”“在中”“中正”,均指执行刑罚要公正、恰当、不偏不倚,也是指中道价值和方法。

《荀子·尧问篇第三十二》载:

> 尧问于舜曰:“我欲致天下,为之奈何?”对曰:“执一无失,行微无怠,忠信无倦,而天下自来。执一如天地,行微如日月,忠诚盛于内,贲于外,形于四海,天下其在一隅邪!夫有何足致也!”

《逸周书》第一篇《度训解第一》即强调中道之重要:“天生民而制其度,度小大以整,权轻重以极,明本末以立中。立中以补损,补损以知足。”同篇又说:“和非中不立,中非礼不慎。”其他如“人道尚中”“维中是以”等,皆说中。

儒家中道,并不虚渺玄妙,而是体现为礼,即各种文物典章制度。故孔子说:“礼所以制中”。儒家的一切包括刑法,都应该是“求中之器”(求中道的工具),都必须合乎中道。法律公正,合情合理,执法公平,不偏不倚,都是中道的表现。

四

是否得中、执中,在《易经》中具有决定性意义,或者说求中是易学原则。

《易经》64 卦 384 爻，五爻位吉爻最多，达 38 爻；其次是二爻位，达 34.5 爻。五爻位居上卦之中，二爻位居下卦之中。于此可见，文王所演之易，本身就是崇尚中德、中道的，“十翼”只是进一步对中德、中道加以详细阐述罢了，故孔子序易说：“吾观其德义耳”，可见“德义”是蕴含于《易经》卦爻之中的。

《彖传》在阐释卦辞时，64 卦中有 40 卦论及“中”的问题，如中正以应、中正以通、中正有庆、中行无咎、得中道也、乃得中也、刚中而应、刚健正中等。并提出了许多关于“中”的概念，如位中、久中、刚中、积中、大中、中正、中行、中道、中节、中和等。

“中德优于正德”。程颐云：“不失中，则不违于正矣，以中为贵也”“天下之理莫善于中”。中德，是大中至正。《易经》认为只有掌握了中的人，才能成为君子和大人。将中道“举而措之天下之民，谓之事业。”

《易经》中丰富的人生义理、政治智慧和趋吉避凶、趋利避害的方法，无不建立在中道之上。唯有把握中道，才能极深研几，开物成务，崇德广业，成就盛德大业，才能“通天下之志”“定天下之业”“断天下之疑”“成天下之务”。

七

知易

子曰：加我数年，五十以学易，可以无大过矣。

——《论语》

一　文王演易

文王被囚禁羑里七年之久。他的臣子们想方设法，求得大量美女奇物善马奉献给纣王，纣就赦了周文王。《史记·周本纪》称："西伯盖即位五十年。其囚羑里，盖益易之八卦为六十四卦。"司马迁《报任安书》中有一段名言，开头就提到文王演易这件事："盖文王拘而演《周易》"。

《汉书·艺文志》载："易道深矣，人更三圣。"韦昭说，三圣即是伏羲、文王、孔子。一部大易，由伏羲制卦、文王系辞、孔子十翼而完成。

系辞，即说明六十四卦的文字，系在每卦之下的为卦辞，亦名彖辞，系在每爻之下的为爻辞，亦名象辞。卦与系辞为经。

孔氏《正义》认为文王作卦辞，周公作爻辞。宋明清诸儒也多赞同孔氏此说，可为定论。周易中系辞中有不少"行师""利建侯"之语。建侯，封建诸侯、封侯建国也。表明作者有为王的理想或王者的身份，文王周公，正当其人。

卦与系辞仍然深奥难解，孔子为使其得以传播，又对之加以注释，分别是上彖、下彖、上象、下象、上系、下系、文言、序卦、说卦、杂卦等十篇，名为十翼。《史记·孔子世家》说："孔子晚而喜易，序彖系象说卦文言，读易韦编三绝。"《汉书·艺文志》说："孔氏为之彖象系辞文言序卦之属十篇。"

易字有三义。唐儒孔颖达在《周易正义》里说："易一名而含三义，易简一也，变易二也，不易三也。"

孔子《系辞传》说："易无思也，无为也，寂然不动，感而遂通天下之故。"无思无为寂然不动，这是"不易"；"感而遂通天下之故"，这是"变易"。

“为道也屡迁，变动不居，周流六虚，上下无常，刚柔相易，不可为典要，唯变所适。”“易穷则变，变则通，通则久。”“易有太极，是生两仪。”太极“不易”，生两仪是“变易”。

易理简易，无论怎样千变万化，万变不离其宗，原则不变，万法归一，这是“易简”。

何谓太极？先儒有种种解释。虞翻说：“太极，太一也。”韩康伯说：“太极者，无称之称。”孔颖达说：“太极即是太初太一也。”朱熹说：“太极者，理也。”焦循说：“太极犹言大中也。”都说得对，都是以太极为宇宙本体。

太极，就政治而言，可称皇极，即《尚书洪范》里说的皇极。

“皇建其有极”，周朝文王武王周公，都是皇极的建设者。人能弘道，非道弘人。太极自然而然，不建而建，皇极则有待于圣王建而用之。能够建设皇极、开辟王道者，为人中最胜，可以处于君位，所以名之为皇或王。

二　道德挂帅

《易经》是儒家最高经典，所谓“万经之首，大道之源”；《易经》智慧是儒家最高智慧，采用观物取象、以象寓意、象数思维等方法，预示事物发展的规律和方向，智慧广大无穷。易智的特点就是儒智的特点。孔子指出圣人作《易》的方法和目的：

> 昔者圣人之作《易》也，幽赞于神明而生蓍，参天两地而倚数，观变于阴阳而立卦，发挥于刚柔而生爻，和顺于道德而理于义，穷理尽性以至于命。（《说卦传》）

数的设定是依据天地之数，卦的设立是取法阴阳变化，爻变的法则是取法刚柔互变的规则，这是“圣人作易”的方法；“和顺于道德而理于义，穷理尽性以至于命。”这是目的，是《易》的精神所在。

同时，“圣人作易”还是对神明的幽赞。孔颖达注：“幽者，隐而难见，故训为深也。赞者，佐而助成，而令微者得著，故训为明也。”“赞”，辅佐而使之成功，或者使幽微的事物变得显著。幽赞，深明、洞悉和暗助的意思。“幽赞于神明而生蓍”,意谓圣人用神圣之智“发明”了神明之理,创造了用蓍草求卦问占的方法。“蓍”即蓍草,筮占的工具。

孔子在帛书《易传·要》篇里说了这样一段话:

> 子赣曰:夫子亦信亓(qi)筮乎?子曰:吾百占而七十当。唯周梁山之占也,亦必从其多者而已矣。子曰:《易》,我后其祝卜矣,我观其德义耳。幽赞而达乎数,明数而达乎德,又仁守者而义行之耳。赞而不达乎数,则其为之巫,数而不达于德,则亓为之史。史巫之筮,鄉之而未也,好之而非也。后世之士疑丘者,或以《易》乎?吾求亓德而已。吾与史巫同涂而殊归者也。君子德行焉求福,故祭祀而寡也;仁义焉求吉,故卜筮而希也。祝巫卜筮其后乎!(邓球柏《帛书周易校释增订本》)

要正确理解这段话,先要明白几个概念。“巫”在远古,专职负责沟通天地、神灵、祖先与人之间的联系,掌管祭祀、卜筮、星历、驱邪、治病等事;“史”,在国家、政府产生之后才出现,从巫中分化而来,为职掌天文、历法、卜筮、历史等的政府要员。

“数”,筮占是一种“数”的活动,是一种“数”学。易言之,筮占易学以数为表达形式。《周易》演卦就是把50根蓍草按“三变成爻”的特定程序演算,得出六爻卦象。演卦就是演数。帛书《易之义》篇说:“故《易》达数也。”《易》就是数的神妙运用(达是通晓之意)。概言之,《易》中的数都有特定的义理。

孔子这段话包含两层内容:一是回答子赣(即子贡)关于自己信不信筮占的问题,二是阐述自己的易学立场和方法。孔子读《易》赞《易》的最高目的是“观其德义”,探索、发明它的“德义”。德义,道德真谛也。“幽赞而达乎数,明数而达乎德”,“仁守者而义行之”。孔子在这里把德义、仁义视为儒家易经智慧的前提基础和终极目的,也可以说是儒家的卜卦原则。

子贡问:夫子也信筮占吗?孔子没有直接回答信不信的问题,而是说:我占一百次能有七十次占准,即占筮的准确率是百分之七十。“周梁山之占”,是当时的一种占卜法。据《周礼·春官宗伯·筮人》载:

> 筮人掌三《易》，以辨九筮之名：一曰《连山》，二曰《归藏》，三曰《周易》；九筮之名：一曰巫更，二曰巫咸，三曰巫式，四曰巫目，五曰巫易，六曰巫比，七曰巫祠，八曰巫参，九曰巫环，以辨吉凶。

《连山》是夏《易》，《归藏》是商《易》，《周易》是周朝的《易》。在周朝，《易》存在三种占法，“周梁山之占”估计是流行在山东梁山地区的一种占法。“亦必从其多者而已”，即以少数服从多数为原则。商《易》有“三人占，则从二人之言”（《尚书·洪范》）的规定，这是筮占结果的确定法则和方式。

孔子说：对于《易》，我把占问吉凶看作次要的，我所需要的是探明卦象的德义。学易的人应该通过筮占沟通神人的关系，赞助造化的德性，从而明了数的妙理，并通过明了数理进而明了卦的德义。这样，在依据筮占结论作决策时，自觉服从卦象的德义，坚守于仁而符合于义。如果通晓筮占的形式，能够沟通神人关系赞助天地化育，但不能明了数的妙理，就成了巫；懂得“数理”但尚未通晓德义（道德的奥义），就成了史。史巫的筮占术，虽向着正方向但没有抵达，虽喜欢正道理但不能理解。后世如果有人怀疑我，可能就是因为易经。我只是探索德义，与史巫是“同途殊归”。君子以德行追求幸福，因而虽讲祭祀，并不频繁；以仁义来追求吉祥，因而虽讲卜筮，却很少使用。对于君子来说，祝巫们卜筮吉凶的做法是次要的。

孔子对史巫的筮占术，不以为然，但也不否定，而是继承了史巫筮占易学的形式，对之加以改造，建立起一个新的易学体系。即在《易》中阐发德义，以之作为判断行为吉凶的基本标准和原则，以之为易智慧的前提基础和终极目的。

另外，孔子还强调“默而成之，不言而信，存乎德行”“君子安其身而后动，易其心而后语，定其交而后求。”“现诸仁，藏诸用。”“崇德广业”等，强调只有如此这般，才能“穷神知化”“知几其神”。

三　易为君子谋

既然决定吉凶祸福的根本在于是否仁宅义路，道德对于吉凶祸福具有决定性作用，那又何必去占问呢？故后来荀况有“善为易者不占”的名言，宋代张载又提出“易为君子谋，不为小人谋”的说法，有学者将它列为易经三条原理之一（另外两条是异性相吸同性相斥、一阴不事二阳）。

《易经》中所有卦爻辞的吉凶善恶，都是从阳爻，即君子的利益出发的。《左传·昭公十二年》记载了一个子服惠伯断南蒯必败的故事：

> 南蒯之将叛也，其乡人或知之，过之而叹，且言曰：“恤恤乎，湫乎，攸乎！深思而浅谋，迩身而远志，家臣而君图，有人矣哉。”南蒯枚筮之，遇《坤》之《比》，曰：“黄裳元吉。”以为大吉也，示子服惠伯，曰：“即欲有事，何如？”惠伯曰：“吾尝学此矣，忠信之事则可，不然必败。外强内温，忠也；和以率贞，信也。故曰‘黄裳元吉’。黄，中之色也；裳，下之饰也；元，善之长也。中不忠，不得其色；下不共，不得其饰；事不善，不得其极。外内倡和为忠，率事以信为共，供养三德为善，非此三者弗当。且夫《易》不可以占险，将何事也？且可饰乎？中美能黄，上美为元，下美则裳，参成可筮。犹有阙也，筮虽吉，未也。”

南蒯是季氏家臣。当时季氏是季平子当家，十分残暴无道，对家臣南蒯也很无礼。南蒯就准备叛变，“归其室于公”，将季平子的权力还给鲁国的王室。

南蒯将要叛变的时候，他有家乡人知道情况，走过他门口，叹气说：“愁死人了！想妄而谋浅，身近而志远，家臣而想为国君图谋，要有人才才行啊！”南蒯泛泛地占卜吉凶（不提出所问的事情而占筮），得到《坤》卦变为《比》卦，卦辞是：“黄裳元吉”，以为大吉大利。把它给子服惠伯看，说：“如果想干一件事，怎么样？”惠伯说：“我曾经习易，有道德的事情就可以（符合卦辞预测），不然一定失败。外表强大内心温顺，是忠；和顺地走正道，是信，所以说‘黄裳元吉’。黄是中正之色（表示臣子应该品行端正），裳是下体之饰（表示臣子应该谦恭侍主），元是善的第一位。心不忠正就不得中之色，为下不恭就不得裳之饰，事情不善就不符合原则。内外和谐就是忠，诚信办事就是恭，崇尚上述三种美德就是善，不具备这三种美德就不当

（无法承当卦辞的预测）。《易》是不能用来占断冒险之事的，您打算做什么呢？符合臣下的准则吗？中美就是黄，上美就是元，下美就是裳，三者都齐备才可以卜卦。如果有所缺少，卦辞虽吉利，未必吉利。"

以上子服惠伯的话，就是说明德为智之本、"易为君子谋"的道理的。

另外，"家臣而欲张公室，罪莫大焉。"南蒯家臣叛主，是大罪，注定不可能成功。南蒯的反叛是得到鲁昭公的首肯的，也表现了鲁昭公的不智。在力量对比悬殊的情况下，依靠地位低下、势力单薄的陪臣，求援于遥远而并不友好的晋国，希望打倒专制多年的季氏家族，无望耳。这样的大任，也不是南蒯这样的人所能承担的。这一历史事件，使昭公与季氏之间矛盾公开化，导致后来昭公被逐，客死他乡。

子服惠伯，即子服椒、子服湫、孟椒，春秋时期鲁国大夫。《国语・鲁语下》提及子服惠伯，韦注云："惠伯、鲁大夫仲孙他之子子服椒也。"子服椒为仲孙蔑之孙，仲孙他之子。公元前 542 年，他见到滕成公，认为他快要死了，两年后，滕成公果然死了。子服惠伯和南蒯论卦之事，则发生于公元前 530 年。

易经重视智慧，更强调道德。智慧要为事业服务。注意，易经所说的事业与世俗所说大不同。《易经・系辞》云：

> 形而上者谓之道，形而下者谓之器，化而裁之谓之变，推而行之谓之通，举而措之天下之民谓之事业。

把什么举而措之天下之民？易理也，仁义也，道也。"举而措之天下之民"的意思，就是将易经之义理付诸于政治社会实践，让天下之民踏上儒家正道大道，这才是事业，这就是行道。

某种意义上说，君子无不吉。孔子说："君子固穷，小人穷斯滥矣。"其实，很多小人穷固然滥，富贵更滥，越是有财有势有权有力，越滥，或滥用金钱，或滥用权力，或滥用他人和民众的信任。君子则不一样，素富贵行乎富贵，素贫贱行乎贫贱，不因穷困而改其节操，不因贫贱而改其高贵。所以君子虽贫不贱、虽穷亦通。

《易经》困卦卦辞是："困，亨，贞，大人吉，无咎，有言不信。"处于困境，唯有大人才能亨贞才能吉无咎。李士鉁曰：

> 学以困而进，才以困而成，境以困而通，道以困而大……困也者，小人视之为凶，大人视之为吉。烈火销万物，精金以炼而益精；严霜杀百草，松柏以寒而愈劲。

陆九渊说：“‘困，穷而通’，不修德者，遇穷困则陨获丧亡而已，君子遇穷困则德益进，道益通。”（《陆九渊集》）君子处于困境，最大的遗憾是“有言不信”，所言不能取信于人，真理得不到传播，大义得不到伸张。

可见，对于真君子、大君子来说，外在的境况、遭遇是无所谓吉凶的，吉固然吉，凶也是吉，一切皆吉，无所不吉，无往而不自得。清纪晓岚《阅微草堂笔记》中有这样一个故事：

> 霸州有老儒，古君子也，一乡推祭酒。家忽有狐祟，老儒在家则寂然，老儒出则撼窗扉，毁器物，掷污秽，无所不至。老儒缘是不敢出，闭户修省而已。时霸州诸生以河工事愬州牧，期会于学官，将以老儒列牒首。老儒以狐祟不至，乃别推一王生。自后王生坐聚众抗官伏法，老儒得免焉。此狱兴而狐去，乃知为尼其行也。是故小人无瑞，小人而有瑞，天所以厚其毒；君子无妖，君子而有妖，天所以示之警。

“小人无瑞，小人而有瑞，天所以厚其毒；君子无妖，君子而有妖，天所以示之警。”这话说得好极了。东海略改一下：小人无吉，小人而有吉，天所以盈其恶；君子无凶，君子而有凶，天所以益其德。

王夫之说得好：

> 天下无所谓吉，得之谓也，无所谓凶，失之谓也，无所谓得失，善不善之谓也。然而圣人作易以前民用者，两俱仁而有不广，两俱义而有不精，时位变迁而争之于毫末，思虑穷，而易以何思何虑之妙用，折中以协乎贞，则易之所以神，而筮之所以不可废也。若夫臣之忠，子之孝，义之必为，利之必去，昭然揭日月于中天，非偶然朽骨枯茎、乘不诚不道者之私以妄动，任术士之妄，谓之吉而遽信为吉，以祸天下而自戕者，所可窃以亿中也。

然而易亦未尝绝小人而不正告之也，通其义，裁之以理，使小人亦知惧焉。夫小人之为不善，行且为天下忧，故易不为小人谋，而为天下忧，惩小人之妄而使之戢，则祸乱不作，故大义所垂以遏小人之恶者，亦昭著而不隐。（《读通鉴论》）

易为君子谋，是在“两俱仁而有不广，两俱义而有不精，时位变迁而争之于毫末，思虑穷”的情况下，作出最佳选择；同时对小人也不轻绝，在对方“来学”或“可与言”的前提下，理当正告之以易理和正理。

四　周太史筮陈公子完生的故事

“其春秋人谈易象者，尽在左氏国语。”（尚秉和）《左传》记载了筮毕万仕晋、筮季友生、秦筮与晋战、晋献公筮嫁伯姬于秦、筮晋楚之战、穆庄叔筮叔孙穆子生、崔杼筮取棠姜等故事，《国语》记载了重耳筮得国、晋筮成公归国等故事。其中以周太史筮陈公子完生最为准确。

公元前705年，陈厉公妫（guī）佗喜得贵子，为儿子取名叫完，字敬仲。陈公子完出生那天，恰好周朝一位太史来到陈国都城，陈厉公就请太史为儿子占一卦。太史按照《易经》规定程序作了认真推演，得出的本卦为观，变卦为否，“遇观之否”。

观与否都是《周易》六十四卦的卦名。“遇观之否”，否卦正是观卦第四爻由阴变阳而来的。凡是变卦，解卦以变爻爻辞为主。观卦第四爻爻辞：“观国之光，利用宾于王。”

周太史根据卦辞作出判断：“国光就是一国之光，说明这孩子将来大有作为，能够继承您的君位；不过下句是‘利用宾于王’，宾者是宾客，说明孩子将来为君，不在本国而在异国。上句有观字，观者观看，有旁观之意，故做诸侯的不是本人而是子孙。物不两大，得于此者失于彼，如果他在异国繁荣昌盛，则本国可能就会衰败。”这个故事在《左传》和《史记》中都有记载。

《左传》中，周太史的解释更加详细：

陈厉公,蔡出也。故蔡人杀五父而立之,生敬仲。其少也,周史有以《周易》见陈侯者,陈侯使筮之,遇《观》之《否》,曰:是谓观国之光,利用宾于王。此其代陈有国乎。不在此,其在异国;非此其身,在其子孙。光远而自他有耀者也。《坤》土也,《巽》风也,《乾》天也。风为天,于土上,山也。有山之材,而照之以天光,于是乎居土上,故曰:观国之光,利用宾于王。庭实旅百,奉之以玉帛,天地之美具焉,故曰:利用宾于王。犹有观焉,故曰:其在后乎。风行而著于土,故曰:其在异国乎。若在异国,必姜姓也。姜,大岳之后也。山岳则配天,物莫能两大。陈衰,此其昌乎。

此卦占断明白具体,取象细致合理,完全符合周易占断原理。神奇的是,公子完及其后世的命运,也完全符合周太史根据卦象易理作出的推断:

五年后,即公元前700年,陈厉公被仇家所杀,政权转移。公子完虽没了为君的希望,好在生活未受太大影响。公元前672年,陈国再次内乱,三十五岁的公子完在陈国再也无法立足,只好逃往齐国。齐桓公对这位落难公子很器重,想让他担任齐国卿大夫。陈公子没有接受,说逃难之人有个落脚点就满足了,不敢担任如此要职。于是桓公让他做了工正,管理都城百工。不久,齐桓公将一处名叫田的地方封给了他。公子完便以地为姓,改姓为田,史称田完,或叫田敬仲。

田完去世之后,他的子孙采取各种手段扩充田氏势力。公元前410年,田完的八世孙田悼子建立了与姜太公开辟的姜齐并立的田齐。公元前378年,田完的十二世孙田午去世,他的儿子田因齐继位,晋爵为王,就是齐威王。以后又经历宣王、泯王、襄王诸代,长盛不衰,直到秦朝统一。而陈国早在公元前479年就被楚惠王所灭。

公子完从失去继位机会,到陈国再次内乱,逃奔齐国,并在齐国立足,到他的子孙夺取齐国政权,都完全应验了周太史的卜筮,三百余年兴衰史,都在太史一卦中。这一卦又是最早见诸我国典籍的卦例,所以,易学家们都称它为"天下第一卦"。

由于太史这一卦算得奇准,不少人尤其是近代学者都认为是术数家们的伪造。为此，尚秉和先生在《左传国语易象释》中指出：

后之人昌易理，而惮于观象，于是诧此筮为神异者有之，谓左氏事后造作此筮者有之。岂知周史所谈，皆卦象所明示。彼不过观象深，用象熟，故有此彻悟耳，岂有其他技巧哉！

五 又一个周太史

先秦一些巫史对未来的预测有时准确得不可思议，充满玄幻神秘的味道。例如，《史记》四次提及的一个预言。

烈王二年，周太史儋见秦献公曰："始周与秦国合而别，别五百载复合，合十七岁而霸王者出焉。"（《周本纪》）

（秦献公）十一年，周太史儋见献公曰："周故与秦国合而别，别五百岁复合，合十七岁而霸王出。"（《秦本纪》）

自孔子死之后百二十九年，而史记周太史儋见秦献公曰："始秦与周合，合五百岁而离，离七十岁而霸王者出焉。'或曰儋即老子，或曰非也，世莫知其然否。"（《老子韩非列传》）

周太史儋见秦献公曰："秦始与周合，合而离，五百岁当复合，合十七年而霸王出焉。"（《封禅书》）

四条记载都差不多，唯《老子韩非列传》中的"离七十岁而霸王者出焉"这句话与前两条记载略异，有错字，当以《周本纪》《秦本纪》和《封禅书》所载为准。

这个周太史与前面筮陈公子完生的那个周太史不同，但都任太史之职，都有预卜先知的能力。司马迁提到，有人说这个周太史儋就是老子，有人说不是，到底是不是，已经无法判定。

周孝王封非子于秦，这是"始周与秦国合"；公元前770年，秦襄公护送周平王东迁洛邑，被封以岐丰之地（周人的老根据地），遂成诸侯，这是"而别"；自秦为诸侯，至秦庄襄王命吕不韦起兵十万，执东周君而归，尽收巩城等七邑，周朝彻底灭亡（公元前249年），期间凡五百年，这是"别五百载复合"。

“合十七岁而霸王者出焉”。有人认为这个“霸王”指秦始皇。《会注考证》引中井积德曰:“秦祖事周,未别封,是始合也。襄公始列为诸侯,是别也。及西周献地,是复合也。霸王,指始皇一人。若年数少差,固所不论,是谶文之常也。”《索隐》按:“霸王,谓始皇也。自周以邑入秦,至始皇初立,政由太后嫪毐,至九年诛毐,正十七年。”也有人认为这个“霸王”指楚霸王项羽。自公元前249年周朝灭亡,至公元前232年项羽出生,恰好一十七年。

无论指谁,这个预测都算得上相当准确。或以为这条预言是后人杜撰,我认为可能性不大。

六 避免“易之失”

成就德业离不开智慧。中正适度的哲理思考,刚健有为的进取精神,崇德广业的价值观念,顺天应人的使命意识,在在都需要智慧的深度发挥和密切配合。《同时》易经强调,智慧又必须向道德看齐、以仁义为准,所以德智不二是必然的,这是易智也就是儒智的最大特点。也只有这样,才能够避免“易之失,贼”的弊端。

在《礼记经解》中,孔子系统论述了六经之教的功能、特征和宗旨,同时揭示了六经之教所潜存的过失。六经之教如果把握不好,也有可能出现某些负面后果。关于易教,孔子说:“絜静精微,易教也”“易之失,贼”“絜静精微而不贼,则深于易者也。”(《礼记经解》)

孔颖达《礼记正义》曰:“《易》之于人,正则获吉,邪则获凶,不为淫滥,是絜静。穷理尽性,言入秋毫,是精微。”絜静精微是易教的特征,是一种本心呈现、良知光明、中和圆融、德智合一的境界,如牟宗三先生评价孔子时所说:“仁且智,即是说生命既能表现仁,又能里外明澈,毫无幽暗。”“絜静精微而不贼”是易教的最终旨趣。

易教潜存的过失是“贼”。《说文》云:“贼,败也。”先秦古籍中的“贼”字,基本都是“害”“败坏”“残害”的意思。这里的“贼”,主要指为人苛刻,不能宽容,不近人情,有害正理。郑注云:“《易》精微,爱恶相攻,远近相取,则不能容人,近于伤害。”孔疏曰:

“《易》精微”者，谓《易》理微密，相责褊切，不能含容。云“爱恶相攻”者，谓《易》卦六爻，或阴爻乘阳，或阳爻据阴，近而不得，是爱恶相攻也。云远近相取者，谓彼此有应，是远近相取也。或远而无应，近而不相得，是远近不相取也。云“则不能容人，近于伤害”者，若意合则虽远必相爱，若意离虽近必相恶，是不能容人不与己同，浪被伤害，是失于贼害也。

《礼记集说》卷八引方氏曰：“蔽于道则失于毁则矣，故《易》之失贼。”这是说，习《易》如蔽于道而毁害人道法则，是失也。孙希旦说：“蔽于絜静、精微而入于隐怪，故失之贼。贼，害也，谓害于正理也。”《易》本为卜筮之书，预言吉凶悔吝，容易产生“素隐行怪”的不良倾向，陷于对幽隐之理、怪诞之事的探求。只有以仁义为本，走中庸之道，才可以避免这些过失。

自古不少术数派的易学家命运或结局不好。就拿西汉来说，眭孟诛戮，夏侯胜囚执，李寻流放，他们都是推阴阳、言灾异的高手。特别是西汉京氏之学创始人京房，蒙冤而死。

京房，元帝时为博士，官至魏郡太守。屡次上疏，以卦气、阴阳灾异推论时政。运用象数理论进行占验，据其弟子说：“房言灾异，未尝不中。”（《汉书·京房传》）后因劾奏中书令石显专权，被捕下狱处死，死时年四十一。

《异苑》中记载了一则盗墓故事：“京房尸至义熙中尤完具，僵尸人肉堪为药，军士分割之。”若此事属实，京房不仅蒙冤而死，死后尸身还被分割而食，实在可叹。京房师从焦延寿学《易》，深得焦氏《易》学真谛。焦延寿曾忧虑地说：“得我道以亡身者，京生也。”（《汉书·京房传》）果然不出焦氏所料。

京房为人正派，品格好，京房之学或有所“失”，并不严重。严重到一定程度，就真的变贼了。《资治通鉴·汉纪》记载：

河内张成，善风角，推占当赦，教子杀人。司隶李膺督促收捕，既而逢宥获免，膺愈怀愤疾，竟案杀之。

张成是个有名的术士，长于风角之占。他用这套小把戏结交中官们，又通过中官给天子占过几次，因而被人奉为神明。古人有言：“国之将兴，听于民；国之将亡，听于神。”乱世和末代的高层领导，都喜欢结交各种特异功能者。张成占出朝廷将要大赦天下，便告诉儿子这一征兆，教他可以放心杀人。

杀人犯被司隶李膺督促收捕了。几天之后，他父亲的预言果然应验了。可是，李膺愤怒了，不干了，把杀人犯依法处死。风角之术虽精，可算不透人心啊。

这样的后果，是张成始料不及的。为了报复李膺，他在宦官的指点下，让他的弟子牢修向天子上了一封诬告信，称："司隶校尉李膺等，养太学游士，交结诸郡生徒，更相驱驰，共为部党，诽讪朝廷，疑乱风俗。不遵朝廷诏令，滥杀已赦之民。"这封信，拉开了汉末"党锢之祸"的大幕，兹不详论。

所谓风角，是根据风向、风力来占卜吉凶的一种术数，属于易学文化遗产之一。在现存的古籍中，记载风角术的主要有两部书，一部是四库子部兵家类的《武经总要》，另一部是术数类的《灵台秘苑》。另有明朝张尔岐所著《风角书》。

《后汉书·郎顗传》载："父宗 ，字仲绥(sui)，学《京氏易》，善风角、星筭、六日七分。" 李贤注："风角谓候四方四隅之风，以占吉凶也。"风角术从西汉到明朝的一千五百年间一直被传承，至明朝以后逐渐失传。当今易坛，易占、奇门、六壬、风水、八字等术数派都很活跃，但没有听说有人搞风角。

对于各种术数，历代儒家信和不信的都有。难以理解的是，唐太宗年间的太史令傅奕，"虽究阴阳术数之书，而并不之信"(《旧唐书·傅奕传》)。精通阴阳术数，却又不相信。可是，在玄武门之变前，傅奕曾密奏唐高祖："太白见秦分，秦王当有天下。"准得很。傅奕是个反佛先锋，《资治通鉴·唐纪》记载了他的两个小故事：

> 有僧自西域来，善咒术，能令人立死，复咒之使苏。上择飞骑中壮者试之，皆如其言；以告奕，奕曰："此邪术也。臣闻邪不干正，请使咒臣，必不能行。"上命僧咒奕，奕初无所觉，须臾，僧忽僵仆，若为物所击，遂不复苏。
>
> 又有婆罗门僧，言得佛齿，所击前无坚物。长安士女辐凑如市。奕时卧疾，谓其子曰："吾闻有金刚石者，性至坚，物莫能伤，唯羚羊角能破之，汝往试焉。"其子往见佛齿，出角叩之，应

手而碎,观者乃止。

汉儒好说灾异,既有虚妄之说,也有灵验之时。皮锡瑞说:

> 汉儒言灾异,实有征验。如昌邑王时,夏侯胜以为久阴不雨,臣下有谋上者,而应在霍光。昭帝时,眭孟以为有匹夫为天子者,而应在宣帝。成帝时,夏贺良以为汉有再受命之祥,而应在光武。王莽时谶云:刘秀当为天子,尤为显证。故光武以赤伏符受命,深信谶纬。五经之义,皆以谶决。贾逵以此兴《左氏》,曹褒以此定汉礼。于是五经为外学,七纬为内学,遂成一代风气。光武非愚暗妄信者,实以身试有验之故。天人本不相远,至诚可以前知。(《经学历史》)

天人感应,自有道理,灾异谶纬,也非尽虚。程颐指出:“董仲舒说天人相与之际,亦略见些模样,只被汉儒推得太过。亦何必说某事有某应?”又说:“匹夫至诚感天地,固有此理,如邹衍之说太甚。只是盛夏感而寒粟则有之,理外之事则无。如变夏为冬,降霜雪,则无此理。”(《二程遗书》卷十五)

天人感应说认为,人心与天地、民意与天意、人事与天道、政治社会秩序与宇宙运行秩序存在某种潜在联系,人类的行为尤其是政治行为,与天象及物象息息相关,可以相互影响,相互感应,人会上感于天,天会下应于人,如果政治失常,就会出现灾异;如果政通人和,就能和气致祥,或者天降祥瑞。

对天人感应,既不能作简单化、庸俗化和僵化的理解,如谶纬之书那样,将天人关系比附得十分细密烦琐;更不能简单地否定,斥之为幼稚和迷信。天人感应原则无误,论义理精微高明,有着扎实的经典依据和理论基础,历代圣贤大儒对于天人感应说都有不同程度的认可或解说;论现象无数无量,有古往今来无数事实和现象作出强有力的支持。关此,东海有《天人感应论》专文论述之。

七 知 谦

谦卦是《易经》六十四卦之第十五卦。《易经》六十四卦,每一卦都有吉有凶，总是吉凶相参的，唯谦卦六爻皆吉，下三爻皆吉而无凶，上三爻皆利而无害，是六十四卦中最吉利的卦。

卦体上卦为坤为地，下卦为艮为山。艮下坤上，为山在地中。这意味着，谦虚要有一定的实力，有真才实学，否则就变成了虚谦，没有意义。

卦辞是："谦，亨，君子有终。"谦卦象征谦虚卑退之意，有谦德之君子万事皆能亨通，而且行谦有始有终。孔颖达说："谦者，屈躬下物，先人后己，以此待物，则所在皆通，故曰亨。而小人行谦则不能长久，惟君子有终也。"

《韩诗外传》云："德行宽裕，守之以恭者荣。土地广大，守之以俭者安。禄位尊盛，守之以卑者善。人众兵强，守之以畏者胜。聪明睿智，守之以愚者善。博闻强记，守之以浅者智。故易有一道，大足以守天下，中足以守其国家，近足以守其身，谦之谓也。"

本卦最值得深思的，是六五、上六的爻辞。

六五爻辞："不富，以其邻，利用侵伐，无不利。"象曰："利用侵伐，征不服也。"不富，易以阴虚为不富，此喻六五柔和谦逊之意。以，与也。邻，指四、上两爻。六五阴柔得中，尊居君位，然柔和谦逊，有天下而不据有之，并与其左右居高位者，均能谦以待下，若仍有骄横不顺者，则利于偕同以征伐之，使天下尽归于谦道，此吊民伐罪之事，故无所不利。

也有将"不富，以其邻"解释为：贫穷是由于敌国的侵掠。不妥，非正解也。

上六爻辞："鸣谦，利用行师，征邑国。"象曰："鸣谦，志未得也。可用行师，征邑国也。"上六：明智而谦让，出兵征伐邑国自然获胜。《象辞》说：明智而谦让，尚不能感化邑国得行其志，就可以出兵征讨邑国。

上六阴柔得位，与下有应，处卦之极，有谦极而名声远闻之象，故利于行师讨逆，征伐不顺服之封邑小国。邑国，诸侯封国，卿大夫封邑。朱熹曰："六五谦极有闻，人之所与，故可以行师。"

八 艮止

艮卦所讲的是“止”。

宋儒特别重视艮卦。《程氏遗书》卷六云:“看一部《华严经》,不如看一艮卦。”周张程朱陆等大儒都从儒家文化立场上对艮卦进行了义理阐发。张载由“止”引申出光明之义:

> 定然后始有光明,若常移易不定,何求光明?易大抵以艮为止,止乃光明。故大学定而至于能虑,人心多则无由光明。(《横渠易说》)

从阴阳爻象的静态角度言,是阳在上以防阴之过盛,此正是人遏止情欲之象。王夫之以“不动心”来释艮卦要义,指出遏止欲望要“耳不悦声,目不取色,口绝乎味,体废其安”,即使被他人误解和反对,也要奡(ào)然高蹈而不顾,不见可欲,止于所欲,这样才能做到卦辞所说的“无咎”。

艮卦彖辞曰:“艮,止也。时止则止,时行则行,动静不失其时,其道光明。”船山释为:

> 此通论行止之道,以见艮之一于止而未适于时也。身世之有行藏,酬酢之有应违,事功之有作辍,用物之有丰俭,学问之有博约,心思之有存察,皆繇乎心之一动一静,而为行为止,行而不爽其止之正,止而不塞其行之几,则当所必止,一念不移于旁杂,而天下无能相诱;当其必行,天下唯吾所利用,而吾心无所或吝。行止无适莫之私意,而天下皆见其心,非独据止以为藏身之固,而忘己绝人,以为姑免于咎之善术矣。(《周易内传·艮》)

王夫之在先儒对艮止之道阐释的基础上又加以引申发挥,形成了对儒家知止理论的全面阐释,蕴涵四个层面:为何止、如何止、止于何处以及与止何为,分别涉及“止”的原因、方式、目标与效果。此四个层面完整一体地阐释了儒家的处事态度、方式,及其理论倾向与现实关怀。泛言之,“素位”“尽性”与“治心”是其具体方式,

“即行而止”与“止其所”是其行为原则，“成物我”“厚终始”是其最高理想。（详见周广友《王船山的艮卦阐释与儒家的知止思想》）

艮以两阳爻为主爻，所以卦辞说“艮其背”。“背”即指九三和上九，分别生成下卦和上卦的卦体，就好比“背”生成人体一样。从卦体形成的动态角度而言，艮有“成”之义，《说卦传》明言：“成言乎艮”。

“成”义是客观外在地反观个人行为及其目标。“成”义是“止”义的合理延伸，是“止”义所带来的效果，也是“止”行为所祈求的理想。

《说卦传》曰：“艮，万物之所成终而所成始也，故曰成言乎艮。”“敦艮”为上九爻辞，“敦”之本义即为增加、笃实、使其厚等，“成己”是从个体修养而言，“厚终”是从社会整体而言，二者都在论述“止何为”的理论层面。

艮止，止于皇极与天理，故成终；艮卦之阳，发用不穷或静以待动，故成始。

《大象传》曰：“兼山，艮，君子以思不出其位。”“止”得其“所”最重要的意蕴就是“不出其位”。“君子素其位而行，不愿乎其外。素富贵行乎富贵；素贫贱行乎贫贱；素夷狄行乎夷狄；素患难行乎患难。君子无入而不自得焉。”（《中庸》）

另外，《大学》一开头就说：“大学之道在明明德，在亲民，在止于至善。知止而后有定，定而后能静，静而后能安，安而后能虑，虑而后能得。”

知止就是“尚一”，止于至善就是“止于一”。知止离止于至善还远，但知道有这么一个“至善”的高境界可止，就是“有志”，心有所向了。故朱熹说：“止者，所当止之地，即至善之所在也。知之，则志有定向。”（《朱熹集注》）

《大学》说：“为人君，止于仁；为人臣，止于敬；为人子，止于孝；为人父，止于慈；与国人交，止于信。”做君主的要止于仁爱，做臣子的要止于恭敬，做儿子的要止于孝道，做父亲的要止于慈祥，与国人交往要止于诚信。这些都是“止于至善”在各个层面的基础要求。

孔子说：“非礼勿视，非礼勿听，非礼勿言，非礼勿动”。这就是一种知止。

知止的另一层意思是，节制物欲，适可而止。在利益面前，见好就收，急流勇退。

老子说：知足不辱，知止不殆，以此为持盈保泰、长生久视之道。隋儒王通说："大智知止，小智惟谋。"知止，是一种大智慧。

郑国相子产，酷爱吃鱼，有人就投其所好送鱼给他，子产不收。人问："您喜欢吃鱼，为什么不接受别人的赠送呢？"子产说："正因为我喜欢吃鱼，所以不收别人送的鱼。因为这会让我失去职位和厚禄，以后就吃不上鱼。我不接受，廉洁奉公，忠于职守，反而终生有鱼吃。"（《新序》卷七）

《史记·循吏列传》中介绍的公仪休的事迹，与子产类似：

> 公仪休者，鲁博士也，以高弟为鲁相，奉法循理，无所变更，百官自正。使食禄者不得与下民争利，受大者不得取小。客有遗相鱼者，相不受。客曰："闻君嗜鱼，遗君鱼，何故不受也？"相曰："以嗜鱼，故不受也。今为相，能自给鱼；今受鱼而免，谁复给我鱼者？吾故不受也。"

董仲舒在给汉武帝上的《天人三策》中，指出"受禄之家，食禄而已，不与民争业，然后利可均布而民可家足。"然后举了公仪子的例子：

> 故公仪子相鲁，之其家见织帛，怒而出其妻，食于舍而茹葵，愠而拔其葵，曰："吾已食禄，又夺园夫红女利乎！"古之贤人君子在列位者皆如是，是故下高其行而从其教，民化其廉而不贪鄙。（《汉书》·董仲舒传）

西汉时疏广、疏受叔侄，是"知止"的好榜样。叔父疏广，字仲翁，"明《春秋》，家居教授，学者自远方至"，是外王学大师。侄子疏受，"好礼恭谨，敏而有辟，"精通《论语》《孝经》等。

汉宣帝闻知疏广大名，便颁下诏书征辟他赴京，就任博士太中大夫之职。地节三年（公元前67年），汉宣帝在大将军霍光死后亲理朝政，将许皇后所生儿子刘拉立为皇太子后，选大臣丙吉为太子太傅，选疏广为太子少傅。几个月后，丙吉迁御史大夫，疏广成为太子太傅，专门教授太子读《春秋》。

疏广的侄子疏受也以“贤良”的身份被举荐为太子家令。有一次，宣帝驾临太子宫，疏受上前迎接，言谈举止，彬彬有礼。“及置酒宴，奉觞上寿，辞礼闲雅，上甚欢悦”。没过几天，宣帝降旨，拜疏受为太子少傅。《资治通鉴》记载：

> 皇太子年十二，通《论语》《孝经》。太傅疏广谓少傅受曰：“吾闻‘知足不辱，知止不殆’。今仕宦至二千石，官成名立，如此不去，惧有后悔。”即日，父子俱移病（此父子，即叔侄俩）上疏乞骸骨。上皆许之，加赐黄金二十斤，皇太子赠以五十斤。公卿故人设祖道供张东都门外，送者车数百两。道路观者皆曰：贤哉二大夫！或叹息为之下泣。
>
> 广、受归乡里，日令其家卖金共具，请族人、故旧、宾客，与相娱乐。或劝广以其金为子孙颇立产业者，广曰：“吾岂老悖不念子孙哉！顾自有旧田庐，令子孙勤力其中，足以共衣食，与凡人齐。今复增益之以为赢馀，但教子孙怠堕耳。贤而多财，则损其志；愚而多财，则益其过。且夫富者众之怨也，吾既无以教化子孙，不欲益其过而生怨。又此金者，圣主所以惠养老臣也，故乐与乡党、宗族共飨其赐，以尽吾馀日，不亦可乎！”于是族人悦服。

戴高乐也懂得“知止”之道。第二次世界大战期间他领导自由法国运动，后又建立法兰西第五共和国并当选第一任总统。离任后，政府按规定对退职总统提供的费用他分文不要，政府给他的宅邸他拒绝迁居，靠稿费度日，生活俭朴，并且建立儿童基金救助更多的人，戴高乐由此成为法国的骄傲。

相反，童话《渔夫和金鱼的故事》中那个渔夫的老婆，贪得无厌，永不满足，最后失去了已经得到的一切，回到原来的穷困状态。这就是不知止所致。

八 知常

君子道其常，而小人道其怪。

——《荀子》

一 反儒就是反常

老子说："复命曰常，知常曰明。不知常，妄作凶。"(《老子》十六章)此话虽然是道家大宗师所说，却符合儒家精神。归根复命，即安身立命，知命的结果。知道复命立命，就是明哲，就是智慧。

在儒家，常还指常道，包括自然规律、道德定律和普世价值，是人生、政治、社会、大自然的普遍规律。知常，意谓了解、洞晓常道。常道是任何时候任何情况下都不能违反的，背离它就会出乱子，就要受到各种形式的惩罚，付出各种物质、精神乃至生命的代价，凶。

儒家以仁义礼智信为五常道。其中仁义又是五常道的原则和核心，礼智信都要围绕着仁义转，而仁更是原则的原则、核心的核心。如果不仁，其他一切皆不足道，一切免谈。

儒家的常道，涵盖常理、常识、常情，具有至高无上的普适性。反儒就是反常，就是反文明、反道德、反文化，反人性、反人道、甚至反人类。东海总结了一个《反儒定律》：反儒的人士必然低智，不论有无知识；反儒的群体必然不良，不论哪行哪业；反儒的社会必然失常，不论姓社姓资；反儒的政权必然无道，不论古代现代。

母亲陪女儿赴考，不幸车祸，重伤垂死，女儿被劝导着丢下母亲继续高考；另一个男儿更惨，高考后才知母亲 13 天前已因车祸离世……这就是反常，这样的消息，令人倍感当今学生的可怜、社会的可悲和"文化"导向的可恶！高考重要，但重要到需要以灭绝亲情、摧残人性为代价的时候，就反常了。吴起为了学习，母死不奔丧，被老师曾申驱逐出门，那才是正常的教育啊。

《左传》早就指出："民反德为乱。"(《左传·宣公十五年》)反常的政治和社会，必然产生"劣币驱逐良币"的逆淘汰机制，小人淘汰君子，邪说淘汰真理，邪恶淘汰正义，赝品淘汰正品，贪官淘汰清官,谎言淘汰真实,懒惰淘汰勤劳……。

反常到一定时候,任何正常的人物和事物,任何真人真理真相真情,都会成为敌对势力。草木皆兵,此之谓也。再进一步,反常势力内部会互相敌对,你死我活。古今中外一些邪恶势力,对内照样"残酷斗争,无情打击"。这是由它们的"本性"决定的。这里的"本性",指的是它们学说思想的性质和道德品质。

因此,反常的东西迟早要被"常"反掉。反常的东西无论多么强大,大不过正常的力量,难逃灭亡的命运;人类政治社会无论失常多么严重,终究要向正常回归,这是铁律,是天理。人和社会都有局限性,不能完全遵行仁道没关系,但不能反仁而动、逆道而行。那是逆天啊。

反常的东西,举而不坚,坚而不久,最后往往要付出沉重的代价,难逃灭亡的命运。君不见,自古以来无数恶人恶势力大多逃脱不了"以害人始、以害已终"的恶有恶报之定律,不断地坑害他人、危害社会,最后一次性地把自己给害死了。

物反常为妖,人反常为怪。历史上曾有一个"猫鼠同乳"的典故,发生在唐代宗大历十三年,当时一位叫朱泚的陇右节度使,"献猫鼠同乳不相害者以为瑞",百官皆贺。中书舍人崔祐甫不贺,说:"物反其常,何以贺为?"这种猫鼠一家亲的现象,如果算瑞象的话,现在就更多了。东海曾经有诗感慨:

饱看官商鱼水亲,频闻警匪一家春。
可怜革命早功竣,依旧人民是草民。

二 子不语怪力乱神

子不语怪、力、乱、神。(《论语·述而》)

孔子不讲的四种事:怪异,暴力,悖乱,神道。朱熹《论语集注》引谢氏语:"圣人语常而不语怪,语德而不语力,语治而不语乱,语人而不语神。"

《论语》中这一章涉及一个重大的问题,即儒家对鬼神信仰的基本态度。这句话传统的解释是：孔子不谈论怪异、强力、悖乱、鬼神之事。“不语”有对“怪力乱神”不以为然的意思。这个解释与孔子的一贯主张是一致的。“未能事人，焉能事鬼？”“敬鬼神而远之”等，都说明儒家“以修身齐家治国平天下等实用为教，不欲言鬼神”（鲁迅《中国小说史略》）。

熊十力在《答马格里尼》中写道：“《诗经》中绝无神道思想。虽《二南》以外，亦间有上帝等名词，然所云天者，即谓自然之理。所云帝者，谓大化流行，若有主宰而已。非谓其超越万有之外，而为有意思有人格之神也。”讲得非常清楚（《熊十力文选》）。

儒家的天，或指自然之天，或指义理之天，或指形而上的道体。初民信仰中亦有人格之天（上帝），但孔子仁本生命观取代神本生命观之后，人格之天便日趋消隐。汉董仲舒“天有意志”的神学思想，是初民信仰的一次短期回潮而已。不过，董氏的“天人相副”“天人同类”说与上帝造人说亦大不相同，且董氏否定命定论，强调人对命运的把握、人对天的主观能动作用。

徐复观认为，在董仲舒天人思想中，天人互相影响，互相决定，而由人决定天的意义更重：

> 周以前，人的祸福完全是由帝、天的人格神所决定，人完全处于被决定的地位。周初开始，帝、天的人格神对人的祸福退居于监督的地位，把决定权让给各人自己的行为，但人类行为的好坏，只由人类自身领受应有的结果，断不能影响到人格神的自身。凡是宗教中的最高人格神，他只能影响人，决不可受人影响，否则便会由神座上倒了下来。但董氏的天，是与人互相影响的，人天居于平等的地位。（徐复观《两汉思想史》）。

另外，孔子不赞同素隐行怪。“子曰：‘素隐行怪，后世有述焉，吾弗为之矣。’”（《中庸》）素隐行怪，即索隐行怪，深求隐僻之理，过为诡异之行。

《荀子·荣辱篇》载：

> 仁义德行，常安之术也，然而未必不危也；污僈突盗，常危之术也，然而未必不安也。故君子道其常，而小人道其怪。

大意是，仁义道德的行为方式，是长治久安的办法，然而未必没有危险发生；污浊轻慢欺凌偷盗，很容易遭遇到危险，然而未必没有安稳的时候。所以君子走常道，而小人走怪路。

三　文化常识，道德常规

知常，最重要的是知道文化常识和道德常规。《孔子家语》记载：

> 鲁定公问于颜回曰："子亦闻东野毕之善御乎?"对曰："善则善矣，虽然，其马将必佚。"定公色不悦，谓左右曰："君子固有诬人也。"颜回退，后三日，牧来诉之曰："东野毕之马佚，两骖曳两服入于厩。"公闻之，越席而起，促驾召颜回，回至，公曰："前日寡人问吾子以东野毕之御，而子曰：善则善矣，其马将佚，不识吾子奚以知之?"颜回对曰："以政知之。昔者帝舜巧于使民，造父巧于使马。舜不穷其民力，造父不穷其马力。是以舜无佚民，造父无佚马。今东野毕之御也，升马执辔，衔体正矣；步骤驰骋，朝礼毕矣；历险致远，马力尽矣，然而犹乃求马不已，臣以此知之。"公曰："善！诚若吾子之言也。吾子之言，其义大矣，愿少进乎!"颜回曰："臣闻之：鸟穷则啄，兽穷则攫，人穷则诈，马穷则佚，自古及今，未有穷其下而能无危者也。"公悦，遂以告孔子，孔子对曰："夫其所以为颜回者，此之类也，岂足多哉?"

鲁定公问颜回："您听说过东野毕很擅长于驾马吧?"颜回回答："擅长是很擅长，不过他的马将来一定会跑掉。"鲁定公不高兴了，对左右人说："原来君子也会诬人啊!"三天后，掌管畜牧的官员来报告鲁定公说："东野毕驾的马挣脱缰绳，车旁的两匹马拖着中间的两匹马一起跑回马厩了。"鲁定公一听，从席子上惊跳起来，急忙唤人召回颜回。鲁定公问颜回如何知道东野毕的马必将跑掉。

颜回答："以政事推测出来。以前舜帝善于使用民力，造父擅长使用马力。舜帝不穷尽民力，造父不穷尽马力，因此舜王时代没有避世的人,造父手下没有逃离的马。现在东野毕驾马时,骑着马拿着缰绳,姿态很端正,缓急快慢进退奔走,也很合适,只是经历险阻到达远方后,马已经筋疲力尽了,他却仍然对马责求不止,我是从这里推想到的。"鲁定公听出了颜回有言外之意,问:"先生您话中的含义很大啊,能不能再进一步说明呢?"颜回说:"我听说过,鸟逼急时就要啄人,兽逼急了就会乱抓,人逼急了便要诈乱,马逼急了就会逃奔。自古至今,没有把下面逼急了而自己没危险的。"鲁定公很高兴,将此事告诉了孔夫子,夫子说:"这就是颜回之所以为颜回了,就是这个样子的,不值得过度赞许。"

颜回预测东野毕马失的故事,又见于《韩诗外传》卷二第十二章、《新序·杂事五》等文献中,在战国及汉代广为流传。

"鸟穷则啄,兽穷则攫,人穷则诈,马穷则佚。"这是常识常规。颜回根据常识预测东野毕的马将会跑掉,引申出"舜不穷其民力"的政治道理,可谓善于劝告。这件小事表现了颜回的智慧,知常、知几与知言,三合一。

对于道德常规,《吕氏春秋》也有相当认知。在《先识》中指出:"凡国之亡也,有道者必先去,古今一也。"这也可以说是一个历史规律。接下去,《先识》例举了夏太史令终古、殷内史向挚、晋太史屠黍三个人的先见之明,证明其观点。

> 夏太史令终古出其图法,执而泣之。夏桀迷惑,暴乱愈甚。太史令终古乃出奔如商。汤喜而告诸侯曰:"夏王无道,暴虐百姓,穷其父兄,耻其功臣,轻其贤良,弃义听谗,众庶咸怨,守法之臣,自归于商。"
>
> 殷内史向挚见纣之愈乱迷惑也,於是载其图法,出亡之周。武王大说,以告诸侯曰:"商王大乱,沈于酒德,辟远箕子,爰近姑与息。妲己为政,赏罚无方,不用法式,杀三不辜,民大不服。守法之臣,出奔周国。"
>
> 晋太史屠黍见晋之乱也,见晋公之骄而无德义也,以其图法归周。周威公见而问焉,曰:"天下之国孰先亡?"对曰:"晋先亡。"威公问其故,对曰:"臣比在晋也,不敢直言,示晋公以天妖,日月星辰之行多以不当。曰:'是何能为?'又示以人事多不义,

百姓皆郁怨。曰:‘是何能伤?’又示以邻国不服,贤良不举曰:‘是何能害?’如是,是不知所以亡也。故臣曰晋先亡也。”

居三年,晋果亡。威公又见屠黍而问焉,曰:“孰次之?”对曰:“中山次之。”威公问其故,对曰:“天生民而令有别,有别,人之义也,所异於禽兽麋鹿也,君臣上下之所以立也。中山之俗,以昼为夜,以夜继日,男女切倚,固无休息,康乐,歌谣好悲,其主弗知恶,此亡国之风也。臣故曰中山次之。”

居二年,中山果亡。威公又见屠黍而问焉,曰:“孰次之?”屠黍不对。威公固问焉,对曰:“君次之。”威公乃惧,求国之长者,得义莳、田邑而礼之,得史驎、赵骈以为谏臣,去苛令三十九物,以告屠黍。对曰:“其尚终君之身乎!”曰:“臣闻之,国之兴也,天遗之贤人与极言之士;国之亡也,天遗之乱人与善谀之士。”威公薨,九月不得葬,周乃分为二。故有道者之言也,不可不重也。(《吕氏春秋·先识》)

《吕氏春秋》对道德认识的深度和重视的程度很不一般,而且是始终一贯的。由此可以推测吕不韦门下儒生不少。《吕氏春秋》中特别推崇有德之士,对贤士的重要性和治国安邦的作用有大量论述。

如《期贤》说:“凡国不徒安,名不徒显,必得贤士。”《谨听》说:“名不徒立,功不自成,国不虚存,必有贤者。”《本味》说:“功名之立,由事之本也,得贤之化也。非贤,其孰知乎事化?故曰其本在得贤。”等等。

子张问:“十世可知也?”子曰:“殷因于夏礼,所损益,可知也;周因于殷礼,所损益,可知也。其或继周者,虽百世,可知也。”(《论语·为政》)

只要知常,百世可知。古时称三十年为一世,一世为一代。子张问:“十代以后(的礼制)可以预知吗?”孔子说:“商朝继承了夏朝的礼制,有所加减,是可以考知的;周朝继承了商朝的礼制,有所加减,是可以考知的。将来有继周朝而起的王朝,即使一百代之久,也是可以预知的。”朱熹《论语集注》引胡氏曰:

> 夫自修身以至于为天下，不可一日而无礼。天叙天秩，人所共由，礼之本也。商不能改乎夏，周不能改乎商，所谓天地之常经也。若乃制度文为，或太过则当损，或不足则当益，益之损之，与时宜之，而所因者不坏，是古今之通义也。因往推来，虽百世之远，不过如此而已矣。

四　道家不够“循常”

道家尽管强调“知常曰明”，不至于“妄作”，但智慧的光明度仍然有所不足，对常道的理解不够到位，或者说某些方面偏离了人之常情，不肯“循常”。《论语·微子》中有个故事：

长沮、桀溺并肩同耕，孔子经过那里，让子路去打听渡口。长沮说：“那驾车的人是谁?”子路说：“是孔丘。”长沮说：“是鲁国的孔丘吗?”子路说：“是的。”长沮说：“那他该知道渡口在哪。”(这里的津明指渡口，暗指道)问桀溺。桀溺说：“您是谁?”子路说：“是仲由。”桀溺说：“是鲁国孔丘的徒弟吗?”子路回答：“是的。”桀溺说：“天下大乱，沧海横流，已经到了无法收拾的地步，谁也无法改变。你与其跟随避人之士，还不如跟随避世的隐士呢。”一边不停手中的农活。子路回来说与孔子听。孔子怅然说：“人终究是不能和鸟兽共同生活的，我不与人群相处又与什么相处呢？假若天下有道，我就不用周游列国，到处推行改革了。”

“鸟兽不可与同群”是事实陈述，并非骂长沮和桀溺。孔子对隐士很尊重，绝不会辱骂他们，但孔子也不认同他们。是洁身自好避世归隐，知不可为而不为，还是知其不可而为之，努力道援天下，是儒道二家的重要区别所在。宋朝儒者王义山有首诗写到：

> 鸟兽不可与同群，人道无亏方是人。已分工夫须尽我，学中本领在明伦。川云意思乾坤外，杯酒襟怀天地春。识得眼前真道理，世间何事切吾身。
>
> ——和康节天意为人二吟

“天下有道，丘不与易也”，意思是说，正因为天下无道，故周流在外，以求变革、改良它。仁者之心，既不忍忘天下，也不会断定天下终于无道。

洞察人性本真和生命奥秘者必然知道，荒凉与阴冷不是人类社会之常，是可以改变也必须改变的，而这正是儒者的责任和使命。一时改变不了不要紧，儒者进退自如，进则兼济天下，退则独善其身。即使独善其身，也可立德立言，传道授业，为荒凉与阴冷的世界，坚持仁爱的火热，保守理想的美好。王阳明说：

> 夫人者，天地之心，天地万物本吾一体者也。盖其天地万物一体之仁，疾痛迫切，虽欲已之而自有所不容已，故其言曰："吾非斯人之徒与而谁与？欲洁其身而乱大伦，果哉，末之难矣！"呜呼！此非诚以天地万物为一体者，孰能以知夫子之心乎？（《传习录：答聂文蔚》）

又说：

> 夫圣人之心，以天地万物为一体，其视天下之人，无外内远近，凡有血气，皆其昆弟赤子之亲，莫不欲安全而教养之，以遂其万物一体之念。（《传习录：答顾东桥书》）

《论语·微子》中子路说：

> 不仕无义是。长幼之节，不可废也；君臣之义，如之何其废之？欲洁其身，而乱大伦。君子之仕也，行其义也。道之不行，已知之矣。

大意是，一概不仕是不义的。长幼礼节不可废弃，君臣之义如何能废弃呢？君子之所以要出仕，是要尽他的义务。至于道之不能行，已经知道了。

儒家强调五伦：父子有亲，君臣有义，夫妇有别，长幼有序，朋友有信。荷蓧丈人有二子，仍讲究父子亲情和长幼礼节。孔子认为仅此还不够，荷蓧丈人在乱世中保持了清白之身，但忘却了君臣之义，所以想进一步开示。

君臣以义合。出不出仕，可以因人而异，因时代环境和个人情况的不同而异，但不能一概反对出仕，一概以不仕为高。世易时移，君臣一伦随着君主制的结束早已不存在，但道理是一样的。在任何时代，人除了家庭生活，还应该有社会政治生活，还应该承担一定的社会政治责任。

另外，儒家欣赏隐士和道家的洁身自好、清高自由的精神及不合作态度，但不认同其某些观点。庄子说“不谴是非以与世俗处”，“与其是尧而非桀，不如相忘于江湖”，而儒家致力于教化世俗，引导社会及政治改良，严辨华夷、王霸、义利、善恶、正邪之别，在大是大非问题上寸土不让。“是尧而非桀”正是儒者本分。

九 知因

戒之戒之，出乎尔者反乎尔者也。

——曾子

有一个禅宗公案：一位讲经说法的大德，有人向他请教，“大修行人还落不落因果？”大修行人是明心见性的法身大士。他回答说：“不落因果”。因一字说错，堕入畜生道，作了五百世的狐狸。东海有诗曰：

论道于言无所苟，慎哉字字发心田。
误传一字罪非细，作野狐狸五百年。

万事万物无不在因果链中，没有例外，没有人能“不落因果”。善有善报，恶有恶报，不是不报，时候未到，这句大俗话，实有真理在焉。只是报应方式无量无数，眼前作业、目下受报的速报不常见，更多报应有滞后性和隐秘性，如早年造业晚年受报，滞后了；或不为外人所知，很隐秘，故世人不信。

有这么一个故事：

一个农庄主在他的粮仓里放了老鼠夹子。老鼠发现了去告诉母鸡。母鸡看了看老鼠说：“这和我有什么关系，我很同情你。”母鸡说完走了。

老鼠又跑去找肥猪。肥猪淡淡地说：“这是你的事，你自己小心”。说完慢悠悠地走了。

老鼠又跑去告诉大黄牛。大黄牛表情冷漠地说：“你见过老鼠夹子能夹死一头牛的吗？祝你好运。”说完也骄傲地走了。

后来老鼠夹子夹到了一条蛇。

晚上，女主人到粮仓里检查时被这条蛇咬了一口并住进了医院。男主人为了给女主人补身体把母鸡杀了。女主人出院后亲戚都来看望，男主人把肥猪宰了招待客人。家中为给女主人看病欠了很多钱。没办法男主人把大黄牛卖给屠宰场宰了。

这就是蝴蝶效应，形象地说明了因果关系之复杂性，包括潜在性、滞后性、隐秘性、多样性、不确定性等等特点，非世智所能预料，非人力所能预防。

一　各家原则相同

因就是原因，也叫因缘；果就是结果，也叫果报。因果，是人生、政治、社会和宇宙之常，是常道的重要表现形式。人世万事、宇宙万物都是有联系的。因果是指所有事物之间最重要的关系，表示任何一种现象或事物都必然有其原因。

因果具有普遍性。整个宇宙生命系统，无时无处无人无事不在因果之网中，一切的一切，因果循环，永无休止。《华严经》曰："一切诸果，皆从因起，一切诸报，皆从业起"；因果具有复杂性，所谓因果不可思议。佛教讲三世因果，现在世、过去世、未来世因果互存。《涅槃经》曰："三世因果，循环不失，善恶之报，如影随形"。

偈曰："因缘会遇时，果报还自受，假使百千劫，所作业不亡。"（《大包积经》）。意谓，业因业力需要众缘（各种外在条件）引发、配合，才会形成果报。如果业因没有形成果报，它的势力可延续到千百劫之久，等到因缘成熟时，必有果报。这是佛教一个著名偈语，将因果的普遍性和必然性形象地表达出来了。

善恶报应是因果律在人类社会的体现。

《尚书·洪范》中箕子说，顺从于善而遵从正道，可得"五福"，顺从于恶而违背正道，会得"六极"。五福：一曰寿，二曰富，三曰康宁，四曰攸好德，五曰考终命。六极：一曰凶、短、折，二曰疾，三曰忧，四曰贫，五曰恶，六曰弱。

《易传》曰："积善之家必有余庆，积不善之家必有余殃"，又说："善不积不足以成名，恶不积不足以亡身。"不是不报是没到时候，是善行不够或恶贯未满，这也就是量变质变的道理。

小善小恶不断积累起来，就会成为大善大恶而导致质变，积健为雄则成大名，恶贯满盈则亡其身。很多人对于恶业，不是去"消"，而是机关算尽地不断造新业，就像负重的骆驼，不减负反增负，最后被一根稻草压死。

仲尼曰："始作俑者，其无后乎！"《中庸》说："言悖而出者，亦悖而入；货悖而入者，亦悖而出。"曾子说："人而好善，福虽未至，祸其远矣；人而不好善，祸虽未至，福其远矣。"（《中论》）

《孟子·梁惠王下》载曾子语："戒之戒之！出乎尔者反乎尔者也。"孟子说："人必自侮，而后人侮之；家必自毁，而后人毁之；国必自伐，而后人伐之。"《荀子》说："凡物有乘而来，乘其出者，是其反者也。"所有事物都有一定的原因才会出现，它出现的地方就是返回的地方。

《国语周语》云："天道赏善而罚淫。"老子说："天道无亲，常与善人。"墨子说："爱人利人者，天必福之；恶人贼人者，天必祸之。""杀不辜者，得不祥焉。"（《墨子·法仪》）

诸如此类，都是善恶报应这一义理和规律的表述。

《尚书·伊训》说："惟上帝不常，作善降之百祥，作不善降之百殃。尔惟德罔小，万邦惟庆；尔惟不德罔大，坠厥宗。"意谓，昊天上帝赐福降灾不恒常，对作善者降给吉祥，对作不善者降给祸殃。善德虽小，值得万邦庆贺；为恶即使不大，也会导致宗庙坠失。"天之祸福惟善恶所在，不常在一家。"（孔传）

《尚书·太甲》中，伊尹申诰于王曰："惟天无亲，克敬惟亲。"意谓上天只亲近恭敬她的人。《尚书·咸有一德》中，伊尹说："天难堪，命靡常；常厥德，保厥位。厥德匪常，九有以亡。……漫神虐民，皇天弗保。"意谓上天难信，命运无常。只有常保有德，才能保持权位。如果轻慢神灵虐杀民众，皇天也不保佑。

还有，"惟不敬厥德，乃早坠厥命"（《尚书·召诰》）；"得道者多助，失道者寡助。寡助之至，亲戚畔之；多助之至，天下顺之。"（《孟子》）；得民心者得天下，失民心者失天下。这些话是善恶报应之理的政治性表达，或者说是善恶律在政治层面的作用。

当然，从"不敬厥德"到"坠厥命"、从失民心者到失天下，这中间有一个过程，过程的长短受到各种因素的影响。例如夏桀和殷纣王都是在位时间长达52年的君王（可谓巧合），从开始失民心到最后失天下，时间可不短呢。善恶到头终有报，只争来早与来迟。话虽很俗，理却至真。

儒家提出"仁者寿"的观点，强调"大德必得其寿"，唐代医家孙思邈说："百行周备，虽绝药饵，足以延年；德行不克，纵服玉液金丹，未能延寿。"道德如何，直接关乎生命的寿夭。这也是善有善报的表现。

《孝经·感应章》记载孔子的话说：

> 昔者明王事父孝，故事天明；事母孝，故事地察；长幼顺，故上下治。天地明察，神明彰矣。故虽天子，必有尊也，言有父也；必有先也，言有兄也。宗庙致敬，不忘亲也；修身慎行，恐辱先也。宗庙致敬，鬼神著矣。孝悌之至，通于神明，光于四海，无所不通。《诗》云："自西自东，自南自北，无思不服。"

感应，有感有应，就是一种报应。孝悌的善报和回应多么大呀。天下虽大四海虽广，人的心理是一样的。文王孝悌到极致，其德通达神明，光照天下，无所不通，从西到东从南到北，人人心悦诚服，所以文王的教化，广被四海。

《史记》中提出了一个观点："为将三世者必败"，意谓如果一个家庭连续三代都是将军的话，到第三代必然衰败。原因在于，三代为将，杀伐太多，造孽太深，故不吉祥。这个观点出自于秦末一个无名氏之口：秦二世时，群雄造反，王翦的孙子王离奉命攻赵，围困赵王及张耳于钜鹿城。或曰："王离，秦之名将也。今将彊秦之兵，攻新造之赵，举之必矣。"客曰："不然。夫为将三世者必败。必败者何也？必其所杀伐多矣，其后受其不祥。今王离已三世将矣。"（《史记·王翦列传》）后来，项羽救赵，击秦军，果然生擒了王离。

佛教有轮回说与三世说。《中阿含经·思经第五》载："尔时，世尊告诸比丘：若有故作业，我说彼必受报，或现世受、或后世受。若不故作业，我说此不必受报。"佛陀认为，业报有三时业：一是顺现受业，即现生造业，而现生就受果报。二是顺次受业，即现生造业，而次生受果报。三是顺后受业，即现生造业，而二生或多生后受果报。从过去、现在、未来三世来说明，因果不会消灭。所谓不昧因果。

《涅槃经》认为，报应有三种形式：业有三报，一现报，现作善恶之报，现受苦乐之报；二生报，或前生作业今生报，或今生作业来生报；三速报，眼前作业，目下受报。

《法华经·方便品》说："唯佛与佛乃能究尽诸法实相，所谓诸法如是相、如是性、如是体、如是力、如是作、如是因、如是缘、如是果、如是报、如是本末究竟。"这就叫"十如是"。

"如"指一切万物真实不变的本性，即道体和性体，也就是《论语》中子贡说的"性与天道"。"是"，真实不妄的意思。十如是，即宇宙一切万有、森罗万象的十种真理和轨则。世间每件事物都是从"如是相"一直到"如是报"，集合所有因缘，最后形成"如是本末究竟"。

因果律作为一种人生宇宙间的基本原理和规律，具有至高无上的普适性，既是佛教的，也是儒家和道家的。易言之，儒佛道各有其因果报应论，理解和定义不同罢了。

庄子说"尅核太至，则必有不肖之心应之，而不知其然也。苟为不知其然也，孰知其所终！"此即道家的报应说。"尅核太至"为因，"不肖之心应之"为果。尅是克的异体，尅核即苛责、刻薄。不肖，不正、不善。过于苛责或逼迫，别人就会兴起恶念报复。

对人包括对他人和自己人尅核太至，这是一切恶人恶势力最容易甚至必然要犯的错误。儒家是"躬自厚而薄责于人"，严于律己宽于责人；恶人恶势力正好相反，躬自薄而厚责于人，宽于责己严于律人，必然招致别人以牙还牙。这是人性和逻辑的必然。孰知其所终，这样的人谁也不知道他最后是怎么死，死在谁手里。

庄子引法言曰："无迁令，无劝成，过度，益也。"迁令是任意改变命令，引申为推脱责任；劝成是勉强别人成功，引申为过度要求。益即溢，过分。"迁令劝成"，会坏事，很危险。

耶教说："恶必害死恶人"（诗 34:21），又说："人种的是什么，收的也是什么。"（《加拉太书》）意谓种下罪就收获罪，种下爱就收获爱。这就是一种因果。

善恶报应是因果律在人世间道德层面的作用，这不是迷信而是正信真理、人世铁律，普遍适用于个体和各种群体。为佛教、道教、儒教、基督教、天主教、伊斯兰教等一切传统文明所共有，堪称人类文明共识。

古今中外无数事实充分证明了这一规律。崇拜暴君者往往毁于暴君，赞美暴力者往往灭于暴力，攻击正理者往往被邪说所害，反对圣贤者往往被盗贼整死，整人最凶者往往被整得最惨。历史无数次地展示这些血淋淋的报应和教训，可是后人总是无视，总是不断地重复错误，重蹈覆辙。

二　因果律不是宿命论

世界上一切事物都是普遍联系的，整个世界就是一个普遍联系的有机整体。一切事物的发生都是有原因的，没有孤立发生的事，所以世界是因果关系。因果由两个因素组成：一是先行后续，二是先因后果，是引起与被引起的关系。

马克思主义也承认事物联系和发展具有普遍性和多样性。恩格斯在谈到事物普遍联系的“辩证图景”时指出：

> 当我们深思熟虑地考察自然界或人类历史或我们自己的精神活动的时候，首先呈现在我们眼前的，是一幅由种种联系和相互作用无穷无尽地交织起来的画面，其中没有任何东西是不动的和不变的，而是一切在运动、变化、产生和消失。（《马克思恩格斯选集》第20卷）

联系，是指事物内部各要素之间和事物之间相互影响、相互制约和相互作用的关系。联系具有客观性、普遍性和多样性。普遍性又有三层含义：一，任何事物内部的不同部分和要素是相互联系的，任何事物都具有内在的结构性。二，任何事物都不能孤立存在，都同其他事物处于一定的相互联系之中。三，整个世界是相互联系的统一整体，任何事物都是统一的联系之网上的一个网结。

这种观点与儒家因果律有相通处。

二十世纪二十年代以前，基于传统牛顿力学、相对论等理论的成功，西方科学家认为世界是由因果规律支配的。二十年代以后，量子力学出现，对于“量子微观世界是随机的，还是因果确定的”这一重要科学问题，开始见仁见智。

在海森堡发现“测不准原理”后，以波尔为首的哥本哈根学派认为决定论和因果律在原子世界不适用，取而代之的是向几率，是自然界的自由选择和粒子的自由意志。

而持决定论的物理学家如普朗克、德布罗意、薛定谔、爱因斯坦等依然认为:量子力学中的非决定论与统计律是暂时的,原因应归于我们的浅知;量子力学只是把因果律模糊到一种程度;测不准式的解决问题方法,只是貌似的,它并不意味着对决定论的否定。用统计律和几率描述物理现象,是源于我们对决定现象的内在因素的认识欠完善。

不确定或者测不准是由世界的复杂性决定的,是因为人类还没有认识到究竟,随着科学的发展,等把影响世界的各种复杂性都研究清楚后,一旦掌握了其中的规律和法则,世界就会变得有规律可循,未来世界的一切最终都可以准确预测得到,所以爱因斯坦至死都认为量子力学是不完备的。

有学者认为,量子力学方程本身就是一个预测性非常精确的因果规律,它和牛顿力学定律、热力学定律、电磁定律、质能方程等因果定律一样,给人类带来了巨大的科学革命,量子力学原理只是证伪了决定论(宿命论)的普遍存在,既没有证伪决定论(特殊因果规律)在规定条件下的存在,更没有证伪因果律的普遍存在。

所谓不确定性,主要指的是果的实现形式和形成过程是不确定的,以概率来表述更准确。

不确定不等于没有因果关系,不能用事物发生的不确定性来否定因果关系的存在。因果律不是决定论(宿命论)。因缘果报,有果必有因,但有因未必有果,还需要缘,即各种外在条件的配合,无缘也不结果。因果发生的必然性是由因果关系中的内因决定的,因果发生的不确定性是由缘(外因)造成的。决定论所反映的只是简单条件下的因果关系。

因果关系既有必然性的一面,也有偶然性的一面。偶然性是由因果律的条件性决定的。在普遍联系的世界中没有孤立发生的事情,因果律发挥作用的条件成就与否,取决于各种因素(缘),这对因果关系而言就产生了偶然性。

关于必然性和偶然性,荀子说得好:“仁义德行,常安之术也,然而未必不危也;污僈突盗,常危之术也,然而未必不安也。故君子道其常,而小人道其怪。”

仁义德行未必就不会发生危险，污秽卑鄙强取豪夺也未必没有安全的时候。这就是偶然性，也是就局部、暂时、表层而言；仁义德行为安，污僈突盗为危，这才是常态，这才是必然。君子道其常，居于安；小人道其怪，居于危。

（本节参考文章：《因果的发生是必然的吗》，载一苇阅读网）

三 人生和社会的铁律

人间万事天地万物都在因果链中存在，没有任何事物能超越，就像没有任何事物能超越时空一样。因果报应是天理和良知律，永远不会过时，信不信，都摆不脱、逃不出这一铁律。积德必有善果相应，作恶必付相应代价，报应不爽因果不昧也。昧于良知之心和因果之理才是最大的愚昧。

从一时一地一事一世来说，善无善报甚至善招恶报、恶无恶报甚至恶招善报的现象并不少见，但这是暂时性、肤表性、非正常的现象。究竟而言，有什么因结什么果，造什么业获什么报，你怎样做人就会受到怎样对待，你所做的一切都会返回到你自己身上。

良知是公平的，因果是公平的。俗话说出来混总要还的，早还迟还明还暗还，只要欠了债，没有人能够逃债，没有人能够赖账。多行不义必自毙，人毙也好，法毙也好，自毙天毙也好，究其实，都是自毙！

善恶报应是因果律在人世间道德层面的作用，这也是一个正常社会所应该遵循的原则。善有恶报，恶有善报，肯定是不正常的。当今社会就极不正常，恶人往往得志，大量恶行得不到公正的追究惩处，但这种现象在根本上并不违反“善有善报，恶有恶报”的真理和原则。何以见得？

首先，“善有恶报，恶有善报”仅仅是表面现象而不是实质和究竟之“报”，是“过程”而不是结果；其次，“报”有无数类型，有显性的有隐性的，有物质的有心灵的。许多善恶之行不一定报在明处显处，不一定报以世间刑法。诸多隐性之报，难言之痛和心灵之灾，非局外人所能体会。

最反常的社会，终究无法逃出恶有恶报的铁律。不用历史的眼光，即使略看远几十年，就可以看到不少凶人恶棍下场的悲凄。恶无恶报，是时候不到；恶有善报，也非福幸，那只会让恶人恶贯满盈，恶报更加惨烈！

把正理打倒，就难怪邪教上位；以圣贤为敌，就难怪盗贼当道；向道德开火，就别怨领导缺德政治无道；骂仁义吃人，就活该被不仁不义的东西吃掉。天道从来公正，求仁得仁求暴得暴，求死一定可以死掉，天下没有自杀不死的人。一个社会也一样，若“五四”是自我伤害，“文革”就是自杀自灭。这就是因果。

另外，某些弱者虽很可怜，并非无辜更非君子。他们长君之恶或逢君之恶，被暴政所害，乃自贻伊戚。

易经早就指出：小惩大诫，小人之福。正常社会，法度严明，小人不敢触犯法律，万一犯法，受到惩罚，可以猛回头。反常社会，一切失常，小人们迷信特权金钱的力量，迷信后台背景的效用，有权有势者无知无畏，不断胡作非为，直到恶贯满盈或血债累累，再也回不了头，上不了岸矣。

由于邪知邪见的蒙蔽，他们的心智都不健全，不明良知本心，不识生命本质，不信因果报应，却盲目地迷信特权和金钱的力量、迷信厚黑的作用，一方面对未来忧虑重重，一方面又总抱着一种侥幸心理。所以，往往不见棺材不掉泪，见了棺材埋怨自己命不好、运气不好，正可谓生得渺小，死得耻辱，生得混沌，死得糊涂。

俗话说，自作自受；种什么瓜结什么果。俗话中有至理在，有宇宙“最高原则”在。因缘、因果之事，复杂无比，奥妙无穷，非世智聪辩所能计算，善种或许一时不会结出善果，恶种绝对难以获得善报。很多事，人算不如天算，有时机关算尽，反坏了卿卿性命。

对于因果的态度，菩萨与凡夫正好是两极端，所谓菩萨畏因，众生畏果。菩萨怕欠债但乐于还债，众生怕还债却总是欠债。

大德大智之士不种恶因，不造恶业，诸恶莫作，众善奉行，时时处处注意自净身口意业；以前的业果成熟时，则坦然承受，这是还债消业，早还早轻松，早消早解脱。

凡夫愚氓则相反，不信因果，以为欠债不用还；或抱侥幸心理，自以为聪明伶俐，有办法避债逃债，遂图一时之利，逞一时之快，勇于作恶，肆无忌惮，恶报来时则惊慌失措，丑态百出，甚至为了求一时之安不惜再造恶业，自掷万劫不复之境！印光大师在《复泰顺林介生居士书》中说得好：

世有愚人，不知夙生善恶，惟观眼前吉凶。见作善而得祸，便谓善不当为。作恶而得福，便谓恶不足戒。不知善恶之报，非一朝一夕之故，其所由来者渐。譬如三尺之冰，岂一朝之寒所能结；百川之泮，亦岂一日之暖所能消。

说因果报应是迷信的人，本身正是"迷人"：迷惑、迷茫、迷失的人。

凡夫畏果，菩萨畏因。特权阶级肆无忌惮地贪污腐败或祸族殃民，在罪恶的道路上勇往直前。他们自以为得意，自以为成功，东海作为旁观者，却不禁为之怖畏和怜悯。贪污越多害人越多就是欠债越多呀，迟早要被追债的。还得越迟利息越重，时候一到，家破人亡未必能偿也。

与民为敌防民如贼，一定会变民为敌和贼，让民众互相敌视贼害（如互相坑蒙拐骗，挖沟下毒），更敌视政府贼害官员。政权及官员处于强势地位，开始肯定占尽便宜，但慢慢会吃亏，越到后来亏越大，最后政权完蛋。很多官员则提前完蛋，留到最后的也难逃公道。

与佛教讲三世因果不同的是，儒家只重现世，追求"现世报"，故特别入世，特别重视法律制度之建设和改良。因为，善无善报甚至善招恶报、恶无恶报甚至恶招善报之类非正常现象，往往是政治、社会、法律、制度等不正常造成的。

儒家认为，法律应该成为赏善罚恶的主要力量，易言之，善恶之因果报应律、人类之良知律应该通过良制良法去体现。法治是一种至关重要的"现世报"。为非作歹犯罪作恶，一旦被发现，必须受到相应的惩罚。可以说，法治是到目前为止最公平的"讨债"政治。

睚眦必报是小人，大仇不报大冤不伸的则是懦夫。对于小恶小怨以及没有发展为恶行的恶言，儒家主张宽容，对于大恶大罪，则主张力制之、严惩之。惩，首先当然应该诉诸法律。但是，如果法律极端不公，个人的以直报怨乃至暴力复仇，就具有了天然的正义性。

如果政治黑暗到极致,暴力革命亦可以成为特定情况下一种迫不得已的选项。公羊学家认为,天下无道之时,某一个人或某一团体可以用极端的手段去追求自然的公正,去恢复历史的正义,使人类不致因为政治严重失序而陷入邪恶的泥沼万劫不复。(详见《大复仇论》)

行道则吉,违道则凶,善有善报,恶有恶报,有德者必有其位,失德者必失其位,这才是正常的社会。在佛教轮回说和三世因果说得到科学切实的证明、成为人类普知的常识之前,或者,当"人人皆有士君子之行"的太平大同理想实现之前,儒家应矢志不移地追求和实践一种现世的、现实的公平,重债必须现世还,大恶应该现世报,不许拖延到"下辈子"去,而且要明报(俗眼可见)、法报(良法惩治)!

四 白圭的预知能力

因果论和善恶报应论是具有高度普世性的真理。对此,《吕氏春秋》也有一定认知。《吕氏春秋》说:"周鼎著饕餮,有首无身,食人未咽,害及其身,以言报更也。为不善亦然。"报更,即报偿、报应的意思。残害人者,报应不爽,如饕餮食人,尚未及咽,其身已亡。

《吕氏春秋·先知》介绍了白圭预知中山和齐王即将灭亡的故事:

> 白圭之中山,中山之王欲留之,白圭固辞,乘舆而去。又之齐,齐王欲留之仕,又辞而去。人问其故,曰:"之二国者皆将亡。所学(孙锵鸣:学字疑当作"患")有五尽。何谓五尽?曰:莫之必,则信尽矣;莫之誉,则名尽矣;莫之爱,则亲尽矣;行者无粮、居者无食,则财尽矣;不能用人又不能自用,则功尽矣。国有此五者,无幸必亡。中山、齐皆当此。"若使中山之王与齐王闻五尽而更之,则必不亡矣。其患不闻,虽闻之又不信。然则人主之务,在乎善听而已矣。夫五割而与赵,悉起而距军乎济上,未有益也。是弃其所以存,而造其所以亡也。

白圭到了中山国，中山王想留他，白圭坚决告辞；又到齐国，齐王想留他做官，又辞谢而去。人问他缘故，他说："这两个国家都将灭亡。大忧患有'五尽'。什么叫五尽？朝令夕改，信用尽了；没有称赞，声誉尽了；没有亲附，情感尽了；行者无粮，居者无食，财力尽了；不能用人又不能自用，功业尽了。国家有此五种现象，没有侥幸，必然灭亡。中山、齐国都是如此。"

《吕氏春秋》评：若使中山王与齐王听到此"五尽"而更改做法，就不一定亡。可他们所患是听不到警告，听到又不相信。所以说人主的要务，就在于会倾听。中山国五次割地与赵，齐国调动所有兵力来到济河边抗拒来犯之军，都没有用处。因为他们早已丧失了赖以生存的条件，相反，营造了导致灭亡的条件。

这个故事，充分说明了"惟不敬厥德，乃早坠厥命"的道理。这是知因果，也是知几。故事中的白圭，名丹，其师为鬼谷子。白圭曾在魏国任职。《汉书》称他是经营贸易发展工商的理论鼻祖，即"天下言治生者祖"。《史记·货殖列传》称之为"治生之祖"，可见他是著名的经济谋略家和理财家。

五　依据理因，推断事果

举一反三，闻一知十，见微知著，是知几见几，也与知因果密切相关。孟子批判杨墨之学"禽兽也"，是据理断事，以中庸之道为标准，根据杨墨的学理，判断其事实后果，这也是据因推果：依据理因，推断事果。

利己利他，都是良知的作用，都是人之常情。该利己就利己，该利他就利他，"谁"也不能绝对化、极端化、普遍化、主义化。利己主义和利他主义，都是非正常的。

利他主义，听起来很美，少数人真诚奉行，非常了不起。如果付诸于社会政治实践，后果就不妙，不仅流于虚伪，增加各种不必要的社会成本，出现像《镜花缘》描述的君子国的情景，而且容易被别有用心的人物和势力利用，求善得恶。

利己主义看起来也很美。《列子·杨朱》曰："古之人，损一毫利天下，不与也；悉天下奉一身，不取也。人人不损一毫，人人不利天下，天下治矣。”

人人都利己而不损人，不错。但杨朱学无法回答一个问题：有人专门损人利己、有人“悉天下奉一身”，怎么办？面对政治无道社会不公，杨朱主义没有力量。它或有解构极权暴政之助，却无建构政治文明之功。

诸子百家各有优点又各有不足。用荀子的说法，各家学说皆有所蔽。荀子指出：

> 墨子蔽于用而不知文，宋子蔽于欲而不知得，慎子蔽于法而不知贤，申子蔽于势而不知知，惠子蔽于辞而不知实，庄子蔽于天而不知人。（《解蔽》）

荀子认为，墨子重实用却不知礼乐，宋子倡寡欲却不知道德，慎子重法律却不知贤德，申子重权势却不知智慧，惠子重言论却不知实际，庄子重自然却不知人性。

荀子对各家的不足一语中的，却不知道他自己也有所蔽，只知习性之恶，不知本性之善。兹指出其他异端之蔽如下：神本主义蔽于神而不知人，物本主义蔽于物而不知本（宇宙生命之本质），自由主义蔽于法而不知德，蔽于人而不知天。集体主义蔽于集体而不知个人，功利主义蔽于功利而不知道德……统统蔽于一曲之见而不知“道”。

佛道两家知“道”，但不够全面、透彻而圆满，仍然各有其蔽。佛家蔽于空寂，道家蔽于虚静，所谓道虚佛寂。如果它们转辅为主，凌驾于儒家之上，政治社会就会出大问题。关此，东海《儒眼看“世说”》一文有过阐述。对道体的证悟，唯儒家最为圆满：空寂而生生不息，虚静而新新不已，故无偏无蔽，极高明而道中庸，极广大而尽精微，形上形下，内圣外王，至矣尽矣蔑以加矣。

各种学说和主义都会对信奉者产生重大影响，不同的学说会成就不同的德行。例如，信仰杨朱会是利己主义者，信仰墨家会是利他主义者，信仰法家很容易恶化。学说的偏差缺陷往往成为信奉者的偏差和缺陷。因此，一个人选择什么样的文化信仰，一个国家选择什么样的指导思想，至关重要。

只有建立起正确“三观”，具备了正知正见，才能拥有一双择法之眼，不受异端外道的迷惑。在此之前，攻乎异端是有害的，会走上歧途，小则自误误人，大则害民害国。孔子说：“攻乎异端，斯害也已。”朱熹说：“异端，非圣人之道，而别为一端，如杨墨是也。其率天下至于无父无君，专治而欲精之，为害甚矣！”（《论语集注》）

一切异乎仁义之端、外于孔孟之道的思想、学说、主义、信仰、文化体系，都是异端外道。其中又有良性和恶性之分，象杨朱利己不损人的利己主义、墨子“摩顶至踵以利天下”的利他主义，都属于良性异端，法家则属于恶性异端。

异端惑世浓于酒，古学违时冷若灰。看到国人前仆后继地投向各种异端的怀抱，令人既悲且忧。恶性异端不用说了，作为个人信仰难免自误误人，作为国家思想必然祸国殃民。就是良性异端，一旦“盈天下”或政治化，也会产生种种弊端。

六　侯生为秦王朝算命

《说苑》记载，坑儒事件中，侯生侥幸逃脱，又被缉拿归案，他在临刑前与秦始皇有一段对话，披露了自己的真实心迹，颇为准确地预示了秦王朝必亡的命运和原因，节录如下：

> 秦始皇问：“老虏不良，诽谤而主，乃敢复见我？”
>
> 侯生仰台而答曰：“臣闻知死必勇。陛下肯听臣一言乎？”
>
> 始皇曰：“若欲何言，言之。”
>
> 侯生曰：“臣闻禹立诽谤之木，欲以知过也。今陛下奢侈失本，淫佚趋末。所以自奉丽靡烂漫，不可胜极。黔首匮竭，民力殚尽，尚不自知。又急诽谤，严威克下，下喑上聋，臣等故去。臣等不惧臣之身，惜陛下之亡耳！闻古之明王，食足以饱，衣足以暖。……今陛下之淫，万丹朱而千昆吾桀纣，臣恐陛下之十亡而曾不一存。”
>
> 始皇默然久之，曰：“汝何不早言？”
>
> 侯生曰：“陛下之意，方乘青云，飘摇于文章之观，自贤自

健，上侮五常，下凌三王，弃素朴，就末枝，陛下亡征见久矣。臣等恐言之无益也，而自取死，故逃而不敢言。今臣必死，故为陛下陈之。虽不能使陛下不亡，欲使陛下自知也。”

始皇曰：“吾可以变乎？”

侯生曰：“形已成矣，陛下坐而待亡耳！若陛下欲更之，能若尧与禹乎？不然无冀也。陛下之佐又非也，臣恐变之不能存也。”

坑儒活动是秦始皇三十四年（公元前213年）进行的。这个时候，表面上看，秦王朝异常强大，没有任何要崩溃的征兆，侯生却听到丧钟敲响的声音，一针见血地指出：灭亡之势已成，难以逆转，秦始皇只能坐而待亡了。

因为一来秦始皇即使想改变，也不可能变成尧舜，像尧舜那样，道德上以仁为本，政治上以民为本；二来原先朝廷上多少有些儒生和君子，现在罕见了。现在的帮手们都不成，秦始皇真正成了孤家寡人，纵然想改弦更张，也是孤轮不转，独翼难飞。秦王朝的悲惨命运已经生铁铸定。

古今中外，所有暴政恶势力的崩溃灭亡都仿佛突如其来，“其兴也勃焉，其亡也忽焉”，出乎绝大多数人的意料。其实一切都是有迹象可见、有规律可循的。君子依因断果，所料多中。

秦始皇听了侯生一席话，喟然长叹，把侯生放了。不久秦始皇开始巡游，三十七年十一月巡到云梦，祀虞舜于九疑山，祭大禹于会稽，不久他崩于沙丘。之后，秦二世上台，很快就玩完了。

孟子说：“得道者多助，失道者寡助，寡助之至，亲戚畔之。”寡助之至，草木皆兵，防不胜防，亲信、亲戚都有可能成为夺命大敌。秦始皇只怕万万想不到，他的大秦王朝、万世江山和秦氏家族，会毁在自己最信任的丞相李斯、中书令赵高和最宠爱的小儿子胡亥手里。机关算尽太聪明，人算不如天算啊。

上面的侯生，在儒门中只是一般人物，连个名字也没留下。可见，在儒家，不一定要圣贤君子，略有修养者也不乏见几、知因果的敏感。

七　酷吏的现世报

武则天朝四大酷吏之一周兴“请君入瓮”的故事，人们耳熟能详。广义上说，历史上有名的酷吏，大多数结局都是自作自受，被请入自造之恶瓮的。

武则天为了对付政敌，利用无赖小人充当监察官。当李唐宗室与勋臣们被杀得差不多后，武则天亦逐步以各类名义将他们诛杀。酷吏作为一种恶工具，可恨可悲又可怜。他们的一生往往被暴君恶主两次利用：开始是作为吃人之狼来利用，用来打击反对派，震慑众臣民。榨干其价值之后，再作为替罪之羊来利用，严惩他们以化解民怨，笼络人心，显示主子的伟大英明。

四大酷吏之首来俊臣最为忠心和能干，下场也最惨，被杀之日，“仇家争啖俊臣之肉，斯须而尽，抉眼剥面，披腹成泥”。人们对逢君之恶者往往比对恶君本人更痛恨。唐人对武则天不无尊重和保留，对武则天重用的酷吏和帮闲者则食肉寝皮，决不饶恕。武则天下诏数落其罪恶说：“宜加赤族之诛，以雪苍生之愤，可准法籍没其家。”

《史记》将酷吏入史，而此后《汉书》《后汉书》直至《金史》多将此单列。《北史》中写到酷吏时说，他们“或因余绪，或以微功，遭遇时来，忝窃高位。肆其褊性，多行无礼，君子小人，咸罹其毒。凡所莅职，莫不懔然。居其下者，视之如蛇虺；过其境者，逃之如寇仇。与人之恩，心非好善；加人之罪，事非疾恶。其所笞辱，多在无辜。察其所为，豺狼之不若也。”

如此作恶多端，死于非命，理所当然。自古酷吏多无好下场。《唐书》所载二十七个酷吏，或自杀或发疯或被处决，一个善终也没有。

有必要说明一下的是汉朝的酷吏，与后来王朝的酷吏有所不同，不无可取之处。比如有些人不谋私利，高度廉洁；有些人不畏豪强，执法从严；有些人精于律法，极有才干；有些人的酷有针对性，主要针对诸侯贵族豪强及富商大贾，对于下属和贫民并不酷，如张汤赵禹“其治尚宽”，常在武帝面前替犯罪的贫民讲情。

《北史·酷吏》开头一段对两类酷吏的性质之异有所发现，指出：由于秦政暴虐狱吏权重，汉朝成立之后，革其弊端济之以宽，但矫枉过正过于宽纵了，以致大奸巨猾不法豪强猖獗悖乱，汉武帝时，官吏执法由“循”转向“酷”，郅都、宁成等人应时而出，“猛气奋发，摧拉凶邪，一切以救时弊”，自有可取之处。

但整体上汉朝酷吏亦勇于杀戮，草菅人命，故少有善终者，如郅都是得罪了藩王被太后严命皇帝斩首，“虎冠之吏”王温舒因人告发被诛灭五族，张汤受诬告被迫自杀，侯封、郅都、周阳由、张汤、义纵、王温舒、减宣、江充等无不家破人亡或者绝嗣灭族。

宋儒陈大猷说：“自古酷吏如郅都、宁成、严延年、王温舒、周兴、来俊臣之流，未有不反中其身及其子孙者，上帝不蠲而绝厥世，古今一律也。”陈大猷指出，汉朝和武则天朝的酷吏，不仅自亡其身，而且多绝了后，“自受姓以来之宗祀亦殄灭而无遗类焉”（邱浚）。岂不悲哉。

对于酷吏们的下场，不仅儒家能够法眼洞察，一些世俗之人及酷吏的亲人也能有先见之明。严延年的母亲就曾预见了其子的结果。东海莫不贤智其母。

最后讲两个武则天时速报的小故事。

第一个是鱼保家的故事。鱼保家是唐朝侍御史鱼承晔的儿子。武则天鼓励告密，鱼保家就发明了一种铜箱，它的内部分为东西南北四格，在箱子上面分设投信口，告密信能入不能出。武则天认为很好，立即吩咐工部尚书安排人铸造推行。没想到六月债还得快，没过多久，与鱼保家有仇的人投密奏，告发他曾为起兵造反的徐敬业制造过兵器，于是鱼保家被处当街腰斩。这个鱼保家不是酷吏，却为酷吏收集情报帮了大忙。

第二个是徐敬业。徐敬业是李勣的孙子。唐高宗要立武则天为皇后，长孙无忌、褚遂良等老臣都持反对态度，唯有李勣说：“此陛下家事，何必更问外人？”唐高宗意遂决。其实皇家无私事，册封皇后，更是天下大事，怎么能说是家事呢？李勣协助武则天革了唐王朝的命，结果自己家族也被革了命。出尔反尔，此之谓也。

十

知礼

不知礼，无以立也。

——《论语》

一　克己复礼

《论语》最后一篇《尧曰》中，孔子说："不知命，无以为君子也。不知礼，无以立也；不知言，无以知人也。"郑玄认为此章乃孔子论学中总挈纲要之言，故特以系之《尧曰》篇末，以见其重终之意，甚是。对于儒者来说，知命知礼知言，最为重要，一切学问皆扎根于此亦归结于此。

不知礼，无以立。这个立，兼立足于社会和立德于自己而言。《皇疏》："礼主恭俭庄敬，为立身之本。人若不知礼者，无以得立身于世也。"礼的内容外在，其精神却是内在的。不知礼，外无以立足于社会，内在的根基亦无由建立。故孔子在《论语・泰伯》中说要"立于礼"。

孔子又说："恭而无礼则劳，慎而无礼则葸，勇而无礼则乱，直而无礼则绞。"葸（xǐ）：畏惧，胆怯懦弱。绞：急切，尖酸刻薄出口伤人。意思是，恭敬而无礼就会劳扰不安，谨慎而无礼就会畏缩多惧，勇敢而无礼就会作乱犯上，直率而没有礼就会刻薄急切。

礼是体现仁义原则和道德精神的各种文物典章制度的总称，是种种外在的规范和节制。恭敬、谨慎、勇敢、直率都是美德，但前提是它们都必须合乎礼制，否则就会有所失。

《礼记・仲尼燕居》曰："敬而不中礼谓之野，恭而不中礼谓之给，勇而不中礼谓之逆。"《礼记・曲礼上》曰："道德仁义，非礼不成。"都是强调礼的重要性。

知礼，就要致力于克己复礼。我们一起来学习《论语・颜渊》的第一章：

颜渊问仁。子曰："克己复礼为仁，一日克己复礼，天下归仁焉。为仁由己，而由人乎哉？”颜渊曰：“请问其目。”子曰：“非礼勿视，非礼勿听，非礼勿言，非礼勿动。”颜渊曰：“回虽不敏，请事斯语矣。”

克己：约束自己。克，约束，抑制。一说，克，肩也，任也。克己复礼，以身肩任礼，即尽自己的责任恢复礼乐制度，也通。只是下文“四勿”作为约束自己的条目，“克”明显不是“肩任”之意。

习惯上将克己解作“克去己私”（宋儒皆作此解），将“己”解为私欲。然下文“为仁由己”，都指己身，将先后的两个己字作不同理解，终觉不妥。

试译如下：

颜渊问仁道。孔子说：“约束自己，恢复礼乐制度，就是仁道。有一天能够约束自己恢复礼乐制度，天下就回归仁道了。践行仁道依靠自己，哪能依靠别人呢？”颜渊说：“请问践行仁道要做什么？”孔子说：“不合礼制的不看，不合礼制的不听，不合礼制的不说，不合礼制的不做。”颜渊说：“我虽不聪敏，请让我按照这个话去做吧。”

有人困惑：“孔子说：一日克己复礼，天下归仁焉。这也说得太玄乎了。克己复礼有那么大的神通吗？你一克己复礼，天下就纷纷归仁了。如果这么简单，咱请一个大儒来克一下己行一下礼，天下就太平了，岂不是好？！”

儒家极高明而道中庸，何至于这么幼稚儿戏又玄乎搞怪？礼，是儒家文物典章制度的总称，包括各种政治、社会、道德规范及祭祀、军旅冠、婚丧葬、朝聘、会盟等等方面的典礼。克己是内圣，复礼是重建王道政治，属外王。孔子这句话可以说是儒家思想的总括和纲要，集内圣外王之全。

周礼是小康之礼的最高。在大道不行、大同渺茫的时代，小康不失为一种比较现实而值得追求的社会理想，故孔子对周礼颇崇尚，在《论语》中多次谈到。如，子曰：“周监乎二代，郁郁乎文哉，吾从周。”（《八佾》）“周之德，其可谓至德也。”（《泰伯》）“如有用我者，吾其为东周乎！”（《阳货》）“甚矣！吾衰也，久矣吾不复梦见周公。”（《述而》）

禮記集說

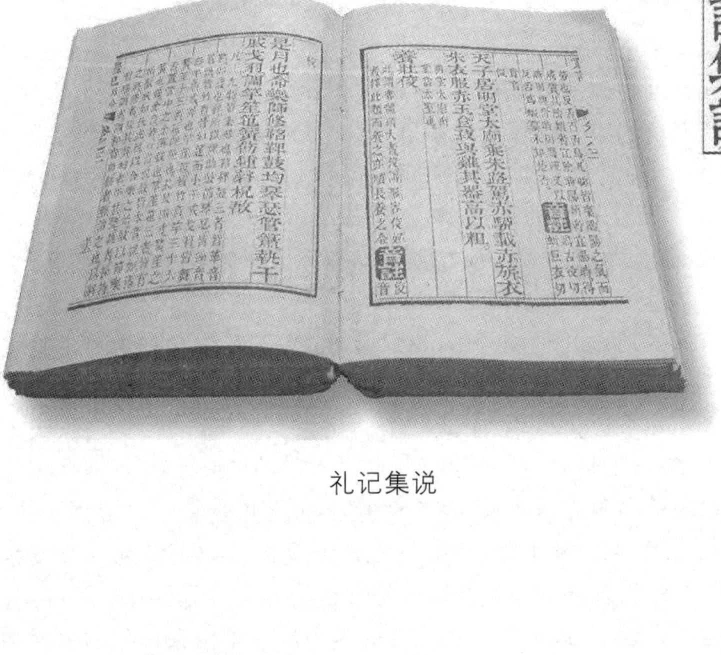

礼记集说

如果人们,特别是担负领导和管理事务的政治家能够严格要求和约束自己,努力恢复西周的礼乐制度,就有希望天下重归仁道,再获升平。

克己是个人道德修养,复礼是政治社会实践;克己是独善其身,复礼是兼善天下;克己是为了成己之性、成就自己的仁,复礼是为了成人之性和曲成万物,仁及天下国家。克己是复礼的内圣基础,复礼是克己的外王实践。克己可以为复礼提供内在力量,复礼的努力则可以让克己更加到位。克己复礼一体同仁,而克己是更加根本性的,是外王的基础、仁道的根本。复礼有待于一定的外在条件,克己则无所倚,一切全靠自己。所以孔子接着强调"为仁由己"。

另外,礼虽属于外王范畴,同时也是内圣追求的重要条目和辅助工具,具有约束自己的功能,所谓"博学于文,约之以礼"。所以接下去孔子告诉颜渊要"四勿"(非礼勿视等)。"四勿"属于克己功夫。

二　礼的政治功能

儒家礼制,礼乐刑政兼备,"礼节民心,乐和民声,政以行之,刑以防之,礼乐刑政,四达而不悖,则王道备矣"。(《礼记·乐记》)关于礼的政治功能,汉朝贾谊上书中有一段话讲得很透彻。他说:

> 凡人之智,能见已然,不能见将然。夫礼者禁于将然之前,而法者禁于已然之后。是故法之所为用易见,而礼之所为生难知也。……曰礼云礼云者,贵绝恶于未萌,而起教于微眇,使民日迁善远罪而不自知也。(《汉书·贾谊传》)

"凡人之智,能见已然,不能见将然。夫礼者,禁于将然之前;而法者,禁于已然之后。"这段话同时见于《大戴礼记·礼察》,礼与法既有联系又有区别,互为表里,相辅相成,法重在惩罚犯罪之后,礼重在防患于未然。这是儒家共识。《唐律释义序》也说:"夫礼者民之防,刑者礼之表,二者相须,犹口与舌然。礼禁未萌之前,法制已然之后。"

《荀子》有一篇礼之赋，对礼之功能和意义的伟大予以高度赞美。他写道：

> 爰有大物，非丝非帛，文理成章。非日非月，为天下明。生者以寿，死者以葬，城郭以固，三军以强。粹而王，驳而伯，无一焉而亡。臣愚不识，敢请之王。王曰：此夫文而不采者欤？简然易知而致有理者欤？君子所敬而小人所不者欤？性不得则若禽兽，性得之则甚雅似者欤？匹夫隆之则为圣人，诸侯隆之则一四海者欤？致明而约，甚顺而体，请归之礼。（《荀子·赋篇》）

大意是，于此有个大物，既非丝也非帛，却文理斐然成章。非太阳非月亮，却让天下大辉煌。它让活人尽天年，让死者得殡葬；城郭因之巩固，三军因之盛强。纯粹就能称王，错杂也能称霸，但是全无就会灭亡。我愚不知其详，特此请教大王。大王说：这东西是有文饰而非彩色的吗？是简单易懂而极有条理的吗？是君子所敬重而小人所不以为然的吗？是人性不得它熏陶就会禽兽化，人性得到它熏陶就会端正的吗？是匹夫尊崇它就能成圣人，诸侯尊崇它就能一统天下的吗？极其明白而又简约，非常顺理而又得体，请把它归结为礼。

大物，指礼。杨倞（liàng）注："夫人之大者莫过於礼，故谓之大物也。"清魏源《默觚下·治》："礼乐征伐，先王治世之大物也。""文理"语带双关，字面上承丝帛而言，指丝织品的花纹，实指礼乐制度。

荀子把政治人分为四个等级：卫国的成侯、嗣君是精于小聪明小算计，不懂争取民心；子产知道争取民心还不懂为政；管仲知道为政还不知道修礼。只有知道修礼的才是杰出的政治家。荀子的结论是"修礼者王，为政者强，取民者安，聚敛者亡"。（《资治通鉴》）

《荀子·王制》又强调：

> 修礼者王，为政者强，取民者安，聚敛者亡。故王者富民，霸者富士，仅存之国富大夫，亡国富筐箧、实府库。筐箧已富、府库已实而百姓贫，夫是之谓上溢而下漏，入不可以守，出不可以战，则倾覆灭亡可立而待也。

王道使民众富足，霸道使士人富足，勉强维持的国家只使大夫富足，亡国之君则只会装足自己的箱子、塞满自家仓库，却让百姓贫困，这叫做上面漫溢下面漏水。这样的国家，内不能防守，外不能征战，那么垮台灭亡当然指日可待。

可见，政治是否有礼，是关系到国家政权生死存亡的大事。

荀子重礼，重视道德，但他对人之本性的认知有误，误认习性为本性了。这一错误流弊极大，造成了礼的根本精神的缺失。我称之为“儒门外道”，重礼，所以儒；人性论错误，所以外道。到了他的弟子韩非子和李斯，就完全背离儒家了。

三　周公致太平之迹

儒家德治是礼制。礼的精神一以贯之，礼的形式则因时而异，不同王朝的礼制规范不尽相同。如三代之礼，同中有异，后代对前朝礼制，既有继承仿效，又有斟酌损益。周礼，即周朝的礼乐制度。

周礼的创意、制订、落实和完善有一个颇长的过程。我认为是：始于文王，成于周公，盛于成康，周穆王时进一步完善之。

从《礼记·文王世子》中可见，周族从文王开始是怎样重视对世子及贵族子弟的礼乐教育的。

当然，夏商周之礼不仅精神一脉相承，周礼在具体的规范设置上也大量吸收了夏商礼制的精华。《礼记·文王世子》引《记》曰：“虞、夏、商、周有师保，有疑丞。设四辅及三公，不必备，唯其人。”

周朝建立后，周公吸取夏、商精华，依据文、武基础，制订健全了周礼。这样的礼制当然特别完善周密，难怪孔子赞叹：“郁郁乎文哉，吾从周。”春秋时代，孔子以前的人如师服、内史过等，与孔子同时的人如叔向、晏婴、游吉等，论礼的很多。当然，论礼最多的首推孔子。

《礼记》所说之礼，主要是周礼。

《尚书·雒诰》大传云：“周公摄政，六年制礼作乐，七年致政。”周公摄政，第六年制礼作乐，第七年归政于成王。

《维天之命》是《周颂》的第二篇，为祭祀周文王之作。《毛诗序》谓“大平告文王也”，经学大师郑玄笺云：“告大平者，居摄五年之末也。文王受命，不卒而崩，今天下太平，故承其意而告之，明六年制礼作乐。”郑玄认为《维天之命》作于周公摄政五年之冬，另有学者认为当作于周公居摄六年之末，但对周公摄政期间制礼作乐皆无异议。

《雒诰》周公曰：“王肇称殷礼，祀于新邑，咸秩无文。”郑注云：“周公制礼乐既成，不使成王即用周礼，仍令用殷礼者，欲待明年即政，告神受职，然后班行周礼，班讫始得用周礼，故告神且用殷礼也。”周公摄政六年制礼作乐已成，但当时成王告神之礼用的仍然是殷礼，周公是要归政之后才让成王正式启用他制作的周礼。

《史记·鲁周公世家》：“成王在丰，天下已安，周之官政未次序，于是周公作《周官》，官别其宜。”周公所作《周官》早轶。古文《尚书》有一篇《周官》，是周成王所作。

《周官》是古文经学最重要的典籍之一。西汉的景帝、武帝之际，河间献王刘德从民间征得一批古书，其中一部名为《周官》。原书当有天官、地官、春官、夏官、秋官、冬官等六篇，冬官篇已亡，汉儒取性质与之相似的《考工记》补其缺。王莽时，因刘歆奏请，《周官》被列入学官，并更名为《周礼》。

东汉末，郑玄为《周礼》作了出色的注，《周礼》与《仪礼》《礼记》并称为《三礼》，并位居“三礼”之首。在儒家“十三经”中，它是唯一一部阐述儒家古代家天下理想官制的典籍，对中国古代官制的置建产生过深远的影响。

本书是否周公手作，已不可考，对其具体成书年代和作者众说纷纭。主要有以下几种意见：一、成书周公之手。二、作于西周。三、作于春秋。四、作于周室东迁之后，战国之前。五、成书于春秋战国之际，写定者可能是孔子及其弟子。六、成书于战国。

以上诸种说法，至今难以定论。东海认为，《周礼》作者未必是周公，但一定是位“集五帝三代之大成”的儒家大人、大政治家，其指导思想完全是儒家的，其礼制无疑姓“周”（周朝和周公）。或许周公不能完全落实，或许只是后人带有理想色彩的附加，但该经大体上体现了周公的礼制蓝图，不愧为“周公致太平之迹”。

《周礼》成书时间以西周的可能性较大，至少不晚于春秋。作者是搜集周朝礼制（范围包括各诸侯国），附加儒家政治理想汇编而成，是中国最早和最完整的官制记录，也是世界上古代最完整的官制记录，是一部通过具体制度来表达儒家政治理论、治国方案的经典。

《周礼》全书六篇，即《天官冢宰》《地官司徒》《春官宗伯》《夏官司马》《秋官司寇》《冬官司空》，各篇分为上下卷，共 12 卷。其中，《冬官司空》早佚，到汉时补以《考工记》。

《周礼》包括邦国建制、政法文教、礼乐兵刑、赋税度支、膳食衣饰、寝庙车马、农商医卜、工艺制作，大至天下九州，天文历象；小至沟洫道路，草木虫鱼，无所不包。所记载的礼的体系颇为系统，既有祭祀、朝觐、封国、巡狩、丧葬等的国家大典，也有如用鼎制度、乐悬制度、车骑制度、服饰制度、礼玉制度等的具体规制，还有各种礼器的等级、组合、形制、度数的记载。

《周礼》提出了一系列设官分职的原则，对政府机构的设置及其管理，有详细的安排和说明，对于后代政治体制产生了重大影响。如从隋代开始实行的“三省六部制”，其中六部就是仿照《周礼》的六官设置的。唐代将六部之名定为吏、户、礼、兵、刑、工，作为中央官制的主体，为后世一直沿用，直到清亡。

《周礼》的政治思想和实践，《天官》概括为六典和八法、八则、八柄、八统、九职、九赋、九式、九贡、九两等十大法则。六典分为治典、教典、礼典、政典、刑典、事典，内容分别是：

> 一曰治典，以经邦国，以治官府，以纪万民；二曰教典，以安邦国，以教官府，以扰万民；三曰礼典，以和邦国，以统百官，以谐万民；四曰政典，以平邦国，以政百官，以均万民；五曰刑典，以诘邦国，以刑百官，以纠万民；六曰事典，以富邦国，以任百官，以生万民。

六典相当于六官的行政法。天官冢宰（大宰）是天官之首，也是六官之首，管辖所有的中央行政机关，对行政机关的工作负总责。天官总的工作原则和目的有：八法、八则、八柄、八统、九职、九赋、九式、九贡、九两。

小宰是大宰副手，除辅佐大宰的工作之外，还执掌六叙、六属、六职、六联、八成、六计、七事,具体管理官吏的工作协调和业绩考核,详见《地官》《春官》《夏官》《秋官》的阐述。

《周礼》实行德主刑辅、礼本刑用的方针。秋官掌管司法,秋官首长为大司寇,具体的职责和工作原则是:掌建邦之三典,以佐王刑邦国,诘四方。一曰刑新国用轻典;二曰刑平国用中典;三曰刑乱国用重典。以五刑纠万民:一曰野刑,上功纠力;二曰军刑,上命纠守;三曰乡刑,上德纠孝;四曰官刑,上能纠职;五曰国刑,上愿纠暴。

小司寇掌外朝之政。在处理刑事诉讼时,要用五听八议三刺之法。五听为:辞听、色听、气听、耳听、目听;八议为:议亲、议故、议贤、议能、议功、议贵、议勤、议宾;三刺为:讯群臣、讯群吏、讯万民。后人还有三宥三赦,三赦为:幼弱、老耄、愚蠢;三宥为:弗识、过失、遗忘。辅佐司寇的官员有:司民、司刑、司刺、司约、司盟等。

各地方负责刑事诉讼的有:乡士、遂士、县士、方士、讶士、朝士。在《地官》中有多处"其附于刑者,归于士"的记载,表明刑事诉讼与一般民间诉讼、行政处罚的程序和负责机关有一定的区别和分工。负责治安的有:布宪、禁杀戮、禁暴氏、野庐氏(管理交通)、司寤氏、司烜氏、条狼氏等。另外还有负责驱除有害动物的,有:冥氏、庶氏、穴氏、翼氏、哲簇氏、翦氏、蝈氏、壶涿氏、庭氏等。

《周礼》中其他《地官司徒》《春官宗伯》《夏官司马》《冬官司空》的工作职责和内容,兹不详论。值得一提的是,《周礼》中有中国的契约传统:

> 司约掌邦国及万民之约剂。治神之约为上,治民之约次之,治地之约次之,治功之约次之,治器之约次之,治挚之约次之。凡大约剂书於宗彝,小约剂书於丹图。若有讼者,则珥而辟藏,其不信者服墨刑。若大乱,则六官辟藏,其不信者杀。

司约,即管理契约文书的法官;约剂,即契约文书;治民之约,是帝王与万民订立的契约文书,规定了万民缴税的义务、权利,以及民众迁移、买卖赊欠、和解等规则。约书用丹朱刻于竹帛,藏于府库,凡出现争讼,则开府取出约书,违背约书者受墨刑。孔子说"约之以礼",礼法,是一种规范、约束,也是一种契约。

"惟王建国,辨方正位,体国经野,设官分职,以为民极。"这是

《周礼》开篇《天官》开首的一句话。以后的《地官》直至《秋官》各篇，都以它开宗明义，可见重视和强调的程度。王的核心地位在此被规定。所谓王道，是以为代表道的最高领导。儒家理想社会的一切都依循王道渐次展开。

《周礼》中，王阳臣阴，以王为尊，王超然于六官之上，但并非可以为所欲为，并非"一人肆于民上，以从其淫"。王权也要受到礼制相应的制约。王与百官，各守其职，共治天下。百官治其目总其凡，王携其纲应其变。若有冲突，王需与百官商议解决。

《周礼·秋官·司寇第五》规定，有军国大事，如徙都他迁、无嫡选庶、外敌入侵之类，都要召集百姓咨询意见。《地官·师氏》《保氏》规定，师保对王有教育导善和匡正谏议之责。《周礼》还设计了一系列制度，限制王的开支。

四 温良恭俭让

礼让礼让，知礼者必能让。儒家特别看重这个让字。温良恭俭让，是孔子的德行，也是孔子待人接物的态度和了解各国政事的方法。《论语》记载：

> 子禽问于子贡曰："夫子至于是邦也，必闻其政，求之与，抑与之与？"子贡曰："夫子温、良、恭、俭、让以得之。夫子之求之也，其诸异乎人之求之与？"（《学而》）

子禽问子贡："老师每到一个诸侯国，一定会了解那国的政事，是他求来的呢，还是别人主动告诉他的呢？"子贡说："老师是靠温和、良善、庄敬、节制、谦逊而了解政事的。老师的求法，大概与别人的求法不同吧？"

温良恭俭让，是孔子的盛德光辉在待人接物方面的表现。因此，每到一个诸侯国，别人总会主动告诉他该国的政治情况。当然，这是内在修养的自然表露，并非"求人"的手段。朱熹在《论语集注》中说：

> 温，和厚也。良，易直也。恭，庄敬也。俭，节制也。让，谦逊也。五者，夫子之盛德光辉接于人者也。夫子未尝求之，但

其德容如是，故时君敬信，自以其政就而问之耳，非若他人必求之而后得也。圣人过化存神之妙，未易窥测，然即此而观，则其德盛礼恭而不愿乎外，亦可见矣，学者所当潜心而勉学也。

温良恭俭让，都是礼字应有之义，《曲礼》指出："礼主敬"，故温良恭俭让可以归结为一个敬字。不仅要敬贤者，敬父母，敬师尊，敬长辈，还要敬庶民。《曲礼》有"虽负贩者必有尊"之说，即使是走街串巷的小贩，也有他的人格尊严，也应该给予尊重。

"礼者，自卑而尊人。"态度谦下，尊重他人，这是礼的基本要求。反过来，自尊而卑人，高高在上，唯我独尊，轻贱奴视他人，就是非礼。因此，温良恭俭让又可以归结为一个谦字，与《易经》谦卦相通。《说文》曰："谦，敬也。"能敬人，必有一种谦和的心态（谦卦放在"知易"中讲）。

温良恭俭让，不仅是德行，也是避祸躲灾的智慧。过于无礼张扬，有可能招来无妄之灾。古今中外这种例子太多了。《淮南子·人间训》中有个"鸢堕腐鼠而虞氏以亡"的故事，南北朝时梁元帝萧绎的《金楼子》将此故事作了简化：

梁有富人虞氏，财资无量，登高楼，临大路，陈酒博弈其上。楼下侠客相随而行，楼上博弈者争采而笑，会飞鸢坠腐鼠，正中侠客。侠客闻楼上笑，谓虞氏以鼠投己，夜聚，攻灭虞氏。

这个虞家灭得可谓冤枉之极。可是，这个无妄之灾，正是他们富贵自满，张扬过度而招来的。

如果说温良恭俭让的让，是态度的谦逊，是盛德光辉的自然流露，那么，泰伯三让天下，则表现了对权位的礼让。《论语·泰伯》中，孔子赞叹道："泰伯其可谓至德也已矣，三以天下让，民无得而称焉。"说的就是这个历史故事。

古公亶父被尊称为周太王，是周文王的祖父，古公亶父在周人发展史上是一个上承后稷公刘之伟业，下启文王武王之盛世的关键人物。古公去世后，他的小儿子季历继位，后来季历又传位给姬昌（即周文王）。

古公亶父有三个儿子：太伯（也称泰伯）、虞仲和季历。古公亶父在位时，特别喜欢孙子姬昌，因为预见姬昌有圣德。但是周人的传统是长子为裔，而姬昌是他三儿子季历的儿子。太伯、虞仲明白古公亶父的心思，欲让位给季历，就出游荆楚，在夷蛮之地断发文身。泰伯后成为周代吴国始祖。

泰伯出走，一让天下；太王死后不回来奔丧，以便让季历继承王位，二让天下；季历死后也不回来，以便让姬昌顺利继承王位，三让天下。

五　禅让制

最高境界的让，让之大者，则是制度性的禅让。这是儒家王道政治的古代最高境界。东海在《儒文化实践史》中称之为“大同王道的原始模式”。王道政治可以分为两种：大同王道和小康王道，孔孟与其门徒及后儒虽怀抱大同理想，但所追求的都是小康王道。

大同与小康之差，即公天下与家天下之别。家天下又有封建制与郡县制之分。夏商周为小康王道的封建模式，汉唐宋为小康王道的郡县模式。秦汉以后，即使儒式政权，也无圣贤为王，故汉唐宋虽优，于王道二字仍要大打折扣。

儒家理想极大：天下大同，天下为公。但“天下为家”时代，在礼崩乐坏的据乱世，追求大同完全不切实际，故设置次一级理想，这就将理想性和现实性紧密结合起来了。

禅让制，上古时期的禅让制度，是中国上古时期推举部落联盟领袖或帝王让位给别人的一种方式，即各部落表决，以多数决定。

传黄帝得天下后，曾让位于许由，许由不受，黄帝连天下也不要了，隐居成道。这是黄老学派的传说，就算属实，黄帝禅让也未成功。据《史记》记载，黄帝传位于其孙子颛顼。一直到尧帝都是家族代代相传，尧也是黄帝后代。故可以说，尧帝传给舜帝，开创了禅让制的先河。

《书序》云：“昔在帝尧，聪明文思，光宅天下，将逊于位，让于虞舜，作《尧典》”，又云：“虞舜侧微，尧闻之聪明，将使嗣位，历试诸难，作《舜典》。”

《尚书·尧典》载：

> 帝曰："咨！四岳！朕在位七十载，汝能庸命巽朕位？"岳曰："否德忝帝位"。曰："明明扬侧陋。"师锡帝曰："有鳏在下，曰虞舜。"帝曰："俞，予闻。如何？"岳曰："瞽子，父顽，母嚚，象傲；克谐，以孝，烝烝，乂不格奸"。帝曰："我其试哉。"女于时，观厥刑于二女。厘降二女于妫汭，嫔于虞。帝曰："钦哉！"

帝尧说："啊，四方首领！我在位七十年了，你们中谁能顺承天命继任帝位呢？"四岳回答："无德，不能辱没帝位。"帝尧说："把近亲贵戚和隐匿民间的高明人才推荐上来。"众人一致向尧帝推举道："有个鳏夫在民间，叫虞舜。"帝尧说："对呀，我听说过。究竟怎样？"四岳说："他是瞽瞍的儿子。父亲顽固，母亲放肆，弟弟傲慢，他却能和谐相处，孝德美厚，正确处理家族事务。"帝尧说："我先试试他吧！"于是，命令两个女儿到妫水水湾，嫁给虞舜为妻以观察舜的德行。

关于尧考试和提拔舜之事，《孟子·万章上》载："帝使其子九男二女，百官牛羊仓廪备，以事舜于畎亩之中。"《尚书·舜典》：

> 曰若稽古，帝舜曰重华，协于帝。浚哲文明，温恭允塞。玄德升闻，乃命以位。慎徽五典，五典克从；纳于百揆，百揆时叙；宾于四门，四门穆穆；纳于大麓，烈风雷雨弗迷。帝曰："格，汝舜！询事考言，乃言厎可绩，三载！汝陟帝位。"舜让于德，弗嗣。正月上日，受终于文祖。

据考，舜帝名重华，与尧帝合德，智慧深远，文明温恭，美名传于天地。尧帝知道了，就授予他官位。舜真诚地实践"五典"（即《左传·文公十八年》中载的"父义、母慈、兄友、弟恭、子孝"），使人们都能遵从。舜受命总揽百官事务，百官事务井然有序；舜到四门迎接诸侯，四方诸侯肃然起敬；舜深入大山深林，疾风暴雨中也不迷失。经过三年的考察，尧帝认可了舜，对其说："你登上帝位吧！"舜谦让于有德者，不肯继位。但终于正月上旬，"受终于文祖"，在尧的太庙举行了政权交接仪式，于尧为禅位，于舜为摄政——代替尧摄行天子之政。

关于尧禅位于舜,《墨子·尚贤》说:“昔者舜耕于历山,陶于河濒,渔于雷泽,灰于常阳。尧得之服泽之阳,立为天子,使接天下之政,而治天下之民。”《吕氏春秋·去私》说:“尧有子十人,不与其子而授舜;舜有子九人,不与其子而授禹,至公也。”

《尚书》和《孟子》所载当最为权威。《史记·五帝本纪》综合了《尚书·尧典》诸书的内容,对此故事作了系统生动的叙述(《孟子》所载相关内容见下节)。

帝尧就帝位继承人征求意见的时候,曾有人推荐其子丹朱。然而被尧否决了。“帝曰:畴咨若时登庸?放齐曰:胤子朱启明。帝曰:吁!嚚讼,可乎?”(《尧典》)放齐为尧的臣子,八伯之一。尧否决丹朱的理由是:嚚讼。嚚(yín),口不道忠信之言;讼,好争辩。

在《尚书·益稷》中,帝曰:“无若丹朱傲,惟慢游是好,傲虐是作,罔昼夜頟頟。罔水行舟,朋淫于家,用殄厥世。”这里的帝是舜帝。这时尧已去世,舜为帝已久。舜帝对益和禹指出若丹的毛病,有傲慢、懒惰逸乐、好戏谑、昼夜纵恣为恶、乘船游玩、在家里成群淫乱等等,希望引以为鉴。

《史记·五帝本纪》载:

> 尧知子丹朱之不肖,不足以授天下,于是乃权授舜。授舜,则天下得其利而丹朱病;授丹朱,则天下病而丹朱得其利。尧曰:“终不以天下之病而利一人。”而卒授舜以天下。

孔子盛赞:“大哉尧之为君也!巍巍乎,唯天为大,唯尧则之,荡荡乎民无能名焉,巍巍乎,其有成功也,焕乎其有文章。”(《论语·泰伯》)

这里的文章,指礼乐典章制度。“荡荡乎民无能名焉”,可谓政治的最高境界,相当于老子“不知有之”的“太上”境界。老子说:“太上,不知有之。其次亲之,誉之。其次畏之,其次侮之。故信不足,焉有不信。犹兮其贵言,功成事遂,百姓皆谓我自然。”(《道德经》)

上古圣君,体天行道,所行皆合乎人情天理,人民顺其自然各随所安,互不相扰自然祥和,所谓“帝力于我何有哉”,根本感觉不到帝王权力的存在,更不知道怎么歌功颂德了。《论衡·艺增》引

《传》曰："有年五十击壤于路者，观者曰：大哉尧德乎！击壤者曰：吾日出而作，日入而息，凿井而饮，耕田而食，尧何等力？"这就相当于"荡荡乎民无能名焉"的表现。

帝尧也确实当得起孔子"大哉""巍巍乎"这样的称赞。大道之行也，天下为公，尧完全做到了。

《说苑至公》曰："《书》曰：不偏不党，王道荡荡，言至公也。古有行大公者，帝尧是也。贵为天子，富有天下，得舜而传之，不私于其子孙也。去天下若遗，于天下犹然，况其细于天下乎！非帝尧孰能行之？"

十一 知言

诐辞知其所蔽，淫辞知其所陷，邪辞知其所离，遁辞知其所穷。

——孟子

一　知言的重要

语言是了解他人和让他人了解自己最重要的方式和渠道。不知言，无以知人也。刘恭冕说："言者心声，言有是非，故听而别之，则人之是非亦知也。"知言才能善言，不善言，难以让他人了解自己。孔子对言语的重要性有深刻的理解。孔门四科：德行、政事、言语、文学。文学科广义上也可以列入言语。

古人云："贤臣择主而事，明主择臣而使。"用现代话说，贤明的下属选择上司，贤明的上司也选择下属。这种相互选择的过程，离不开语言的媒介。周文王见到姜太公、成汤见到伊尹、齐桓公见到管子、刘备见到诸葛孔明等，无不"与语大悦"，与他对话，听他说话，大大的高兴。

知言，是儒智的要点。公孙丑问孟子说："敢问夫子恶乎长？"孟子的回答是："我知言，我善养吾浩然之气。"（《孟子·公孙丑上》）把"知言"和"善养吾浩然之气"并列在一起，并且放在前面，足见孟子对知言的重视和自负。什么是知言呢？孟子说：

> 诐辞知其所蔽，淫辞知其所陷，邪辞知其所离，遁辞知其所穷。生于其心，害于其政；发于其政，害于其事。圣人复起，必从吾言矣。（《孟子·公孙丑上》）

孟子说，对于偏颇极端的言论，能知道哪里片面；对于夸张过激的言论，能知道它哪里有漏洞和缺陷；对于邪知邪见，知道它什么地方悖离了正道；对于躲躲闪闪的言论，知道它理屈词穷的地方。其后，赵岐在《孟子章句》中对知言作了进一步诠释："孟子云：我闻人言，能知其情所趋。"

丁谓诗有"天门九重开，终当掉臂入"。王禹偁读之曰："入公门,鞠躬如也,天门岂可掉臂入乎！此人必不忠!”后如其言(见冯梦龙《智囊全集》)。这则故事体现了王禹偁一定的知言之明。

王禹偁是北宋大文人,被誉为北宋诗文革新的先驱,他善于发现、奖掖人才,喜欢提拔扶携后进。但王禹偁对丁谓,既有奖掖,也有批评,既盛赞其才学,又曾告诫其勿“与世浮沉,自毁名节”。但丁谓不听劝告,后来成为欺妄乱政的佞臣。他为谄谀皇帝大造宫观,伪造祥异,勾结宦官,为世人所不齿。

《周易系辞》说:“将叛者其辞惭,中心疑者其辞枝,吉人之辞寡,躁人之辞多,诬善之人其辞游,失其守者其辞屈。”这就是知言的表现。孟子和《易经》的知言,指善于分析别人的言语,从语言文字中了解他人。其实知言的内涵很丰富,如善言就是知言的表现,即善于劝说、说理、诱导和辩论,能够辨别各种思想学说的是非正邪等等。

其实,不管是否贤明,能取得一定成功的,必有这种知言之能,上司下属都一样。如商鞅,无耻小人耳,但在说服秦孝公的时候,也充分展示了语言的艺术。

曹操堪称知言知人的典型。荀彧投奔曹操,“操与语大悦,曰:此吾之子房也！遂以为行军司马。”曹操征召荀攸,也是“与语大悦”,说:“公达,非常人也。吾得与之计事,天下当何忧哉!”请郭嘉来到兖州共论天下事,喜曰:“使孤成大事者,必此人也。”与之谈论,终日不倦。曹操能够知人善任,识才用才,与他高度的知言能力密切相关,也与那些人善言密切相关。

曹操手下的谋士有荀彧、郭嘉、程昱、崔琰、荀攸、刘晔、满庞、吕虔、毛阶等,天下人才,曹营为最。对曹操人品极为不屑的洪迈先生,把自己划在“我虽有酒,不祀曹魏”之列,但他也不得不承认若论“识才”,曹操“实后世之所难及”。

知言善言,可得到“明主”的重用;不知言,轻则丧失机遇,重则丧失性命。吕布就是个不知人也不知言的小人加蛮夫。史载,吕布见到刘备,很尊重他。但刘备发现吕布语言无常,外表虽然表示认可,心里很不喜欢。

原文是:“布见备,甚尊敬之。备见布语言无常,外然之而内不悦。”短短一段话,把吕布刘备两个人的性格特征都描述出来了。后来吕布落在曹操手里，希望曹操饶他一命，并要求刘备帮着说个情。曹操犹豫不决。想不到刘备落井下石，提醒曹操：您忘了丁原、董卓的下场了吗？此言一出，无异吕布的催命符，吕布死定矣。

二 君子不失言

> 子曰："可与言而不与之言，失人；不可与言而与之言，失言。知者不失人，亦不失言。"（《论语·卫灵公》）

对可以交谈、值得交流的人闭口不言，会失人，错过了良师益友或者志士人才；与不可以交谈、不值得交流的人交谈交流，是失言，不仅浪费时间精力，浪费口舌言语，不自重不自尊，而且影响了"道"的尊严。一般人自尊过度，容易失人；热心过度，又容易失言。只有大智慧者，才能做到既不失人又不失言。

孔子又指出："侍于君子有三愆：言未及之而言谓之躁，言及之而不言谓之隐，未见颜色而言谓之瞽。"（《论语·季氏》）该说话时不说，不该说话时抢着说，不顾对方兴趣意向乱说一通，这三种表现都是失言。

这三种过失，任何人都可能犯，之所以特别把"侍于君子"提出来，是因为君子言动以礼，这三种过失在君子面前更容易被发现，犯于君子也更为严重。马培路说："君子性平，故言未及之而言，能觉其躁；君子坦荡，故言及之而不言，能察其隐；君子性明，故未见颜色而言，能感其瞽。"《礼记·表记》记载孔子的话：

> 君子不失足于人，不失色于人，不失口于人，是故，君子貌足畏也，色足惮也，言足信也。《甫刑》曰："敬忌，罔有择言在躬。"（《礼记·表记》）

不失足，指举止得体；不失色，指仪表庄重；不失口，指言语慎重。君子外貌足以使人敬畏，仪表足以使人感到威严，言语足以让人信服。《甫刑》中的原话是"敬忌，罔有择言在身"。意谓有敬有戒，自身不说坏话。择，败也。择言，指败言，坏话。

荀子说：

> 未可与言而言谓之傲,可与言而不言谓之隐,不观气色而言谓之瞽,故君子不傲、不隐、不瞽,谨顺其身。

意思是说,不可以对他说却说了,叫做急躁;可以对他说却不说,叫做隐瞒;不观察对方的气色就和他说,叫做盲目。君子不急躁、不隐瞒、不盲目,谨慎地根据对方的情况发言。

失言妨道。关此,《集释》中引《中论贵言篇》的一段论述值得参考:

> 君子必贵其言。贵其言则尊其身,尊其身则重其道,重其道所以立其教;言费则身贱,身贱则道轻,道轻则教废,故君子非其人则弗与之言。

子曰:“中人以下,不可以语上也”(《论语·雍也》),对“中人以下”讲述高妙的道理,就是失言;子曰:“忠告而善导之,不可则止,毋自辱焉”(《论语·颜渊》),对待朋友当然要忠告而善导之,但如果开导了,对方还不接受,还要絮叨不止,就失言了。

失言,一般情况是言而不信(别人不相信),反为人讥,但有时候失言是会闯大祸、贻大害、流大弊的。古人有句名言:“君不密丧国,臣不密丧身。”古今中外,因言取祸之事,多乎哉,太多了。因此,在关键时刻知道什么话该说、什么话不该说,避免说错话,非常重要。

《论语》记载,鲁定公问孔子,有没有一言兴邦、一言丧邦这回事,孔子认为话不可以说得这么死,但不是没有道理的。易言之,孔子对“一言兴邦、一言丧邦”这种说法持局部肯定的态度。《论语》原文是:

> 定公问:“一言而可以兴邦,有诸?”孔子对曰:“言不可以若是,其几也。人之言曰:‘为君难,为臣不易。’如知为君之难也,不几乎一言而兴邦乎?”曰:“一言而丧邦,有诸?”孔子对曰:“言不可以若是,其几也,人之言曰:‘予无乐乎为君,唯其言而莫予违也。’如其善而莫之违也,不亦善乎?如不善而莫之违也,不几乎一言而丧邦乎?”(《论语·子路》)

几,接近。“言不可以若是,其几也”,意谓未必如此(一言而可以兴邦),但是一句有道理的话可与“一言兴邦”接近。一说,几,期望,句意谓不能期望一句话能有这样的效果,即不能这般去期待语言。亦通。

一言可以兴邦,应是当时有此成语。定公拿来问孔子,或有贪图政治捷径之意。孔子的回答很巧妙——哪有如此灵妙之言,可以一言而兴邦!但如果能令君主知道为君之难,是大有利于兴邦的。“为君难为臣不易”不就是一句话吗?“一言丧邦”也是如此。如果君主以“唯其言而莫予违也”为乐,迟早要败国丧邦。“唯其言而莫予违也”不也是一句话吗?

知言,不失言,就要慎言。关于慎言,儒家有很多教导。《易经》中,孔子解中孚九二爻辞的时候说了一段话,提醒君子要谨言慎行:

> 子曰:君子居其室,出其言善,则千里之外应之,况其迩者乎?居其室,出其言不善,则千里之外违之,况其迩者乎?言出乎身,加乎民,行发乎迩,见乎远。言行,君子之枢机。枢机之发,荣辱之主也。言行,君子之所以动天地也,可不慎乎?(《周易·系辞上传》)

这里的君子,是就位而言。君子居于家中发出善言,千里之外都会积极响应,何况身边的人?发出不善之言,千里之外也会违逆背离,何况身边的人?君子的言论会造成社会性影响,他们眼前的行为会产生深远的影响。他们的言行就像枢机之发,发而中节,远近响应;发而失当,自取败辱。言语和行为是君子借以影响天地万物、参赞天地化育的,怎么能不谨慎呢?

《易经》颐卦象曰:“山下有雷,颐。君子以慎言语,节饮食。”本卦上卦为艮为山,下卦为震为雷,雷出山中,万物萌发,这是颐卦的卦象。君子观此卦象,当思生养不易,谨慎言语,避免灾祸;节制饮食,修身养性。

程颐《四箴·言箴》说:“人心之动,因言以宣。发禁躁妄,内斯静专。矧是枢机,兴戎出好。吉凶荣辱,惟其所召。”大意是,人心的发动借助语言传达,如能平息躁动的妄念,内心就可专注宁静。说话很关键,话说得怎样,能引起纷争,也能带来和平。吉凶荣辱往往是话语招来的。《朱子家训》里边就说，“病从口入，祸从口出”。说错了话，容易招来大祸。

汉朝刘向《说苑·敬慎》记载：“孔子之周，观于太庙，右阶之前有金人焉。三缄其口，而铭其背曰：古之慎言人也，戒之哉，戒之哉！无多言，多言多败。”后人便以“三缄其口”比喻慎言。

不过，这个故事不见于儒家经典和先秦典籍，应非真实。另外，多言未必多败，未必不慎言。太史公说：“六艺经传以千万数，累世不能通其学，当年不能究其礼。”（《史记·太史公自序》）可见秦始皇焚书坑儒和项羽火烧阿房宫之前，儒家经卷之丰富。儒言何尝不多哉。

曾子说：“君子终日言，不在尤之中。”（《大戴礼记》）左丘明云：“仁人之言，其利溥哉！”仁人之言，理真义正，利人利世，利益广大，当然多多益善。

三　君子无戏言

知言必贵言，贵重其言。《中论·贵言》说：“君子必贵其言，贵其言则尊其身，尊其身则重其道，重其道所以立其教。”又引孔子曰：“惟君子然后能贵其言，贵其色，小人能乎哉？”

贵言，一是要看对象，非其人不与之言；二是不妄语，没有把握的话，非正常的、假冒伪劣的话坚决不说。

儒家有“天子无戏言”的说法。《史记·晋世家》载：

> 武王崩，成王立，唐有乱，周公诛灭唐。成王与叔虞戏，剪桐叶为珪，以与叔虞，曰：“以此封若。”史佚因请择日立叔虞。成王曰：“吾与之戏耳”。史佚曰：“天子无戏言，言则史书之，礼成之，乐歌之。”

于是，成王遂封叔虞于唐。史佚，原名尹佚，尹逸，西周初年太史，德高望重，曾经随从周武王出征商纣王，记录了灭商时天上的星座和月相，凯旋后，命铸铜匠在利簋（gui）上浇铸下“岁鼎克闻夙有商”的铭文。利簋在20世纪70年代出土后，铭文被经学家解释为

“岁(木)星正当其位,在周的星土鹑火”。这一记载,使得3000年后国家“九五”规划重大科研项目“夏商周断代工程”借此确认周武王克商的准确日期为公元前1046年1月20日。

成王封其同母弟叔虞于唐时,史佚择吉日并记下了星象。《国语·晋语》载:“晋之始封也,岁在大火”,“岁在大火……唐叔以封。”周成王为公元前1042年继天子位,司马迁《史记·晋世家》载,唐叔之封在成王三年,因此,叔虞封唐的确切年代为公元前1040年。

“桐叶封弟”一事也见于《吕氏春秋·重言》,只是其中史佚改成了周公。“天子无戏言”这句话,不论是出自史佚还是周公之口,都是儒家圣贤所言。

君子无戏言,反过来,小人多戏言。有些戏言不仅缺德,而且招祸。古今愚昧轻薄之人戏言取败或送命的例子层出不穷。

最典型的是晋孝武帝。他即位时,改革税赋,又有谢安当国,被称为东晋末年的复兴。但他嗜酒成性,《晋书》说他“醒日既少”,最后因对他宠信的张贵人开了个玩笑,不明不白地丢了性命。《晋书·帝纪第九》记载:“时张贵人有宠,年几三十,帝戏之曰:‘汝以年当废矣。’贵人潜怒,向夕,帝醉,遂暴崩。”史书没有明言,显然是张贵人把他杀了。

赖国权先生说:“经无戏言”。此言大好。经指儒家经典,圣人所言为正经,贤人所言为副经。一切违反经典精神和原则的言论都属于戏言,即佛教所说的戏论。

不讲来世和天国,也体现了儒家的真诚、认真,知之为知之,不知为不知,不轻言没有把握的事物,不妄言没有经历和证悟的“东西”。信仰是超科学的,但不能反科学或违常识,否则就是迷信。孔孟之道极高妙,但建立在常情常理常识的基础上,符合人性政治社会之常,符合科学常识,富有科学精神。

正常、经常这两个词语值得深长思。正道、真理、正知见,首先必须正常,合情合理合乎常识。违反常情的道德要求,违背常理的真理宣示,颠覆常识的思想宣传,必然贻患无穷,值得高度警惕。儒家经典所说的道理,大中至正,最为正常,故说“经常”。

君子不苟言。是则是非则非,对就对错就错,一就一二就二,绝不苟言苟语苟同苟异。东海有一联自勉:君子于言无所苟,大人处世要全真。至于恶言,就更非君子所宜了。吕坤指出:“恶言如鸱枭之嗷,闲言如燕雀之喧,正言如狻猊之吼,仁言如鸾凤之鸣。以此思之,言可弗慎欤?”(《呻吟语》)

四　以理为尚

知言,慎言,必不狡辩,不诡辩。《资治通鉴》记载:

> 赵王封其弟胜为平原君。平原君好士,食客常数千人。有公孙龙者,善为坚白同异之辩,平原君客之。孔穿自鲁适赵,与公孙龙论臧三耳,龙甚辩析。子高弗应,俄而辞出,明日复见平原君。平原君曰:“畴昔公孙之言信辩也,先生以为何如?”对曰:“然。几能令臧三耳矣。虽然,实难!仆愿得又问于君:今谓三耳甚难而实非也,谓两耳甚易而实是也,不知君将从易而是者乎,其亦从难而非者乎?”平原君无以应。明日,谓公孙龙曰:“公无复与孔子高辩事也!其人理胜于辞,公辞胜于理。辞胜于理,终必受诎。”

“辞胜于理”,就是狡辩和诡辩,即《吕氏春秋》所说的:“辨而不当理”,“辨而不当论”,巧言善辩,但不符合道理和常识。

孔穿,字子高,鲁国人,孔子的七代孙,生卒时间不详,去世时51岁。曾受楚、赵等国礼聘任职,但都被孔穿婉拒。《公孙龙子》和《孔丛子》中记载他曾和公孙龙辩论过白马非马的问题,这里记载的是他在赵国公子平原君处与公孙龙讨论“臧三耳”。

关于“臧三耳”这个辩题,本身有歧义,见仁见智。主要有二,一说,臧,即臧获,古代对奴婢的贱称。臧三耳,就是说,奴婢有三只耳朵;一说,臧是隐藏,耳是虚词,而已。臧三耳,意谓三者不能同,必有一藏。如坚白之论,视之,则得“白”“石”而“坚”藏;抚之,则得“坚”“石”而“白”藏。总之必藏其三,不能“坚”“白”“石”同时而得。

依据《资治通鉴》文本,第一种解释才正确。针对公孙龙的旁征博引和滔滔雄辩,孔穿对平原君说,他的论证差不多让我相信臧获有三只耳朵了，而事实上只有两只耳朵，这是常识，是简单的事实，最复杂的雄辩也不能改变的事实。平原君无话可说，提醒公孙龙不要再与孔子高辩论了，因为："其人理胜于辞，公辞胜于理。辞胜于理，终必受绌。"

辞胜于理，这是古今中外，所有狡辩、诡辩的特征。党八股之所以不能真正打动人，根本原因就在于此。反常识、反常理的言论，无论怎么高明巧妙，都没有意义和价值，都是垃圾，就像现代大量媒体上的言论。《资治通鉴》接下去记载：

> 邹衍过赵，平原君使与公孙龙论白马非马之说。邹子曰："不可。夫辩者，别殊类使不相害，序异端使不相乱。抒意通指，明其所谓，使人与知焉，不务相迷也。故胜者不失其所守，不胜者得其所求。若是，故辩可为也。及至烦文以相假，饰辞以相惇（相惇 dun 相互取信），巧譬以相移，引人使不得及其意，如此害大道。夫缴纷争言而竞后息，不能无害君子，衍不为也。"座皆称善。公孙龙由是遂诎。

邹衍说：辩论，是为了区别不同类型，使它们不相侵害；排列不同概念和意见，让它们互不混淆。抒发自己的意旨和意见，表明自己的观点，让别人理解，而不是陷入困惑迷惘。如此胜利的一方不丧失自己的立场，失败的一方也能得到他所追求的真理。这样的辩论是可以进行的。如果用繁文缛节来作为凭据，用巧言饰辞来互相取信，用华丽词藻从偷换概念，使别人不得要领，就会妨害真理。那种缠绕不休纷乱不已，总要别人认输才肯住口的做法，有害君子风度，我邹衍是不干的。

邹衍是阴阳家，这段话却颇有儒家风味。诸子百家，异中有同，有相通处。越是良性的学说，相通处、共鸣点越多。孔子说："辨而不小。夫小辩破言，小言破义，小义破道。"（《大戴礼记·小辨》）

又说："小辩害义，小言破道。《关雎》兴于鸟，而君子美之，取其雄雌之有别；《鹿鸣》兴于兽，而君子大之，取其得食而相呼。若以鸟兽之名嫌之，固不可行也。"（《孔子家语·好生》）

《关雎》是用鸟来起兴的，君子喜欢赞美关雎，是因为它们"生有定偶而不相乱，偶常并游而不相狎"（朱熹《诗经集传》）。我们不

能因为它是鸟,就小看它。作为比喻,“但有一端之相似,即可取以为兴,虽鸟兽之名无嫌也。”(郑注《周礼天官司裘》)

《孔丛子·嘉言》记载:

> 宰我问:“君子尚辞乎?”孔子曰:“君子以理为尚。博而不要,非所察也。繁辞富说,非所听也。唯知者不失理。”孔子曰:“吾于予(宰予),取其言之近类也。于赐,取其言之切事也。近类则足以喻之,切事则足以惧之。”

孔子说:君子不关注不得要领、纷繁复杂的言辞,智者不丧失、违背道理。对于宰予,取其言论中可以类比的,于子贡,取其言论中切合事情的。可以类比则明白通晓,切合事情则因为击中要害而使人敬畏。

尚理,就是崇尚道理。不管是不是孔子所说,这个观点符合儒家原则。子路曾经问孔子:“君子尚勇乎?”孔子的回答是“义以为上”,体现了孔子因材施教的教育方针。子贡尚辞,多言好辩,故教之以尚理;子路尚勇,暴虎冯河,故教之以尚义。尚理尚义,都归结于尚德。

儒家反对强辩,但强调“明辨”,《中庸》说:博学之,审问之,慎思之,明辨之,笃行之。只有这样,才能从实质上区分事物,而不纠缠名词,不惑于名称而伤害大义、妨碍大道。

知言才能立言,才有立言的道德资格。儒家强调立德、立功、立言。立言也是一种功德,不过前提是,所立之言必须是正言、真言。

知识分子皆以著作等身为荣。如果是有识、有道之士,特别是儒家圣贤及佛道大德,但有言说,必是经典,当然著作越多越好,越多越光荣,功德越辉煌;如果是伪言巧言邪知邪见,则越多越有害,害人害己,著作等身,恶亦等身,纵获一时名利,却造千古罪孽,难逃圣贤法眼、正人齿冷。

五 择法之眼

知言,慎言,必不妄语,不乱说话。儒家强调非礼勿言。注意,这是一种道德警示，并不针对庶民。庶民只要不非法犯法即可。至于政治人和文化人，在儒家社会，则必须接受一定的道德制约，没有胡说八道的自由。西方社会也一样，政治人物如果发表了反文明、不道德的言论，轻者公开道歉，重则引咎辞职。

鼓吹、传播歪理邪说，属于大妄语业，报应很重。或说，知识分子的下场普遍比罪犯杀人犯更悲惨，这不符合善恶报应律。东海回答：知识分子最容易造口业，而口业是十恶中最大的恶业。口业包括妄语恶口两舌绮语。毁谤圣佛诬蔑真理，是最严重的妄语恶口，最大的口业，罪恶比五逆更大，不是一般杀人犯可比的。

儒家主张言论自由，言者无罪闻者足戒，反对以言治罪。业有身口意三种，唯身业适用法律。但是，并非口意二业就可以"不落因果"。因果报应是宇宙铁律，不以人的意志为转移。每个人的口业意业都会得到相应的"回报"，只不过报应的方式无数无量，非凡夫俗子所能逆料。

辨别各种观点、思想、学说、主义、文化的高低优劣和正邪，也属于知言的范畴。

朱熹说得好：

> "知言，知理也"，"苟不知言，则不能辨天下许多淫邪遁辞。将以为仁，不知其非仁；将以为义，不知其非义，则将何以集义而生此浩然之气？"（《朱子语类》卷五十二）
>
> "知言者，尽心知性，于凡天下之言，无不有以究极其理，而识其是非得失之所以然也。"（《孟子集注》）

伊藤仁斋指出："知言者，知言之邪正而不惑也。上自圣贤，下至于诸子百家之言，明知其是非邪正，而成败得失之所由亦无不避也。"（《孟子古义》）

《吕氏春秋》说："听言不可不察，不察则善不善不分，善不善不分，乱莫大焉。"察言，就是知言的表现之一。

真正的知言，需要法眼，即"择法之眼"。知常，才有法眼，才能发现它们的非正常、失常之处。歪理邪说，必然反常；异端外道，必非正常。如果一时没有法眼，赠君一法决狐疑：以儒家仁义原则为标准。儒家圣人证悟良知，其言最为真善圆满，对良知的阐说最透彻。对于华夷、义利、正邪、善恶、仁政恶政、君子小人之辨，儒家经典和圣人之言所提供的义理标准最为准确高明。

任何学说，只要异乎仁义之端，外于孔孟之道，即使是良性的，也必然不够中正，不够正常。孔子作春秋而乱臣贼子惧。对于妖魔，经典圣言是最可怕的照妖镜。

另外，如果缺乏择法之眼，不能从理论上分别某种主义的优劣正邪，可以从它的功能和效果来判断。例如，于欲望是克制还是解放，于信奉者是仁化还是物化，于社会是文化还是武化，于政治是导仁还是催暴，于制度是优化还是恶化，于道德是提升还是毁坏…

东海有一个铁判：古今中外文化产品，论营养可分为：无，低，中，高，极高；论毒性可分为：剧毒，有毒，轻毒，无毒。儒家营养最高绝对放心，佛道两家和自由主义既有营养又有微毒，法家无营养有剧毒。

另外，凡是认同"仁义道德吃人"这种观点者，避之为吉——无论什么人，也无论是品质问题还是智慧问题。这种人不是吃人就是被吃，或者边吃人边被吃，或者先吃人后被吃。易言之，这种人很容易成为灾难和厄运制造者，给亲人友人他人和自己带来厄运。

知言，一是能够通过言辞了解人品，二是能够通过理论辨别学术，认清该学术的高低优劣和正邪，不受其惑，不上其当。

六 巧于劝说

知言，还包括相当的进谏、言说、辩论、写作水平。冯梦龙说得好："谈言微中，足以解纷；言之无文，行之不远。君子一言以为知，一言以为不知，智泽于内，言溢于外。"(《智囊全集》)

知言者不一定是圣贤，但圣贤一定文章好、理论高、善于劝说、辩才无碍，因为圣贤一定具备文字智慧。

佛教有"三般若"的说法，即实相般若、观照般若、文字般若。般若，相当于智慧。佛教的"实相"，指的是真如佛性。佛教认为，凡所有相，皆是虚妄，惟真如为真实相，为众生之本来面目。一切经论文字都是文字般若；依照文字，解其义理，起观照行，则叫观照般若;若依观照,窥见心性,彻证实相,则是实相般若。文字是工具,观照是手段,实相是目的。

如果借佛教名相予以儒式理解的话,良知就是儒家的实相。良知是大德,也是大智,是德智到了至高处的圆满合一。圣人证入良知,贤人解悟良知,圣贤都有大智慧,兼具实相、观照、文字三种智慧。儒家经典就是文字智慧的结晶,从圣贤良知心流出,源于圣贤智慧,能开发读者智慧,提升读者品德。

知言必然善言,能言善辩,懂得说话的艺术,善于理论和劝说。佛教讲辩才无碍,荀子说君子必辩。荀子认为,为了更好地维护仁道和抵御各种邪说,君子一定要能言善辩,把论辩提高到探讨和捍卫真理的高度。《荀子·非相》载:

> 君子好辩。凡人莫不好言其所善,而君子为甚焉。是以小人辩言险而君子辩言仁也。言而非仁之中也,则其言不若其默也,其辩不若其呐也;言而仁之中也,则好言者上矣,不好言者下也。故仁言大矣。

大意是,君子一定能言善辩。大凡人没有不喜欢谈论他喜欢的东西的,君子尤其如此。小人谈论险恶而君子宣扬仁义。如言论不符合仁义之道,那么开口还不如沉默,善言还不如笨拙;言论如果符合仁义之道,那么善于言论者为上等,而不善于言论者为下等。所以合乎仁义的言论是伟大的。

有人认为"道德不是知识""它绝不是作为学问存在的""道德不是说出来的"云云,荀子的"言而仁之中也,则好言者上矣"就是最好的回答。某种意义上道德也是说出来的,只有道德具有知识性,道德教育才有可能性。孔子诲人不倦,释尊说法一生,孟子好辩好争,所诲所说所辩所争,归根结底无非道德二字。有了正确的道德知识(常识)、学问和道德观,理解认识了道德真义实相,才能起而行之。理论正确才能实践无误。

荀子进而把论辩分为小人之辩、君子之辩和圣人之辩三类。他说:

> 不先虑,不早谋,发之而当,成文而类,居错迁徙,应变不穷,是圣人之辩者也。先虑之,早谋之,斯须之言而足听,文而

致实，博而党正，是士君子之辩者也。

意谓不预先考虑，不早作谋划，一发言就很恰当，既富有文采又合乎礼法，措辞和改换话题都能应付自如，这是圣人的辩说；预先考虑好，及早谋划好，这样的发言也值得一听；既有文采又细密实在，既渊博又公正，这是士君子式的辩说。

荀子还介绍了辩论的方法：

谈说之术：矜庄以莅之，端诚以处之，坚强以持之，分别以喻之，譬称以明之，欣欢芬芗以送之，宝之珍之，贵之神之，如是则说常无不受。虽不说人，人莫不贵，夫是之谓为能贵其所贵。传曰：唯君子为能贵其所贵。此之谓也。

辩论的方法：严肃庄重地面对对方，端正诚恳地对待对方，坚守原则，用比喻的方法来启发对方，用分析的方法开导对方，要和颜悦色地对待对方，使自己的谈话显得宝贵、珍重、神妙。如果能够这样，那么辩论就没有行不通的了。即使不让人高兴，别人也不能不尊重他……

汉朝刘向在《说苑》中有《善说》篇，进一步阐述了儒家论辩术："辩之，明之，持之，固之。又中其人之所善，其言神而珍，白而分，能入于人心，如此说而不行者，天下未尝闻也，此之谓善说。"

《触龙说赵太后》是《战国策》中的名篇，触龙游说赵太后是中国游说史上一个非常高明的案例。此事《资治通鉴》也有记载：

秦伐赵，取三城。赵王新立，太后用事，求救于齐。齐人曰："必以长安君为质。"太后不可。齐师不出，大臣强谏。太后明谓左右曰："复言长安君为质者，老妇必唾其面！"左师触龙愿见太后，太后盛气而胥之入。左师公徐趋而坐。自谢曰："老臣病足，不得见久矣，窃自恕，而恐太后体之有所苦也，故愿望见太后。"太后曰："老妇恃辇而行。"曰："食得毋衰乎？"曰："恃粥耳。"太后不和之色稍解。左师公曰："老臣贱息舒祺最少，不肖，而臣衰，窃怜爱之。愿得补黑衣之缺，以卫王宫，昧死以闻！"太后曰："诺。年几何矣？"对曰："十五岁矣。虽少，愿及未填沟壑而托之。"太后曰："丈夫亦爱少子乎？"对曰："甚于妇人。"太后笑曰:"妇人异甚。"对曰:"老臣窃以为媪之爱燕后贤于长安君。"太后曰:"君过矣!不若长安君之甚。"左师公曰:"父母爱其子则为之计深远。媪之送燕后也,持其踵而泣,念其远也,亦哀之矣。已行,非不思也,祭祀则祝之曰:'必勿使反!'岂非为之计长久,为子孙相继为王也哉?"太后曰:"然。"左师公曰:"今三世以前,至于赵王之子孙为侯者,其继有在者乎?"曰:"无有。"曰:"此其近者祸及身,远者及其子孙。岂人主之子孙则必不善哉?位尊而无功,奉厚而无劳,而挟重器多也。今媪尊长安君之位,而封之以膏腴之地,多与之重器,而不及今令有功于国。一旦山陵崩,长安君何以自托于赵哉?"太后曰:"诺,恣君之所使之!"于是为长安君约车百乘质于齐。齐师乃出,秦师退。

当时秦国趁赵国政权交替之机,大举攻赵,并已占领赵国三座城市。赵国形势危急,向齐国求援。齐国要赵威后的小儿子长安君为人质,才肯出兵。赵威后溺爱长安君,执意不肯。在这种严重的形势下,触龙出面了。

触龙,也叫触詟,战国时赵国大臣,官左师,这在赵国是高级官名,但无实权。胡三省注:"冗散之官以优老臣者也"。

触龙在太后盛怒、坚决拒谏的情况下,先避开矛盾,在嘘寒问暖中,议论起"父母亲谁较疼爱孩子"这个话题。触龙强调"父母爱孩子,必须为孩子做长远的打算",并举太后当初为什么将女儿远嫁燕国为例,顺水推舟地谈起,如今太后疼爱幼子长安君,就应该为他做长远打算,让他建功立德。触龙精辟透彻地指出"位尊而无功,奉厚而无劳","近者祸及身,远者及其子孙"之间的因果关系,委婉地指出太后对幼子的宠爱不是真正的爱。太后为其所动,同意爱子出质齐国。

触龙循循善诱,解除了赵国大危机。言语得失,小则牵系做人难易,大则连及国家兴亡,何其重要。

晏婴字仲,谥平,习惯上多称晏平仲,又称晏子,是春秋后期齐国一位重要的政治家、思想家、外交家,也是一位特别知言、善言、富有语言智慧的准儒者。《晏子春秋》是一部记叙他的思想、言行、事迹的书,《汉书·艺文志》将其列在儒家类。该书十之七八记录的是晏子进谏。

晏子的谏言,不仅有礼有节而且有技巧。如:

> 齐有得罪于景公者,公大怒,缚置殿下,召左右肢解之:"敢谏者诛。"晏子左手持头,右手磨刀,仰而问曰:"古者明王圣主肢解人,不知从何处始?"公离席曰:"纵之,罪在寡人。"

有人得罪齐景公,景公非常生气,把他绑在大殿,叫左右把他分尸。且称谁如果胆敢劝阻,格杀勿论。晏子左手抓着人犯的头,右手拿着刀,抬头问景公:"古时圣王明君肢解人犯时,不知先从哪个部位下刀?"景公站起身说:"放了他吧,这是寡人的错。"

> 时景公烦于刑,有鬻踊者。公问晏子曰:"子之居近市,知孰贵贱?"对曰:"踊贵履贱。"公悟,为之省刑。

景公时,刑律条文繁多。一天景公出游见有卖踊的(踊是受过刖刑的人穿的鞋子)。景公问晏子:"贤卿住的地方靠近市集,知道什么最贵?"晏子答:"踊贵。"景公有所领悟,下令减轻刑罚。

元郭居敬所编的《二十四孝》中有一个《原谷谏父》的故事:

> 原谷有祖,年老,谷父母厌憎,欲捐之。谷年十有五,谏父曰:"祖育女生儿,勤俭终身,岂有老而捐之者乎?是负义也。"父不从,作舆,捐祖于野。谷随,收舆归。父曰:"汝何以收此凶具?"谷曰:"他日父母老,无需更作此具,是以收之。"父惭,悔之,乃载祖归养。

这个原谷,年纪轻轻,可谓善谏。原谷,实名元觉,又称圆觉、袁觉,清水电峡宋墓题记作"元角行孝"。

狄仁杰也是个言说高手。武则天当政晚年的时候,想在武承嗣、武三思中立一人为接班人。狄仁杰对武后说:"姑侄与母子,哪两种关系较为亲密?陛下立自己儿子为太子,那么即使太后崩逝后,仍能拥有自己的宗庙,享受万代子孙太庙的供奉;若太后立武三思为太子,三思是太后侄儿,臣从未听说侄儿成为天子后,会在太庙中供奉姑妈的。"太后于是明白过来。

晚年武则天不能不考虑自己身后的荣辱,狄仁杰这番话可谓一针见血，说到她的心坎上。武后后来立庐陵王为太子，从根本上就是被狄仁杰这番姑侄、母子的议论所打动。冯梦龙述评道："议论到十分醒快处，虽欲不从而不可得。"

关于这件事，《资治通鉴》如是记载：

> 狄仁杰每从容言于太后曰："文皇帝栉风沐雨，亲冒锋镝，以定天下，传之子孙。太帝以二子托陛下。陛下今乃欲移之他族，无乃非天意乎！且姑侄之与母子孰亲？陛下立子，则千秋万岁后，配食太庙，承继无穷；立侄，则未闻侄为天子而祔姑于庙者也。"太后曰："此朕家事，卿勿预知。"仁杰曰："王者四海为家，四海之内，孰非臣妾，何者不为陛下家事！君为元首，臣为股肱，义同一体，况臣备位宰相，岂得不预知乎！"又劝太后召还庐陵王。王方庆、王及善亦劝之。太后意稍寤。他日，又谓仁杰曰："朕梦大鹦鹉两翅皆折，何也？"对曰："武者，陛下之姓，两翼，二子也。陛下起二子，则两翼振矣。"太后由是无立承嗣、三思之意。

就在武则天还有犹豫的时候，梦见一只双翅均折断的大鹦鹉，狄仁杰为她解梦时乘机再劝："鹦鹉的鹉，即象征武姓。鹦鹉的双翅即您两儿子。您如果起用二子，那么您的双翅自然就振奋起来了。"狄仁杰以洞察人心的高明进言艺术，打消了武则天立武家后代为继承人的念头。

七 知 音

知音，是知言的一种特殊表现，可以称之为音乐预测。有两则"知音"的故事，一出自《韩诗外传》：

> 昔者，孔子鼓瑟，曾子子贡侧门而听，曲终，曾子曰："嗟乎！夫子瑟声殆有贪狼之志，邪僻之行，何其不仁，趋利之甚。"子贡以为然，不对而入。夫子望见子贡有谏过之色，应难之状，释瑟而待之，子贡以曾子之言告。子曰："嗟乎！夫参、天下贤人也，其习知音矣！乡者，丘鼓瑟，有鼠出游，狸见于屋，循梁微行，造

> 焉而避，厌目曲脊，求而不得，丘以瑟淫其音，参以丘为贪狼邪僻，不亦宜乎！”诗曰：“鼓钟于宫，声闻于外。”

这一故事在《孔丛子·记义》的记载中，改成了孔子鼓琴。两位弟子改成了闵子和曾子，是闵子而不是曾子有知音之能。无论是谁，都说明孔门中有的弟子知音，能通过音乐推知演奏者的心态。

另一故事出自《后汉书·蔡邕传》：

> 邕在陈留也，其邻人有以酒食召邕者，比往而酒已酣焉。客有弹琴于屏，邕至门试潜听之，曰：“嘻！以乐召我而有杀心，何也？”遂反。将命者…告主人曰：“蔡君向来，至门而去。”邕素为乡邦所宗，主人遽自追而问其故，邕具以告，莫不怃然。弹琴者曰：“我向鼓弦，见螳螂方向鸣蝉，蝉将去而未飞，螳螂为之一前一却。吾心耸然，惟恐螳螂之失之也，此岂为杀心而形于声者乎？”邕莞然而笑曰：“此足以当之矣。”

蔡邕在陈留时，他有个邻居用酒食招待他，蔡邕去时邻家酒喝得正高兴。一个客人在屏风后弹琴，蔡邕到门口偷听，自言：“啊！邀请我，此乐声里却有杀心，是什么原因呢？”就溜回去了。仆人告诉主人说：“蔡君刚才来了，到门口却离开了。”蔡邕向来受同乡所尊重，主人急忙亲自追去并问他离开的原因，蔡邕把情况告知了他，大家没有不吃惊的。弹琴的人说：“我刚才弹琴时，见到一只螳螂正爬向一只鸣蝉，蝉儿将要离开还没飞起，螳螂随着他一进一退。我内心紧张，只担心螳螂抓不到它。这难道就产生杀心并且在琴声中流露出来了吗？”蔡邕方才释然。

古人评论：“夫以孔子鼓瑟而知狸之捕鼠，蔡邕听琴而知螳螂之捕蝉。由此以进之，虽国之存亡可知也。”

第一“知音”之人，非师旷莫属。《左传·襄公十八年》记载，晋人听说楚国军队打来了，师旷说：“不害，吾骤歌北风，又歌南风，南风不竞，多死声，楚必无功。”意思是说，没关系！我突然高奏北方音乐，继而又奏南方音乐；南方的乐音微弱，有死亡之声，楚军必然不能成功。从自己奏出来的音乐中预知敌方军队的失败，真够神的。杜预注：“歌者吹律以咏八风，南风音微，故曰不竞也。师旷唯歌南北风者，听晋楚之强弱。”不竞，指乐音微弱。

师旷，字子野，春秋晚期晋国著名的政治家、教育家、音乐家，也是儒家，主张通过音乐传道播德。其博学多才，尤精音乐，善弹琴，辨音力极强。以“师旷之聪”闻名于后世。他生而无目，故自称盲臣、瞑臣。

师旷在晋悼公初年进入宫廷担任主乐大师，悼公末抑或平公时为太宰，参与了晋国内政、外交、军事等大量要务，常向悼、平二公陈以治国安邦之策。鲁季武子说：“晋有赵孟以为大夫，有伯瑕以为佐，有史赵、师旷而咨度焉，有叔向、女齐以师保其君，其朝多君子，其庸可媮乎！”认为师旷可与赵孟、叔向等著名政治家齐名。《淮南子》云：“师旷瞽(gǔ)而为太宰”，他“大治晋国”，晋“始无乱政”。

《左传・襄公十四年》记载，当卫献公因暴虐而被国人赶跑时，晋悼公认为民众太过分，师旷反驳说：“夫君，神之主而民之望也。若困民之主，匮神之祀，百姓绝望，社稷无主，将安用之？弗去何为？”晋悼公听了觉得有道理，于是向师旷请教治国的道理，师旷答：“惟仁义为奉。”

有一次，晋平公感叹师旷生来就眼瞎，饱受昏暗之苦，师旷则言天下有五种昏暗，其一是君王不知臣子行贿博名，百姓受冤无处伸；其二是君王用人不当；其三是君王不辨贤愚；其四是君王穷兵黩武；其五是君王不知国计民生。齐晋公问师旷如何治理国家，师旷说：“君必惠民而已。”当齐景公酒酣和将归时，又接连两次问师旷：“太师奚以教寡人？”师旷的回答依然是“君必惠民而已”。

师旷，堪称春秋时代最著名的儒家音乐大师。

隋文帝也作雅乐和武舞。乐成，乐工万宝常听了新乐，哭着说：“淫厉而哀，天下不久尽矣。”这是知音，也是一种见几，从音乐中见到了隋朝灭亡的消息。

还有从“哭声不哀”中发现奸情的，也是一种知音能力。《韩非子》中记载了郑国大夫子产的一个故事：子产有次出巡，在路上听到一个妇人啼哭。他听了一阵，就下令将那妇女抓来审问，结果，那妇女承认自己谋杀了丈夫。手下人觉得很惊异，问他何以知道这妇女是杀人犯。子产说，因亲人死亡而啼哭的，“有病则忧，临死则惧，既死则哀”，而这妇女“不哀而惧”，说明她心中有鬼。

子产是颇有道德修养、得到孔子欣赏的政治家，但这个故事出自《韩非子》,真伪难定。《折狱龟鉴》中有关于东汉扬州刺史严尊、曹操的谋士荀攸从哭声中发现奸情的记载,体现了这些案件中裁判者日常理性的丰富和人情世故的通达。

八　失言的后果

子曰:"可与言而不与之言,失人;不可与言而与之言,失言。知者不失人,亦不失言。"与不值得交谈交流的人谈话,是失言。为了节省时间精力,为了重道,某些时候,儒者有必要略减"诲人不倦"的热情,"非其人则弗与之言"。

失言的后果,一般也就是"言之而不信,反为人讥"而已。但也不可一概而论,如果面对的是凶暴之人,"不可与言而与之言",即使是善意的,甚至是忠心耿耿的表现,也有可能招来杀身之祸。历史上因失言而丧身者甚多,崔琦和孙鹤是两个典型的例子。

崔琦是东汉涿郡安平(今属河北省)人,博学多才,以文章知名,得到了外戚权臣梁冀"礼贤下士"的赏识。崔琦见梁冀多行不义,屡次"引古今成败以戒之",梁冀不听,崔琦便作《外戚箴》和《白鹄赋》讥劝讽谏。梁冀大怒,将崔琦遣送回乡,后来又派刺客把他杀了。对此,王夫之评论道:

> 子曰:不可与言而与言,失言。谓夫疑可与言而固不可者也。故其咎也,失言而已,未足以裁及其身。若夫虎方咥而持其爪,蛇方螫而禁其齿,非至愚者不为。然而崔琦献箴于梁冀之怒,乃曰:将军欲使马鹿易形乎?其自贻死也,更谁咎哉!
>
> 夫冀仰不知有天,上不知有君,旁不知有四海之人,内不知有己,弑君专杀,鸢肩虎视而亡赖,是可箴也,是虎可持之无咥、蛇可禁之无螫也。琦果有忠愤之心,暴扬于庭,而与之俱碎,汉廷犹有人焉。而以责备贤者之微词,施之狂狡,何为者也!冀之为冀,如此而已矣。藉其为王莽与,则延琦而进之,与温言而诱使忠己,琦且为扬雄刘歆,身全而陷恶益深矣。故若冀辈者,弗能诛之,望望然而去之可尔。以身殉言,而无益于救,且不足

以为忠直也，则谓之至愚也奚辞？(《读通鉴论》)

王夫之认为，对于梁冀这种狂狡之徒，有能力就干掉他，没有能力就应该冷眼旁观远远走开去，崔琦却像“责备贤者”一样去责备他，等于“虎方咥而持其爪，蛇方螫而禁其齿”，自己找死，愚蠢透顶。

讲到孙鹤，有先必要介绍一下刘守光。刘守光，深州(今河北深州)人，为卢龙节度使刘仁恭之子。刘守光曾因与刘仁恭的爱妾罗氏通奸，被刘仁恭棍打，更断绝父子关系。后来刘守光得到一个机会，派兵攻打擒拿了刘仁恭，将其囚禁，又擒杀其兄义昌节度使刘守文。公元911年，刘守光不顾众将臣的反对，登极称帝，国号大燕，改元应天。

刘守光囚父杀兄杀侄，并使沧州人相食，完全是头禽兽，虽然强行称帝，实在太不得人心，两年即亡。孙鹤原来是刘守文的部下，刘守文被擒杀后，为刘守光所用。据《旧五代史·刘守光传》介绍：

守光欲称帝，置斧质於廷，令将佐曰：“今三方协赞(梁晋镇定等镇推守光为尚父)，予难重违，择日而帝矣。从我者赏，横议者诛。”孙鹤对曰：“沧州破败，仆乃罪人。大王宽容，乃至今日。不敢阿旨，以误国家。苟听臣言，死且无悔。”守光大怒，推之伏质，令军士割其肉生啖之。鹤大呼曰：“百日之外，必有急兵矣。”守光命窒其口，寸斩之。

对此，王夫之在《读通鉴论》中也有精彩评论：

不仁者不可与言，非徒谓其无益也，言之无益，国亡家败，而吾之辩说自伸于天下后世，虽弗能救，祸亦不因我而烈，则君子固有不忍缄默者。而不仁者不但然也，心之至不仁也，如膏之沸于镬也，噗之以水，而焰乃益腾。唯天下之至愚者，闻古人敢谏之风，挟在己偶然之得，起而强与之争，试身于沸镬，焚及其躬，而焰延于室，则亦可哀也已。若孙鹤之谏刘守光是已。守光囚父杀兄，据弹丸之地，而欲折李存勗，南而称帝，与朱温争长，不仁而至此极也，尚可与言哉？孙鹤怀小惠而犯其必斩之令，屡进危言，寸斩而死，鹤斩而守光之改元受册也愈坚，鹤之愚实酿之矣。

罗隐之谏钱镠，镠虽不从，而益重隐，惟其为镠也；冯涓之谏王建，建虽不从，而涓可引去，惟其为建也。镠与建犹可与言，言之无益，而二子之义自伸，镠与建犹足以保疆士而贻子孙，夫亦视其心之仁尚有存焉者否耳。至不仁者，置之不论之科，尚怀疑畏；触其怒张之气，必至横流戈矛，乘一旦之可施，死亡在眉睫而不恤。是以箕子佯狂，伯夷远避，不欲自我而益纣之恶也。况鹤与守光无君臣之大义，而以腰领试暴人之白刃乎？

且夫罗隐、冯涓之说，以义言之也；鹤之说，以势言之也。以义言，言虽不听，而义不可屈，且生其内愧之心；以势言，则彼暴人者，方与天下争势，而折之曰汝不如也，则暴人益愤矣。匹夫搏拳相控，告以不敌，而必忘其死。守光有土可据，有兵可恃，旦为天子而夕死，鹤恶能谅以不能哉？鹤，小人也，不知义而偷安以徼幸之智也，徒杀其身，激守光而族灭之，与不仁者相昵，投以肺肠，则亦不仁而已矣。故曰不仁者不可与言。戒君子之夙远之，以勿助其恶也。

王夫之对崔琦和孙鹤两位评价都很低。崔琦"以责备贤者之微词施之狂狡"，很愚蠢；孙鹤则不仅愚蠢，且品质恶劣，为刘守光这种禽兽作爪牙，可谓死有余辜。

"与不仁者相昵，投以肺肠，则亦不仁而已矣。"此言值得深长思。与"不仁者"推心置腹亲昵尽忠，为暴君暴政帮忙帮闲，本身就是"不仁"，就是恶。狡兔死，走狗烹。被专制极权"烹"掉的命运，在充当走狗的那一刻起就注定了。什么叫报应？什么叫自作自受、咎由自取？这就是了。作恶者及助恶者，纵然不受法律、人力的惩罚，也必受天谴和冥谴，见证着恶有恶报这一良知铁律。

十二

知命

不知命，无以为君子也。

——《论语》

一　自知本性光明

子曰："君子有三畏：畏天命，畏大人，畏圣人之言。小人不知天命而不畏也，狎大人，侮圣人之言。"(《季氏篇》)

是否知天命，是君子和小人的根本性区别。儒家的天，或指自然的天、或指象征的天、或指道体的天。道体流行，是谓天命，人之良知，作为本性，即天之所命，天命之性。关于"天命"，《论语》中出现过两次，另一次在《论语·为政》里，子曰："五十而知天命。"畏天命必知天命。知之方能畏之，畏之自然知之。

大人是圣人有位者，是良知政治最圆满的实践者。《乾凿度》引孔子言："易有君人五号也：……大人者，圣明德备也。"《史记索隐》引向秀《易·乾卦注》云："圣人在位，谓之大人"；孟子"大人者不失其赤子之心者也"，赵岐注："大人谓君"。孟子说，有天爵，有人爵，大人是天爵与人爵的统一。大人，有时亦以人爵言。比如孟子"说大人则藐之"的大人，就指一般君主或公卿大夫，与这里所说的大人有异。人爵虽高，不妨藐之也。

《易经》中，合言则圣人与大人无异；分言则作易称圣人，实践易德称大人。《周易·文言传》："夫大人者，与天地合其德，与日月合其明，与四时合其序，与鬼神合其吉凶，先天而天弗违，后天而奉天时。"显然，这里的大人是与圣人同级者。不同的是，大人有机会成就外王事业的辉煌，道统政统得以合一。

孔子将畏天命视为君子美德，并将之作为划分君子与小人的第一分界线。小人不畏天命，行险侥幸，败坏自己的本性，破坏人与人、人与社会、人与自然的关系。百年来，文化被毁，"不知天命而不畏也，狎大人，侮圣人之言"的小人横行，占据文化政治社会各大要津，道德能不崩溃乎，社会安得和谐呢！

“不知命，无以为君子也。”这里的君子就德而言，而且涵盖圣贤，即大君子。贤人以下的君子，未必解悟本性良知奥秘，更未必证得，但至少信其存在，知其真实，否则不足以成为一个君子。换言之，君子是建立了良知信仰的人。知命的君子，才能既尽心尽力又听天由命。

天命之谓性，命，天之所命，即人之本性。知命，即是知天命知本性，天，指天道天理，性，指本性良知。知命，就是把握了天理良知的奥秘，就是明心见性，明了生命之真相、宇宙之实相。司马迁有句名言：“究天人之际，通古今之变，成一家之言。”知命，就是深究天人之际。

知命，是真正有了自知之明，知道了自心本性的光明。知道不是证悟，却是证悟的起步。信解行证，知命，相当于“解”，深度理解。知命，知道人性有本习之别，本性至善而习性易恶，掌握存养克己功夫，时时注意让良知做主。

《荀子·子道》记载：

> 子路入，子曰：“由！知者若何？仁者若何？”子路对曰：“知者使人知己，仁者使人爱己。”子曰：“可谓士矣。”子贡入，子曰：“赐！知者若何？仁者若何？”子贡对曰：“知者知人，仁者爱人。”子曰：“可谓士君子矣。”颜渊入，子曰：“回！知者若何？仁者若何？”颜渊对曰：“知者自知，仁者自爱。”子曰：“可谓明君子矣。”（《荀子·子道篇》）

使人知己，知人，都是智慧；自知，是更大的智慧。有自知之明的人，是良知光明的君子。

性有本性和习性之别。先天之性（天命之性）为本性，后天之性为习性。本性至善，习性易恶。习性有善习、恶习、无记习三种，一般人善习难养而恶习易成，习性容易滑向恶的一面。这是儒佛道三家主流共同认可的，也可以说是共识——不同在于对本性证悟和“至善”的理解，儒家以“生生”为至善、佛教以“空寂”为至善、道家以“虚静”为至善。三家众多的修炼法门，归根结底都是对治人类各种恶习以求复归本性的。

王国维是大师级人物，可是他居然不识“性”。他的《论性》一文，对人性的认识很浅陋，分不清本性习性之别。他甚至不知道古人论性善性恶都是从根本上“论”的。

性善论并不否认恶习的顽固（正因为恶习顽固，所以修炼不易），只是认为善才是更加根本的；性恶论也不否认人性中有善的一面，只是错把习性当做本性了。

王国维在文中历举了中国哲学史中的性善论性恶论，自以为是地认为它们都能持之有故言之成理又都可以驳倒，故认为性善性恶是不能讨论的。他在《论性》中说：

> 至执性善、性恶之一元论者，当其就性言性时，以性为吾人不可经验之一物故，故皆得而持其说。然欲以之说明经验或应用于修身之事业，则矛盾即随之而起。余故表而出之，使后之学者勿徒为此无益之议论也。

把这么重要的哲学问题归于“无益之议论”，真亏老先生说得出口。于此可见，王国维于良知仁性（或曰真如佛性）茫茫然，既不能信也不能解，更谈不上证了，不论以儒佛道哪一家标准衡量，他都没有入门，称之为国学大师名不副实，还是称词学大师或史学大师恰当些。

二　立命与造命

只有知命，才能立命。著名的“横渠四句”写道：“为天地立心，为生民立命，为往圣继绝学，为万世开太平。”立命，就是大本确立，找到了安身立命之处，回到了生命之家。只有知命者才能立命，既为自己立命，也为生民立命。

横渠就是张载，理学奠基者之一，世称横渠先生。这四句话充分体现了儒家修齐治平的思想要旨、当仁不让的奉献精神和天人合一的终极关怀，已成北宋以来儒家广泛认同的道德标准和人生理想。历史上真正的大儒，都是道德意识和使命感特别强烈、特别富有社会责任、历史责任者。创派人物孔子孟子不必说了，便是为后人诟病的宋明道学中人，多数也是顶天立地、以道自任的伟大人物。

“为天地立心”：人的本心，就是天地之心，故尽心尽性，明心见性，就是为天地立心。儒家把宇宙万物看作与自己息息相通的整体，把自己看成宇宙的一个必要部分，这种观点可称之为宇宙心灵化和心灵宇宙化，人与天地万物融为一体。“为往圣继绝学”：以继承道统为己任。“张载治学以《易》为本，以《中庸》为体，以孔孟为法。”（《宋史张载传》）“为万世开太平”：追求王道理想，就是为万世开太平。

“横渠四句”体现出来的社会关怀、历史责任、道德勇气都是无与伦比的。但是，在此道德崩溃、斯文扫地的时代，人们视之为大话空话，“狂而不信”，能够透彻理解并实行实践者难乎其难。当然，由于这四句话过于宏大，确也常被一些伪君子、伪大师、党用学者们鹦鹉学舌，成为官腔之外另一种“假大空”和口头禅。

只有知命，才能造命。儒家有制天命和造命之说。王艮曰：“天民听命，大人造命”；颜钧曰：“御天造命”；焦循曰：“天下之命，造于君子，己之命听诸天，而天下之命任诸己”；颜元曰：“造命回天者，主宰气运。”王夫之曰：“圣人赞天地之化，则可以造万物之命。”唐代名臣邺侯李泌与德宗讨论“建中之乱”的时候，唐德宗认为“建中之乱”是天命，与宰相卢杞无关，李泌则说：

> 天命，他人皆可以言之，惟君相不可言。盖君相所以造命也。若言命，则礼、乐、刑、政，皆无所用矣。纣曰：“我生不有命在天”，此商之所以亡也。（《资治通鉴·唐纪》）

王夫之在《读通鉴论》卷二十四中就李泌的说法加以发挥。他说：“君相可以造命，邺侯（李泌）之言大矣。……唯能造命者而后可以俟命，能受命者而后可以造命，推致其极，又岂徒君相为然哉？天之命有理而无心者也。”认为不仅君相，普通百姓也可以造命：国家兴亡是君相所造，人生祸福是百姓自造。

儒家对天命，既知之、畏之、安之、顺之、俟之，也造之。儒家的听天命，是建立在尽人事基础上的。外而尽人事，内而尽心性。尽心尽性，可以立命，可以造命，可以参天地之化育。畏天命，体现的是对客观规律的尊重；参天地之化育，体现的是对人在自然界中的主导地位和人的主观能动性的肯定。

所谓君子造命、圣贤造命、大人造命，其实是道德、文化、制度造命，是良知造命，天理造命；人能弘道，弘道的过程，就是“援天下”的努力，就是立自我之命、造他人之命的过程。关此，我在《三畏说》《东海拾贝：为生民立命》诸文中有所阐说。

我在《文龙思虎聚京华》中也说过，我相信命运但并不安命顺命，更不畏命，我更相信英雄之士是可以改变命运、创造命运的。我们不仅要改造个人的命运，我们还要改造他人乃至社会国家民族的命运。对于个人而言，性格决定命运，整个社会和民族的命运，则由思想、制度决定。不同的制度和文化传统造就民众不同的命运。

唯大圣人能造命，是真佛子敢回天。佛教的“转业”论与儒家的造命说近似。佛教强调定业不可转，因果有报应，但佛教不是宿命论。宿命论认为人的命运是由人无法控制的必然因素注定而不可改变的，佛教则认为人的命运取决于自己行为，幸与不幸，由自己的身口意业决定，归根结底由自心决定，正所谓业由自心作，果由自心变。

因还没显现为果而只是一种趋势的时候，被称作“业”，业有强有弱有大有小有定有不定。有些业的“果报”与“受报的时间”尚不确定，称为不定业，这是可以转的；有些业的“果报”与“受报的时间”都已确定，称为定业。据佛经介绍，杀父母亲的业，下一世必定入地狱，任凭怎样拜佛忏悔，都无法改变，一定要受报。

定业不可转也不是绝对的。佛世时有一位阿世王，杀父篡位，后来忏悔皈佛，广种善因广结善缘，死后虽入地狱，但很快就脱狱了。尽管“入地狱”之报已定，没变，但“提前出狱”，某种意义上说，也是一种“转业”。

所以因果不可昧是可以修改的，只是不是万行大师那种“修改”法——回到时光隧道里面，把昨天的因，前世的因，前世的起心动念、所作所为给它消除掉，那不可能。转化恶业的“唯一的办法”是，发善念、发善言、做善事、做善人、造善业。心能造业，也只有心才能转业，只有大慈悲心，才能转变未定之恶业、减轻已定之恶报。

世亲菩萨就是一个勇于“转业”的典范。世亲，无著之弟，初习小乘，曾讥讽大乘佛法以及修持大乘佛法的哥哥。无著便派遣两名弟子携带《十地经》以及《无尽意菩萨所说大乘经》送与世亲。世亲习后深感其深妙，痛感自己犯下了诽谤大乘佛法的重罪，意欲割舌以谢。无著说："即使割下舌头，于事何补？不如跟我学习大乘教法，共同将大乘佛法弘扬于世。"于是，世亲悔过自新，转而大力弘扬大乘佛法，后来世亲被尊为"印度二圣六庄严"之一。

佛心何坚，穿金贯石；仁者无敌，造命回天！儒佛两家都同样坚信人的命运由人自己掌握，都同样致力于个人和社会的"转业"造命工作，唯方式方法及方向有所不同耳。儒家作为入世法，尤为积极主动，着重现世，着重政治，责任尤为重大。以道德实践转个体之旧业，以制度改良造民族之新命。

下面是东海的一联一诗，谨与儒友佛朋共勉。

《赠友人》

能动人，能格物，能感天，能造命，诚于极至奇迹显；

多读书，多为善，多求真，多明理，德到高崇大道通。

《杂诗》

道家无力佛无权，唯我真儒志最坚。

莫道文章能造命，唯凭心性可回天。

三　最高真理

陆九渊说："此理塞宇宙，谁能逃之，顺之则吉，逆之则凶，其蒙蔽则为昏愚，通彻则为明智。昏愚者不见是理，故多逆以致凶，明智者见是理，故能顺以致吉。"

陆九渊说的理，就是天理，这是天地间至高无上的真理，与天道、天命、仁性、良知义理相近，"级别相同"，逆之则凶，顺之则吉。明白此理，是最大的明智。这个天理，也就是《中庸》所说的君子之道。《中庸》载：

> 故君子之道，本诸身，征诸庶民，考诸三王而不谬，建诸天地而不悖，质诸鬼神而无疑，百世以俟圣人而不惑。质诸鬼神而无疑，知天也；百世以俟圣人而不惑，知人也。是故君子动而

世为天下道，行而世为天下法，言而世为天下则。

这是人世间最高的道。其谱系，就是尧舜禹汤文武周公孔孟程朱王阳明一路传下来的道统；传道授业解惑，要传的就是这个道。有人说：一流老师靠人格魅力，二流老师靠学术，三流老师靠泄题，四流老师靠作业，五流老师靠点名，末等老师靠不停变换点名方法。东海补充曰：一流老师靠真道实学。有真道实学，自有人格魅力。靠泄题之类歪门邪道，已经不配为师。误人子弟，罪恶很大，法惩或可免，天谴实难逃。

世间真理都是相对的，在一定范围或一定时空内正确，离开了特定范围时空就不适用了。唯独天理适用于任何环境范围、任何时空，是“放之四海而皆准，质诸古今而不疑”（程颐语）的普遍真理、绝对真理。

道理有大小高低圆偏之别。天理是人生、社会、政治、宇宙之间最大最高最圆满的理，世间任何思想、学说、信仰、体系、主义如果违背了这一原则，理就成歪理，学就成邪说，教就成邪教。

天下各学门各宗派以及能成一家之言者都是有一定道理的，佛教道家及自由主义等，论道理那是相当高，只不过，终究不如儒家的道理无偏无漏、大中至正。论真理性，论文化资格，古今中外没有任何教义或主义能够与儒家分庭抗礼。

任何教义、主义的道理都可以为儒家义理所覆盖或统摄，因为教义、主义无论多么文明、先进、富有真理性，都不过是得乎道之一端，摸到的是大象的一部分，唯独儒家“得道体之全”，把握了整头大象。因此之故，历代大儒无不具有坚不可摧的文化自信。

儒家对世界本原的追问、对人性奥秘的探索，就是对“性与天道”问题的把握，儒家的本体论和人性论，不仅西方哲学望尘莫及，便是佛道两家也有所不及。因此，历代大儒都是讲道理的高手，他们著书立说和搞教育办书院，都是为了讲道理；孔孟及其门下弟子更是讲道理的绝顶高手。孔子擅言，诲人不倦，孟子擅辩，严辟异端，靠的都是讲道理。孔孟周游列国，展开的亦是讲理之旅。

据《史记》载：“夫儒者以六艺为法，六艺经传以千万数，累世不能通其学，当年不能究其礼。”（《史记·太史公自序第七十》）可见儒家经典之盛丝毫不逊于佛经——只可惜因种种战乱灾厄特别是秦始皇和项羽的焚毁,绝大多数典籍未能流传下来,但也可见先秦儒家多么喜欢、重视和擅长发言著书。

仁者必有智,必有一副诲人不倦、"批异"不停的热心肠。讲遍天下无敌手,乃仁者题中应有之义。讲不出、讲不好道理,必是智慧不够;不爱讲理,不爱将各种道理发而为言,著之成书,必是仁爱有限,作为儒者还不够大或不够真。

仁者明本心识本性,彻见宇宙生命系统的真实相,绝不会讲不出、讲不好道理,仁者讲出来的,都是经典。仁者了知民胞物与、万物一体的真实,爱人救世之心特重,以传道授业解惑为己任,以天下为己任,绝不会把道理藏着掖着而不爱讲、不肯讲。某些理学家不喜辩论、不重著述甚至不擅讲理,以沉默寡言为荣,这是某些理学家的问题,非吾儒家风也。

大良知学真理度之高是空前的,良知复兴运动的开展是时代的召唤。东海提出"良知风暴"一词,现在是到了在各个领域尤其是政治领域掀起一场良知风暴的时候了。

四　不是宗教胜似宗教

儒家当然不是宗教,不仅与西方宗教没有可比性,与佛道两教也大为不同。有人称儒家为儒教,指的是良知教、人文教,并非从宗教意义上说的。儒家下学上达,重在入世,它富有道德、政治、制度、科学精神。道德精神"尽己之性"、制度精神"尽人之性",科学精神"尽物之性"。但儒家的确有强烈的宗教性。

首先,因为儒家信仰天道(即天命、天理和良知),这是最优秀中正的信仰。形而上谓之道,儒家对道体的证悟极高明尽精微。天道信仰是一种"不是宗教胜似宗教"的信仰。

西人曰:上帝面前,人人平等,并以此作为西方平等观的最高来源。而东海道:良知(天道)"面前",人人平等,并以此作为东方平等观的终极依据。

良知即道心(在生命为本性,在宇宙为本体),形上形下合一,天人合一,既有超越性又有内在性,人人皆具,个个相同,不像上帝那样超然独立于人类以及万物之外。

其次,儒家具有相当的宗教价值和宗教功能。儒家不靠神祇、不靠任何今世或来世之奖惩而能提供一定的社会秩序,担负了伟大宗教的功能而不含宗教的缺点。到了近现代,它"临床"技术固然落后了,但义理依然优秀而超前。梁漱溟先生在《中国文化要义》中论述了儒家崇尚人的自我的理性之特点:

> 儒家没有什么教条给人;有之,便是教人反省自身一条而已。除了信赖人自己的理性,不再信赖其他。这是何等精神!人类便再进步一万年,恐怕不得超过罢!

第三,儒家具有相当的宗教精神。宗教精神应该至少包括超越、虔诚、敬畏(对天命的敬畏)、向善、自省、忏悔、牺牲、奉献、献身等方面的内容,而这些精神正是良知题中应有之义。

儒家在社会、政治层面主张民本和王道(王道政治是民主的高级阶段,从法治的基础上进入德治),是一种公共管理的理论;在个体层面致力于内圣修养,是一种安心立命的栖居。我在《大良知的呼唤》中说过:

> 东海大良知学涵盖阳明学和古今儒学,融摄佛道诸家,汲取自由主义,是儒家与时俱进的升级版及中西文化的集大成,同时还具有相当的宗教精神,是一种至实至真的信仰。

宗教不能代替良知信仰。除了佛道两教,所有宗教都是建立在原始神本生命观基础上的,所信仰的对象无法实证。良知则不一样,不离身心,可以实践于外在行为,实证于内在自心。

对于"道",中华文化讲究信解行证。信是相信、信仰,解是理解、解悟,行是实践、践履,证是实证、证悟。只有能解能行、最后能证的信仰,才是正信。

有人说,信仰是主观的,没有真伪可言,不必探究所信仰的"东西"有没有、存不存在,信就有,不信就没有。这是一种很不负责任的态度,这就是迷信。所信仰的"东西"有没有、存不存在,能不能够为人类所证得或局部证得,这是首先要解决的。信仰是极其严肃的事,来不得一点轻率。

信仰不是科学,当然。但要知道,信仰也不应违背科学常识和精神,不尊重事实、不尊重科学常识的信仰,是迷信是盲信,至少信仰的"级别"不高。不信则无的"东西",信不信都是虚幻的、存在于幻想之中的。对于某些神本信仰的拥护者,我曾提出一个小小的建议:先问有没有,再论好不好。

良知存在的真实性与神本信仰不可同日而语。良知人人皆具,信不信都一样存在。古今儒佛诸家许许多多大师大德都已亲证作为本心的良知。一般人虽未必能完全证悟,但于本心所作用的意识、所萌发的善念等等,都不难感知。良知不违背科学之常识、之精神更是毫无疑问的。我也相信,本心的存在终将会得到科学手段的证明。

儒家既有宗教性又有科学性,宗教性与科学性两面一体,圆满结合,这是良知信仰的一大特色,是与西方宗教相比最为可贵的地方。

作为本性的良知是每一个人最真实、最本质的栖居和归宿。每个人都是天生的儒家,只是太多的人不知道自家的门,迷失了回家的路。东海所做的工作,就是为迷路者引路、领丧家者回家。

五　儒家对宇宙与生命起源的认知

知命,是知道生命真谛和宇宙真相,对宇宙与生命起源自有独到的认知。

生命小宇宙,宇宙大生命。宇宙生命是一个巨大的系统,无边无际,无界无涯。这个其大无外的系统的本体是"其小无内"的,也可以说,它起源于其小无内的"零"——佛教证之为"空",道家以之为"虚",儒家称之为乾元、天(《易经》)、诚(《中庸》)、良知(王阳明)等等。

某种意义上说,宇宙就是无中生有的。万有的存在、一切的现象,都是从"无"中"生"出来的,都以"零"为依据。但这个"零",并非真的一无所有,相反,这个"零"拥有宇宙万物的信息,孟子"万物皆备于我”要从这个意义上理解。

它不是心不是物、不是天不是人、不是乾不是坤，却兼备心物、天人、乾坤的信息，所以是心物一元、天人一元、乾坤一元、阴阳一元的。这个“零”，就是宇宙的起源，宇宙的本体。一阴一阳之谓道，这个道，就是道体、本体，它非阴非阳，超乎阴阳，阴阳统合为一。

从现象层面看，先有宇宙和物质，然后才有生命。地球上的生命是在地球历史的早期，在特殊的环境条件下，由非生命物质经历长期化学进化而产生的。这一过程伴随着宇宙进化过程进行。生命起源是一个自然历史时间，是整个宇宙演化的一部分。

唯物主义据此认为，物质是第一性的。其实这是只知其一，不知其二。宇宙本体之中本就蕴藏着生命的信息，本体“开”出宇宙万物之后，生命的信息就深入和遍及宇宙万物。一旦条件成熟，生命信息就会显化为生命现象。

任何现象，必有原因，唯物论是违背因果律的，唯心论也一样，唯仁本主义世界观最为中正。作为道体的仁，非心非物、超越心物而又兼具心与物双重性质，或曰信息，那是一种特殊的“心”。佛教“万法唯识、三界唯心”的心，差堪仿佛。

关于生命起源，有创世说（神创论）、新创世说、自然发生说（自生论）、生物发生说（生源论）、宇宙发生说（宇生论）、化学进化说（新自生论）等几种假说。迄今为止，其余假说或不科学，难以成立；或不能解释地球上及宇宙间最初的生命是怎样产生的，都失去了它们的生命力。现在，只有“化学进化说”为多数科学家接受。

科学家们是这样描述生命起源的：在40亿年前的地球上，由无机分子合成的有机小分子，聚集在热泉口，或者火山口附近的热水中，通过聚合反应，形成了生物的大分子，这些大分子进行自我复制，自我选择，进而通过分子的自我组织，自我复制和变异，从而形成核酸和活性蛋白质，同时分隔结构同步产生，最后在基因控制下的代谢反应，为基因的复制和蛋白质的合成提供能量，这样一个由生物膜包裹着的具有自我复制功能的原始细胞，就在地球上产生了。

有人打过这么一个比喻:无机物就好像一个垃圾堆,里面什么都有,塑料、铁、废弃金属、油,而生命,一个单细胞,就像一辆精美的奔驰车,在一阵台风过后,这些垃圾组就装成了这样一辆奔驰车。因此,从无机物到有机物,再从有机化合物到有机生命体的演化,是多么艰难并偶然。

但偶然中有必然在。要组装成奔驰车,不能没有塑料、铁、废弃金属、油等"要素"。否则,无论如何、无论怎样的巧手高手也组装不出一辆奔驰车来,所谓巧妇难为无米之炊是也。

有人认为人是来自动物,但精神的形成确实是进化论未必能解释的,现在国际上也很流行突变一说。

确实,人类生命的形成,至少有六次大突变。生命起源的过程无论怎么样,有三个过程跑不了:一是从无机物到有机小分子,二是有机小分子到有机大分子,三是这些生物的大分子演化出原始单细胞的生命。这三个过程,可以说是三次突变。从单细胞生命到复杂生命再到动物再到人,又是三大突变。

但要知道,这些突变都是建立在渐变基础上的。生命的形成后于宇宙,精神的形成又迟于生命,都有个进化的过程,在生命和精神在"现"而为"象"之前,它们的信息早已"潜在"着了,潜在于本体之中,潜在于万物之内。

打个比方:宇宙本体为种子,树干为宇宙,树枝为万物,花朵为肉体生命,芳香为精神现象,种子虽不是树干、树枝、花朵、芳香,但蕴含、潜藏着树干、花朵、芳香、树枝的信息。

对宇宙与生命起源有了这个基本的了解和认识,于儒家的很多问题就不难理解了。比如为什么尽心尽性就可以知天?为什么万物皆备于我?为什么天地万物一体同仁?万物一体、天人合一如何可能?为什么人之本心、生命本性即是宇宙本体?种种难题,无不迎刃而解。

于宇宙言本体,于生命为本性,即子贡所谓"性与天道"。孔子于此"形而上"问题生平寡言,但并非不说。因形上形下不二,谈人事就等于间接谈天命,谈人生、社会、政治、自然万物等形而下,就等于在间接地谈形而上。

孔子晚年研易,直接论及"性与天道"。其后孟子、子思,也都直接论及这个问题。孟子曰:“形色,天性也”“万物皆备于我”,《中庸》曰:“诚,天之道也”。

“性与天道”是超意识境界,超感官、超知识、超理性、超逻辑、超科学。人类识心的一切,包括意识、理智、科学以及各种知识,都是本性生生不息而发展演化出来的产物,可以说,本性是它们的母体。对此母体的把握,有赖于“反求诸己”,有赖于“智的直觉”。儒家的宗教性,主要体现在这个地方。

注意,超不是反,“性与天道”的境界并不违反科学常识、科学精神。相反,理性、逻辑、知识、科学等,都有助于对本性的理解和认证,所谓下学上达是也。“智的直觉”也是建立在各种正知正见之基础上的。

说“性与天道”是超意识境界,也属于方便之言。因为本性本体是形而上,无境无界,非境非界,没有境界可言,语言文字表达出来的,终究有限。道及高处,超绝言诠,道及形而上,语言文字的局限性就大了。道可道非常道,此之谓也。东海有句诗:天无可问常常问,道本难言絮絮言,说的就是这方面的无奈。

我们既不能否定语言文字的意义,又不能高估它的价值,不能将指月的手等同于月亮。在语言文字允许的范围内,东海已经把问题讲得最明最透了,对于更高一层的东西,只好靠各人自己去领会和证悟了,我提供的只是一个梯子、一座桥梁。

六　关于“十四无记”的标准答案

释尊住舍卫国祇树给孤独园。有位叫鬘童子的青年向释尊请教了十四个问题:

(1) 世有常;(2) 世无常;(3) 世有常无常;(4) 世非有常非无常。(5) 世有边;(6) 世无边;(7) 世有边无边;(8) 世非有边非无边。(9) 命即身;(10) 命异身。(11) 如来死后有;(12) 如来死后无;(13) 如来死后亦有亦无;(14) 如来死后非有非无。

这就是佛经中著名的“十四无记”,意谓十四个无意义而不予解答的问题。其实这几个问题涉及宇宙生命系统的本质和奥妙,不啻为重大的哲学问题,而且对于个体修证具有重要意义。在儒家,这些都是简单的问题。十四个问题,可以综合为四个,东海兹予粗浅开解,以飨少数有智之士。

(1)—(4) 问的是宇宙永恒与否的问题。

东海略答:宇宙有成住坏空,但本体不灭,这一期宇宙毁灭之后,又会开出新的宇宙来。宇宙是否永恒,要看从哪一个层面看,就现象而言(天地万物),有始有终,终而复始;就本体而言,无始无终。

附言:彭罗斯的“永恒宇宙循环”理论,与东海观点一致。据香港《明报》报道,英国牛津大学著名物理学家彭罗斯(Roger Penrose)在一篇备受瞩目的研究论文中声称,已找到了137亿年前“宇宙大爆炸”之前宇宙就已存在的第一个证据 ,支持他的“永恒宇宙循环”理论,冲击了主流的宇宙诞生学说。彭罗斯相信真正的答案是,大爆炸之前宇宙已存在,宇宙会周而复始地大爆炸诞生、死亡、再大爆炸诞生。循环宇宙的观点认为,当一个宇宙扩张到极限,黑洞将会“蒸发”,其吞噬的所有信息都将消失,宇宙中的熵值重新 reset。如此一来,一个新的低熵值宇宙又将重新开始。

(5)—(8) 问的是宇宙是否有边的问题。

东海略答:古往今来为宙,时间无始无终;上下四方为宇,空间无边无际。因为本体其小无内、其大无外,一切时空都在本体范围内,即都在宇宙范围内(本心本性本体,异名同指,在宇宙为本体,在生命为本性,在人身为本心,就流行而言为天命)。离开本体无宇宙可言,离开宇宙无时空可言。

(9)—(10) 问的是命与身的关系。

东海略答:命,即天命,道体流行而为生命本性,所谓“天命之谓性”。这里的命,即本性、生命本质。身,这里指生命现象,包括肉体身与意识心。

生命本质与生命现象是不异不一的关系,或者说,是不二而又有别的关系。本质是本质,现象是现象,本质与现象不同、不一、有别,这是“命异身”;离开现象无本质可言,离开本质无现象可言,本质与现象不异、不二,这是“命即身”。

(11)—(14) 问的是生命有无后续存在的问题。

东海略答:生命有生老病死,但本性不灭,这一期生命死亡之后,又会“生”出新的生命来。本性不灭但生生不息。所以生命是断是常,要看从哪一个层面看。就现象而言(包括肉体现象和精神现象),时时刻刻都在变化,永无休止。有生必有死,任何生命包括释尊都绝不可能长生不老或永生不死,不常;就本性而言,可以说是永续的,历生死而不易、不断。

七　扁鹊和文挚的故事

扁鹊,春秋时名医,姓秦,名越人,因医术高明人称扁鹊(扁鹊是传说中黄帝时的名医)。《史记·扁鹊仓公列传》中介绍了他的几个故事,说明知人、知时、知几、知命的重要性。

一个是脍炙人口的扁鹊见齐桓公的故事,讲的是扁鹊的见几、知几,反衬出齐桓公的不知几。

> 扁鹊过齐,齐桓侯客之。入朝见,曰:“君有疾在腠理,不治将深。”桓侯曰:“寡人无疾。”扁鹊出,桓侯谓左右曰:“医之好利也,欲以不疾者为功。”后五日,扁鹊复见,曰:“君有疾在血脉,不治恐深。”桓侯曰:“寡人无疾。”扁鹊出,桓侯不悦。后五日,扁鹊复见,曰:“君有疾在肠胃间,不治将深。”桓侯不应。扁鹊出,桓侯不悦。后五日,扁鹊复见,望见桓侯而退走。桓侯使人问其故。扁鹊曰:“疾之居腠理也,汤熨之所及也;在血脉,针石之所及也;其在肠胃,酒醪之所及也;其在骨髓,虽司命无奈之何。今在骨髓,臣是以无请也。”后五日,桓侯体病,使人召扁鹊,扁鹊已逃去。桓侯遂死。使圣人预知微,能使良医得蚤从事,则疾可已,身可活也。

《韩非子·喻老》中也载有此故事。故事以时间为序,以蔡桓公病情的发展为线索,通过扁鹊“四见”的局势,阐明一个道理:不能盲目自信,不能讳疾忌医。

我们对待自己的缺点错误,也应该像对待疾病一样,要防微杜渐，虚心接受批评，防患于未然。人生、政治、社会各个领域各个方面都是相通的。正如司马迁所说："使圣人预知微，能使良医得蚤从事，则疾可已，身可活也。"

同时，这个故事启迪我们，要能够见几、知几。疾在腠理，汤熨可及；病在肌肤，针石所及；病在肠胃，火剂能及；病入骨髓，无奈何也。

东海有一阕词《贺新郎·感事》，用了这个典故：

残日悲西匿。酱缸深，赤橙蓝紫，渐成污黑。病在肌肤谁敢说，直到膏肓血脉，叹衮衮，依然讳疾。不到黄河心不死，奈佳人，落水皆成贼。天似醉，夜如漆。

孤灯独对千秋寂。踞书峰，真言吐处，自开灵国。偶尔扬眉嘲鬼魅，赢得人呼狂客。空自许，一流人物。众乐难求聊自乐，恣高吟醉展逍遥翼。天下事，娘希匹！

《陆贾新语》中载了第二个故事：

昔扁鹊居宋，得罪于宋君，出亡之卫。卫人有病将死者。扁鹊至其家，欲为治之。病者之父谓扁鹊曰："吾子病甚笃，将为迎良医治，非子所能治也。"退而不用，乃使灵巫求福请命，对扁鹊而呪。病者卒死，灵巫不能治也。夫扁鹊，天下之良医，而不能与灵巫争用者，知与不知也。故事求远而失近，广藏而狭弃，斯之谓也。

扁鹊是天下闻名的好大夫，这个做父亲的却放弃扁鹊而聘用巫师，结果害死了儿子，原因就在于不知人。

传说扁鹊的大哥医术更为高明。先秦道家著作《鹖冠子》记载：

魏文侯问扁鹊："子昆弟三人其孰最善为医？"扁鹊曰："长兄最善，中兄次之，扁鹊最为下。"魏文侯曰："可得闻邪？"扁鹊曰："长兄于病视神，未有形而除之，故名不出于家。中兄治病，其在毫毛，故名不出于闾。若扁鹊者，镵血脉，投毒药，副肌肤间，而名出闻于诸侯。"

镵(chán)，锐器，镵石，治病用的石针。这个故事表达的是中国医学上"上医治未病，中医治欲病，下医治已病"的道理。"于病视神，未有形而除之”，治病于无形，这是最高境界的智慧。

事后控制不如事中控制，事中控制不如事前控制，可惜大多数人不懂此理，等到重大损失已经造成，才亡羊补牢。成语故事曲突徙薪，讲的也是这个道理。智慧到了高处大处，无形无迹，完全看不出来，甚至在世俗眼里还会显得愚蠢。大智如愚，此之谓也。

司马迁在《史记·扁鹊仓公列传》中还记载了另一个故事：

扁鹊名闻天下。过邯郸，闻贵妇人，即为带下医；过洛阳，闻周人爱老人，即为耳目痹医；来入咸阳，闻秦人爱小儿，即为小儿医，随俗为变。秦太医令李醯自知伎不如扁鹊也，使人刺杀之。至今天下言脉者，由扁鹊也。

意思是说：扁鹊医术天下闻名。他经过赵国国都邯郸，听说当地人尊重妇女，便做妇科医生；到周朝国都洛阳，听说当地人爱戴老人，便当了眼耳鼻科和痹症科医生；来到秦国国都咸阳，听说秦国人喜爱小孩，便当了儿科医生。根据当地风俗不同而改变自己。

这是知时，识时务。扁鹊之所以能够“随俗为变”，是因为他博学多才，具有丰富的医学知识。当然，扁鹊仅仅是名医，他的智慧局限于医学，而不懂儒家明哲保身的大智慧，最后被嫉妒他的秦太医令李醯派人暗杀了。扁鹊明的只是医理，不是易理——易经的妙理。

另外，扁鹊治赵简子、虢太子的故事，可以类比于知命。

> 当晋昭公时，诸大夫彊而公族弱，赵简子为大夫，专国事。简子疾，五日不知人，大夫皆惧，于是召扁鹊。扁鹊入视病，出，董安于问扁鹊，扁鹊曰：“血脉治也，而何怪！……不出三日必间，间必有言也。”居二日半，简子寤……董安于受言，书而藏之。以扁鹊言告简子，简子赐扁鹊田四万亩。

“血脉治也，而何怪。”这里“治”字，是正常的意思。这是“知命”，扁鹊通过把脉知道赵简子脉相正常，三天内一定会平安醒来。

《史记》还详细介绍了扁鹊治虢太子“尸厥”的故事。扁鹊过虢。虢太子死，扁鹊至虢王宫门前，向一位喜好医术的中庶子打听情况后，判断虢太子没有死，而是“尸厥”。虢王听说了，赶紧有请。扁鹊叫他的学生子阳磨砺针石，取百会穴下针。过了一会儿，太子就苏醒了。因此,“天下尽以扁鹊为能生死人。扁鹊曰:越人非能生死人也,此自当生者,越人能使之起耳。”不是我能起死回生,而是虢太子本来就没有死。这是“知命”,知虢太子命还在,未绝。

《吕氏春秋·至忠》中介绍了一个医生的故事。故事中的医生文挚,明知医好了病人,自己有生命危险,但依然当仁不让,以身殉医,可以类比于儒家的以身殉道。

> 齐王疾痏,使人之宋迎文挚。文挚至,视王之疾,谓太子曰:“王之疾必可已也,虽然,王之疾已,则必杀挚也。”太子曰:“何故?”文挚对曰:“非怒王则疾不可治,怒王则挚必死。”太子顿首强请曰:“苟已王之疾,臣与臣之母以死争之于王,王必幸臣与臣之母,愿先生之勿患也。”文挚曰:“诺。请以死为王。”与太子期,而将往不当者三,齐王固已怒矣。文挚至,不解屦登床,履王衣,问王之疾,王怒而不与言。文挚因出辞以重怒王,王叱而起,疾乃遂已。王大怒不说,将生烹文挚。太子与王后急争之而不能得,果以鼎生烹文挚。爨之三日三夜,颜色不变。文挚曰:“诚欲杀我,则胡不覆之,以绝阴阳之气?”王使覆之,文挚乃死。夫忠于治世易,忠于浊世难。文挚非不知治王之疾而身获死也,为太子行难以成其义也。(《吕氏春秋·至忠》)

文挚,战国时期宋国人,深明医术。他采用心理疗法中的激怒疗法,刺激、激怒齐王,治好了齐王的忧郁症。结果正如文挚所预见的,他自己被齐王所杀。

其智早已预料到自己行为的后果,但当仁不让,文挚堪称医生中智勇双全的仁者。

十三

儒智的特点

樊迟问仁，子曰："爱人"。问知，子曰："知人"。

——《论语》

一　德智不二

里仁为美

人类智慧无数无量，以性质论，可分为正邪两种。俗话说，贼是小人，智过君子。小人盗贼也有他们的智慧，但那是小人之智，是邪智，而儒家智慧是圣贤之智，君子之智，是正智。换言之，儒家的智慧是道德的智慧，要接受道德原则的约束和规范。

根据儒家标准，邪智非智，坑蒙拐骗，欺诈而已，属于恶习的作用。冯梦龙指出："智由性出，诈以习成。诈能庇身而亦能杀身，智能善世而其利又不止于善世。智不可无，诈不可有。"（《智囊全集》）

儒智以仁为本。孔子说："里仁为美，择不处仁，焉得知？"（《论语·里仁》）里，邻里。周制，五家为邻，五邻为里，这里用作动词，指居住。孔子说："居于仁里是最好的。不择仁而居，哪算有智慧呢？"

儒家对物质生活包括居住条件要求不高，但很重视居处的人文道德环境及邻里人际关系。里仁为美，肯定了以仁为本、以礼相待的邻里风气和良好和谐的居住环境的重要性。

《左传》说："非宅是卜，唯邻是卜"；孟子说："居移气，养移体，大哉居乎！"说的都是邻里关系的重要性和生活环境对身心气质的影响。广为人知的孟母三迁、千金买邻等故事，都表现了古人对居住环境的重视。南北朝时期，季雅为与学者吕僧珍结邻，斥资千金从吕的邻居手中购房。吕僧珍感叹花费太过，季雅回答：我是"百金置宅，千金买邻"。

"里仁"可有三解：一、居于有仁德的地方，朱子注曰："里有仁厚之俗为美。择里而不居于是焉,则失其是非之本心,而不得为知矣。"二、与有仁德的人为邻里;三、依于仁,居于仁的境界。孔子说:"志于道,据于德,依于仁,游于艺。"又说:"为仁由己,而由人乎哉?""我欲仁,斯仁至矣。"孟子说:"仁,人之安宅也。"

三种解释都通,以第三解最为深刻。"择不处仁,焉得知?"解释为:人若不能定居于仁,修养不能达到仁境,就没有大智慧。这一种解释未必是孔子原意,但符合儒家义理。尽管定居于仁德之乡邻环境、选择仁德之人相处都很重要,但更重要的还是反求诸己,仁宅义路。

《中庸》说:"知仁勇三者,天下之达德也,所以行之者一也。"这个一,就是诚。"诚则明矣,明则诚矣。""诚者,非自成己而已也,所以成物也。成己,仁也;成物,知也。"诚,自然心地光明;心地光明自然诚。诚才能成己成物,成己为德,成物靠智。

子曰:"不仁者不可以久处约,不可以长处乐。仁者安仁,知者利仁。"(《论语》)

知,同智;利仁,以仁为利。孔子说:"不仁的人不能长久过俭约日子,不能长久过安逸日子。仁者以仁为安宅,智者以仁为利益。"仁者必有智,必能认识仁的重要性和根本性。《礼记·表记》里有同样的说法:"子曰:仁者安仁,知者利仁,畏罪者强仁。"

《论语·颜渊》载:

> 樊迟问仁。子曰:"爱人。"问知。子曰:"知人。"樊迟未达。子曰:"举直错诸枉,能使枉者直。"樊迟退,见子夏曰:"乡也,吾见于夫子而问知,子曰:'举直错诸枉,能使枉者直。'何谓也?"子夏曰:"富哉言乎!舜有天下,选于众,举皋陶,不仁者远矣;汤有天下,选于众,举伊尹,不仁者远矣。"

樊迟问怎样是仁。孔子说:爱人。又问怎样是智。孔子说:识人。樊迟不明白。孔子说:选拔正直的人安排在枉曲的人之上,就能使枉曲的人转化为正直。樊迟未解,见到子夏,就把孔子的话重述了一遍,问这是什么意思呀?子夏说:含义好丰富的话啊!舜有了天下,从群众中选拔人才,推举了皋陶,不仁的人就疏远了;汤有了天下,从众中选人,推举了伊尹,不仁的人就疏远了。

仁者爱人，智者知人，爱要普遍，而智有所选择，所以樊迟怀疑两者相悖，故一问于老师，再问于同学。仁与智虽有别，实相通。“举直错诸枉，能使枉者直”，是智之事，也是仁之事，是智与仁的统一。仁者必有智，智极必能仁，举直错诸枉，不仁者远矣，所以子夏赞叹“富哉言乎”。

以德为身

恭敬忠信是修养，也是一种为身之智。《孔子家语・贤君》记载：

> 颜渊将西游于宋，问于孔子曰：“何以为身？”子曰：“恭敬忠信而已矣。恭则远于患，敬则人爱之，忠则和于众，信则人任之。勤斯四者，可以政国，岂特一身者哉。”故夫不比于数而比于踈，不亦远乎；不修其中而修外者，不亦反乎；虑不先定，临事而谋，不亦晚乎。

颜渊将西行到宋国去，请问孔子什么是终生可以奉行的。孔子说恭敬忠信。恭就能远离祸患，敬就能受人爱戴，忠就能与人和睦，信就能让人信任，能做好这四项，就可以治理国家，何况一身呢？所以，那些（事奉君主结交友人）过于着急的人最终使人疏远，是求近反远；不修养内在而修饰外表，是颠倒；不事先考虑周全，临事才谋划，就晚了。《说苑・敬慎》也有类似记载。

曾子曰：“君子恭而不难，安而不舒，逊而不谄，宽而不纵，惠而不俭，直而不径，亦可谓知矣。”（《大戴礼记・曾子立事》）意谓君子恭敬而不畏惧，安逸而不舒慢，谦逊而不谄媚，宽容而不放纵，惠爱而不吝啬，正直而不径行，这也可以说是智慧了。恭敬、安逸、谦逊、宽容、惠爱、正直，都是道德修养，曾子将它们纳入智慧的范畴。

孟子曰：“子路，人告之以有过，则喜。禹闻善言，则拜。大舜有大焉，善与人同，舍己从人，乐取于人以为善。自耕稼陶渔以至为帝，无非取于人者。取诸人以为善，是与人为善者也。故君子莫大乎与人为善。”（《孟子・公孙丑上》）勇于改过和从善如流，有助于成功成德，是德，也是智。

子路在孔门，登堂而未能入室，但他有一个很大的优点，闻过则喜,听到别人给自己指出过错就高兴。夏禹也是这方面的模范,他听到善言,就要行一个大礼。比起子路夏禹来,大舜更高一筹。“善与人同,舍己从人,乐取于人以为善。”别人有善处、长处、优点,就向人看齐,向人学习,顺从别人,吸取过来,为我所用。这就是“与人为善”,偕同别人一起做善事。

德智不二。智,进可刷新政治,道援天下,退可独乐其乐,独善其身,可以死可以不死的时候,明哲足以保身。自古圣贤大儒,绝大多数都能逢凶化吉,遇难呈祥,并且安康长寿,寿终正寝,非徒然也。

自天佑之,吉无不利。从功利角度讲,义利不二,道德本身也是一种特殊的利益,并且有助于人身的康健安全。德不是智,但其作用可谓最大的智。例如,自古君子和孝悌之士逢凶化吉的故事很多。《太平御览·卷420》记载:

> 杜林弟成物故,隗嚣乃听林持丧东归。既遣而悔,追令刺客杨贤于陇遮杀之。贤见林身推鹿车,载致弟丧,乃叹曰:“当今之世,谁能行义?虽小人,何忍杀义士。乃亡去。”

杜林是东汉人,博学多闻,时称通儒。王莽末年,盗贼蜂起,杜林和弟弟杜成避难于河西(今甘肃武威),不肯做隗嚣的官。杜成去世,杜林请求送柩回乡安葬。隗嚣开始同意了,后来又后悔,派刺客杨贤去追杀他。杨贤追上之后,感念其友孝,不忍杀之。

杜林后来应光武帝之召,为侍御史,官至大司空。杜林曾于河西得漆书《古文尚书经》一卷,带在身边,贾逵为之作《训》,马融作《传》,郑玄《注解》,得以广泛流传。

缺德自误

世人往往误认智慧为愚蠢,错把聪明当智慧。其实聪明人往往缺乏智慧,智慧人一般不耍聪明。兹将聪明人与智慧人的区别略说如下:

> 聪明人爱说假话,智慧人怕说假话;
> 聪明人最怕吃亏,智慧人怕占便宜;
> 聪明人算人上瘾,智慧人助人为乐;

聪明人唯利是图，智慧人见义勇为；
聪明人薄情寡义，智慧人重情重义；
聪明人有己无人，智慧人自他兼顾；
聪明人欲望膨胀，智慧人淡泊自持；
聪明人斩尽杀绝，智慧人适可而止；
聪明人好夺擅争，智慧人谦退逊让；
聪明人追求热闹，智慧人享受寂寞；
聪明人弄权嗜术，智慧人经权结合；
聪明人拜金仗势，智慧人尊德重道；
聪明人自作聪明，智慧人守愚守拙；
聪明人心役于物，智慧人良知作主！

当然了，聪明人与智慧人的区别不是一成不变的。智慧人人具足，开发与否、开发程度高低不同而已。智慧人不会变小，聪明人却会变大，聪明大到一定程度，可以上升为智慧人。

细心的读者必已发现，上述智慧人的特征，与其说是智慧，不如说是道德。不错，在儒家，道德与智慧是不可分割的一体两面，对道德重要性的认识、对良知自性的证悟，本身就是一种高智慧。

德智不二，反过来就是，恶愚不二，邪恶与愚昧往往相辅相成、互相促成。愚昧是通往罪恶的要道，愚到一定程度，很容易滑向罪恶的深渊。五四以来中国灾难重重，社会苦难深深，知识群体的愚蠢是主要内因，其中又以反儒为愚蠢之最。反儒，是文化上的欺师灭祖，是智慧自残、道德自毁的典型表现，这样的社会势必一切失常，趋向疯狂！

小人往往都有小聪明，精于阴谋诡计坑蒙拐骗，但往往以害人始、以害己终，机关算尽反误了卿卿性命。《吕氏春秋·慎行》中介绍了楚国费无忌、齐国庆封两个小人的故事，都是聪明反为聪明误，善于害人最后害了自己。得出的结论是："凡乱人之动也，其始相助，后必相恶。为义者则不然，始而相与，久而相信，卒而相亲，后世以为法程。"

这也可以说是一个规律。所有"乱人"即小人和恶人，都是不值得信任的，他们之间也不可能产生真正的信任和友谊。他们开始或可互助相帮，后来必然互相厌恶、迫害甚至你死我活。秦法家的文化政治大腕们之间的互相谋害、自相残杀就是最好的证明。

可惜秦始皇只欣赏法家，不懂得学习一下颇有儒味的《吕氏春秋》，甚至还把相父和《吕氏春秋》“总编辑”吕不韦给逼死了。讽刺的是，《吕氏春秋》强调“慎行”头头是道，吕不韦却不“慎”死在自己私生子的手里，不知道“养”出秦始皇这样的人物，就是最大的不智不慎。利令智昏啊。

缺智会造成缺德，愚昧很容易成为罪恶的摇篮；缺德也会造成缺智，小人尤其是恶人，从根本上说一定是缺乏智慧的。我在《秦法家的下场》中，通过秦法家及其帮凶的命运和下场，得出了一个定律：恶必蠢。邪恶之人都有小聪明而无大智慧，最后聪明反被聪明误。恶的程度越高、时间越久，就越蠢，下场越悲惨。

法家大腕们的内斗内耗，是由他们学说的性质决定的。他们既不可能“团结一致”也不可能“为国为民”。法家学说是性恶论和君本位，以恶为本性，以君主为核心，一切围绕着君主转。当然，归根结底是一切围绕着自己转。

《昨非庵日纂》中有一个小故事：

> 有盗三人，发古冢获金，二人设计令一人买饭，俟其回推于崖下，二人平分所得。而买饭之人更欲独吞，预先投毒饭中，于是三人皆死。

故事虽小，触目惊心。或许在盗墓准备期及盗墓过程中，盗贼团伙也可能团结成步调一致的统一战线，但那只是暂时性利益性的苟合，持而不坚，坚而不久，迟早要自相残杀。

缺德和缺智的例子

儒家德不离智，智不离德，德智不二。智而缺德会邪恶化，德而缺智会愚蠢化，两种人都不儒家。这里举两个负面例子：吴起是智而缺德，其实智也不足；宋襄公是德而缺智，其实德也有限。

有智无德的吴起

不少人视吴起为儒家，大错特错。并非拜过儒师、读过儒书、说过儒话的就是儒，甚至并非有勇有谋、智慧超群者就是儒，吴起是最典型的例子。

吴起奉事鲁君。齐军攻鲁，鲁君想任用吴起为将，又有疑虑，因为吴起的妻子是齐人。吴起事业心重，夫妻情轻，为了取得鲁君信任，就杀了妻子。鲁君遂任命他为将，大败齐军。

仅此，吴起就绝非君子、自绝儒门了。杀妻求将，这不是小德出入而是丧心病狂，足以证明吴起的不仁不义。这种恶行彻底突破人伦底线，完全违背道德原则。

有人将吴起杀妻求将与唐太宗兄弟凶残相比。其实两者性质大不同，吴起是为了功名富贵主动杀妻，唐太宗是你死我活的自卫反击，情有可原。当然，唐太宗的行为终究是道德大污点。关此，朱熹和陈亮争论王霸义利问题时曾经谈到。

朱熹认为，三代是王道，在于以天理为根本，以仁政为目的，汉唐行霸道，其动机目的都是利欲，是假仁借义以行其私，“无一念不出于人欲”；陈亮惟重汉唐，认为汉唐君主有“拯民之志”。

我认为，对于汉唐，陈亮有所高估，朱熹过度贬低，汉唐之治，当然远逊于三代，但毕竟没有背离为政以德的原则。比较而言，我更认同陈亮这个说法：汉唐之心有不尽之处，汉唐之法有不备之事，但仍是三代延续下来的。

有人把“杀妻求将”视为权道，更是胡说八道。儒家权道有底线，不能违背基本道德原则，任何时候都不能恶意地以无辜生命为牺牲品，所谓“杀一无辜而得天下不为也”。“杀妻求将”是比一般牺牲无辜更加邪恶更不可饶恕的。这种事都可以说成权道，还有什么不可以从权的？

吴起似乎很勇敢有志气。“其少时，家累千金，游仕不遂，遂破其家，乡党笑之，吴起杀其谤己者三十余人，而东出卫郭门。与其母诀，齧臂而盟曰：起不为卿相，不复入卫。”可是，这种勇敢志气是残忍冷血无情无义的。

吴起曾受业于大儒曾申。曾申是曾参之子，字子西，从子夏受《毛诗》，传李克，从左丘明受《左传》，传吴起。吴起在曾申门下学习时，母死不奔丧，被逐出师门。白居易《慈乌夜啼》诗曰：“昔有吴起者，母殁丧不临。嗟哉斯徒辈，其心不如禽！”

不过，毕竟学过儒，吴起对道德的重要性是有一定认知的。他对魏武侯说的一番话，就完全符合儒家精神。当时武侯浮西河而下，行到中流，回头对吴起赞叹魏国山河之固，称之为魏国之宝。吴起回答说：

> 在德不在险。昔三苗氏左洞庭，右彭蠡，德义不修，禹灭之。夏桀之居，左河济，右泰华，伊阙在其南，羊肠在其北，修政不仁，汤放之。殷纣之国，左孟门，右太行，常山在其北，大河经其南，修政不德，武王杀之。由此观之，在德不在险。若君不修德，舟中之人尽为敌国也。

国家之宝，在于政治有道，不在关河险要。吴起能够认识到道德对于国家安全的重要性，颇有智慧。注意，好听的话不一定是仁义道德的话，也可能是巧言甚至歪理邪说，而吴起这段话是真正仁义道德的话。毕竟有儒学底子呀。

作为卓越的军事家和著名的政治、军事改革家，敢于改革，善于用兵，吴起是个常胜将军，智慧不可谓不高。《吴子》一书便是记载吴起与武侯的对话而成，与《孙子》合称《孙吴兵法》，在中国古代军事典籍中占有重要地位。

但吴起本质上是法家。儒家必须道德挂帅，而不能把法术势放前面；必须将道德贯彻到实际行动中去，而不能停留于口头上，不能形式主义和工具主义。

吴起是把道德当作工具使用的。他“善用兵，廉平，尽能得士心”“起之为将，与士卒最下者同衣食。卧不设席，行不骑乘，亲裹赢粮，与士卒分劳苦。卒有病疽者，起为吮之。”廉洁公平，对士卒极端关心，与他们同甘共苦。可是，吴起这么做的出发点是让士卒为他卖命，这是笼络下属的手腕，并不是真的关心士卒。因此，当时被吮疽的士卒之母闻之悲泣，哀叹儿子受此拉拢，定会与他父兄一样送命。

判断一个人是不是儒家，关键要看他的德行。吴起品性不良，知行割裂，能言未能行。正如司马迁所说：

> 世俗所称师旅，皆道孙子十三篇，吴起兵法，世多有，故弗论，论其行事所施设者。语曰：能行之者未必能言，能言之者未

必能行。孙子筹策庞涓明矣，然不能蚤救患于被刑。吴起说武侯以形势不如德，然行之于楚，以刻暴少恩亡其躯。悲夫！

吴起不乏智慧，毕竟肤浅。《吕氏春秋》指出："吴起见其所以长，而不见其所以短；知其所以贤，而不知其所以不肖。故胜于西河，而困于王错，顷造大难，身不得死焉。"（《吕氏春秋·执一》）"困于王错"，被王错所困，意谓受到王错的谗言诋毁。然据《资治通鉴》，谗毁吴起的是魏相公叔，而设计谗害吴起的是公叔之仆。或以为，王错就是公叔之仆。

田文死后，公叔为相，忌害吴起，谗之于魏武侯。吴起害怕，跑到了楚国。楚悼王久闻吴起的名声能力，封之为令尹。吴起就职后，厉行推动法家改革，让楚国仿佛吃了壮阳药，强盛一时，数年之间疆域扩张至百越，"于是南平百越；北并陈、蔡，却三晋；西伐秦。诸侯患楚之强"。

然而好景不长。楚悼王二十一年，悼王逝世，王族国戚乘丧追杀吴起。吴起逃到灵堂伏在悼王尸旁，被乱箭射杀。乱箭混乱之际亦射中王尸。熊臧继任楚王，命令尹逮捕作乱者，屠七十余家。

仿佛很有智慧，死后还能复仇。可是从儒家角度看，"以刻暴少恩亡其躯"，其所谓的智慧，终究不真更不大。善于用兵、善于钻营及妙于复仇，都是技术性的聪明才学，不足以让他摆脱悲惨的结局，成就人生的美好。王夫之在评论"智以亡身"的元魏著名谋略家崔浩时说："其智也，适足以亡其身；适足以亡其身，则不智莫大焉。"吴起同样是不智莫大焉。

吴起之死与儒家成仁取义性质截然不同，不仅毫无意义，而且死有余辜！

仁而不义的宋襄公

宋襄公，于公元前650年至前637年在位，宋桓公次子，子姓，名兹甫，谥号襄，为宋国君主，称"宋公兹甫"，简称"宋兹甫"。

宋襄公曾经要让位于庶兄目夷。《左传·僖公八年》载：

宋公疾，太子兹父固请曰："目夷长且仁，君其立之！"公命子鱼。子鱼辞曰："能以国让，仁孰大焉？臣不及也，且又不顺。”遂走而退。

这段记载说明，目夷就是子鱼。当时宋襄公要让位给目夷，他的父亲宋桓公把子鱼叫过来，子鱼说了一句推辞的话。可见宋襄公嘴里的目夷就是子鱼。《史记》里，司马光在《资治通鉴》中误将目夷和子鱼看作两个人了。

周襄王二年（公元前650年），宋襄公立，以其庶兄目夷为相，宋国由此称治。“宋襄公即位，以公子目夷为仁，使为左师以听政，于是宋治。故鱼氏世为左师。”（《左传·僖公九年》）

在宋襄公即位的第八年，即周襄王九年十月七日，齐桓公去世，齐国爆发了易牙之乱。齐桓公有六个儿子，而且都是庶妾所生，齐桓公与管仲立公子昭（后来的齐孝公）为太子，并将他托付给宋襄公。齐桓公去世后，易牙、竖刁、开方三人废掉太子公子昭，易牙与寺人貂杀死群吏，立公子无亏为君，公子昭逃到了宋国，得到宋襄公收留。

周襄王十年，宋襄公统领卫、曹、邾等四国联军杀向齐国，齐国贵族对公子昭怀有同情之心，就杀了无亏与竖刁，赶走了易牙，在国都临淄迎接公子昭回国。公子昭回国后当上了国君，是为齐孝公。

宋襄公为齐孝公复位起到很大作用，自负功高，德昭诸侯，便想仿效齐桓公，会盟诸侯，确定自己的盟主地位。目夷（子鱼）及公孙固认为宋国国力还不够强大，信义也未远播，不能急于图霸，“小国争盟，祸也。”但宋襄公不听，一意孤行，会盟诸侯于鹿地，以霸主之身份自居，招致齐孝公与楚成王的不满，终为楚人劫持，威严扫地，计划破产。《公羊传·僖公二十一年》记载：

> 宋公与楚子期以乘车之会，公子目夷谏曰：“楚，夷国也，强而无义，请君以兵车之会往。”宋公曰：“不可。吾与之约以乘车之会，自我为之，自我堕之，曰不可。”终以乘车之会往，楚人果伏兵车，执宋公以伐宋。宋公谓公子目夷曰：“子归守国矣。国，子之国也。吾不从子之言，以至乎此。”公子目夷复曰：“君虽不言国，国固臣之国也。”于是归设守械而守国。楚人谓宋人曰：“子不与我国，吾将杀子君矣。”宋人应之曰：“吾赖社稷之神灵，吾国已有君矣。”楚人知虽杀宋公犹不得宋国，于是释宋

公。宋公释乎执,走之卫。公子目夷复曰:“国为君守之,君曷为不入?”然后逆襄公归。

乘车之会,外交盟会,此指鹿上之盟。《公羊传》的描述颇为曲折生动,将目夷的智慧、忠诚和宋襄公的迂腐表现得栩栩如生。宋襄公回国后,意欲报仇,发兵攻郑,与楚决战于泓水。《左传》载:

宋公及楚人战于泓。宋人既成列,楚人未既济。司马曰:“彼众我寡,及其未既济也,请击之。”公曰:“不可。”既济而未成列,又以告。公曰:“未可。”既陈而后击之,宋师败绩。公伤股,门官歼焉。国人皆咎公。公曰:“君子不重伤,不禽二毛。古之为军也,不以阻隘也。寡人虽亡国之余,不鼓不成列。”子鱼曰:“君未知战。勍敌之人,隘而不列,天赞我也。阻而鼓之,不亦可乎?犹有惧焉!且今之勍者,皆我敌也。虽及胡耇,获则取之,何有于二毛!明耻教战,求杀敌也。伤未及死,如何勿重?若爱重伤,则如勿伤;爱其二毛,则如服焉。三军以利用也,金鼓以声气也。利而用之,阻隘可也;声盛致志,鼓儳可也。”(《左传·僖公二十二年,二十三年》)

宋襄公前不久刚刚上了楚国这个“强而无义”的夷国的大当,却一点不吸取教训,这次依然不听司马和目夷之言,真可谓朽木不可雕也。结果可想而知。宋师大败,他自己也受了重伤,次年因伤而死。

仁智勇三达德相辅相成,仁者必然智勇双全。宋襄公缺乏必要的智慧,既没有自知之明又没有知人之明,其仁义要加一个大大的引号,实质上是小仁小义,是仁而不义,大不义,对国家对自己都不负责任,也有违以直报怨的原则。

宋襄公的问题,首先是急功近利,好高骛远。他曾说齐桓公用管仲20年称霸而他等不了;其次是顽固迂腐,不听忠告不纳善言不自量力。司马迁将他列为五霸之一,主要是一种道德褒奖。因为他能让国,能讲信用宽而待人,在礼崩乐坏的春秋时期,颇为可贵。司马迁对宋襄公如是评论:

襄公之时,修行仁义,欲为盟主。其大夫正考父美之,故追

道契、汤、高宗，殷所以兴，作《商颂》。襄公既败于泓，而君子或以为多，伤中国阙礼义，褒之也，宋襄之有礼让也。（《史记》）

以德服人，并不排斥必要的谋略；足智多谋，并不影响以仁为本，尤其是"义战"即正义的军事行动，必须全力追求胜利，这是最大的仁义。《逸周书》中对此有相当充分的说明，其中武称、大武、大明武、小明武、柔武、大开武、小开武、武顺、武穆、和寤、武寤、克殷、世俘等十多篇，都是讨论用武原则的。《柔武》云：

故必以德为本，以义为术，以信为动，以成（诚）为新，以决为计，以节为胜。务在审时，纪纲为序……胜国若化，不动金鼓，善战不斗，故曰柔武，四方无拂，奄有天下。

宋襄公将为政之道和用兵之道混为一谈，迂腐愚蠢，其败也宜。

二　智者乐水

孔子说："知者乐水，仁者乐山。知者动，仁者静。知者乐，仁者寿。"（《论语·雍也》）智与仁，既有别又相通，且仁高于智。仁是至德，也是大智。智者不必有仁，仁者必有智。智慧到了最高处就成了仁。

《易经》三原则中有变易原则，智是通权达变，智者仿佛水流动而不滞，随岸赋形，故知者乐水；《易经》三原则中有不易原则，仁性有超越性和绝对性，仁者仿佛大山巍然，屹立而不动摇，故仁者乐山。朱熹说：

知者达于事理而周流无滞，有似于水，故乐水；仁者安于义理而厚重不迁，有似于山，故乐山。动静以体言，乐寿以效言也。

儒家喜用水喻智慧。《荀子》中有一段话，是绝妙的水赞：

孔子观于东流之水。子贡问于孔子曰："君子之所以见大水必观焉者是何？"孔子曰："夫水，大遍与诸生而无为也，似德；其流也埤下，裾拘必循其理，似义；其洸洸乎不淈尽，似道；若有决行之，其应佚若声响，其赴百仞之谷不惧，似勇；主量必平，似法；盈不求概，似正；淖约微达，似察；以出以入，以就鲜絜，似善化；其万折也必东，似志。是故君子见大水必观焉。”（《荀子·宥从》）

子贡问孔子：“您为什么一看见浩大的流水就一定会观赏它？”孔子说：“那流水浩大，普遍施与各种生物而无所为，好像德；它流向低下的地方，弯弯曲曲一定遵循向下流动的规律，好像义；它浩浩荡荡没有穷尽，好像道；如果有人掘开堵塞物而使它通行，它随即奔腾向前，其应如响，它奔赴上百丈深的山谷毫不畏惧，好像勇；水注入量器时一定很平，好像法；注满量器后不需要用刮板刮平，好像公正；柔软地到达所有细微的地方，好像明察；各种东西被水一淘洗，便一点点鲜美洁净起来，好像善于教化；它千曲万折而一定向东流去，好像志。所以君子看见浩大的流水一定观赏它。”

这篇流水赞，《孔子家语》《说苑》《韩诗外传》都有记载。水，似德，似义，似道，似勇，似法，似正，似察，似善化，似志。这里的“察”，就属于智慧的范畴。水，不愧为德智的统一。

真正的智慧必然与道德联系在一起。东海曾经提出“良知主义七大定律”，其三是“德智统一律”：高道德者必有一定的智慧，有智慧者不一定有道德（仁者必有智，智者不必有仁），这是一般而言。智慧高到一定程度，就能认识到道德的重要和良知的奥秘，必具有相应的道德。

荀子还有一篇赋是赞美儒智的。他写道：

皇天隆物，以示下民，或厚或薄，常不齐均。桀纣以乱，汤武以贤。涽涽淑淑，皇皇穆穆。周流四海，曾不崇日。君子以修，跖以穿室。大参乎天，精微而无形，行义以正，事业以成。可以禁暴足穷，百姓待之而后泰宁。臣愚不识，愿问其名。曰：此夫安宽平而危险隘者邪？修洁之为亲而杂污之为狄者邪？甚深藏而外胜敌者邪？法禹舜而能弇迹者邪？行为动静待之而后适者邪？血气之精也，志意之荣也，百姓待之而后宁也，天下待之而后平也，明达纯粹而无疵也，夫是之谓君子之知。

隆:通降。涽涽:水混浊的样子,喻神智不清。淑淑:水清澈的样子,喻头脑清醒。皇皇:盛大的样子,形容智慧浩瀚。穆穆:静穆的样子,形容智慧无声无息。狄:通逖,远也。弇(yan):覆盖,承袭。

上天降下一样东西,用来施给天下人;或丰厚或微薄,常常分配不平均。桀纣因此而昏乱,汤武因之特贤能。或混沌或清明,浩瀚无涯静无闻。四海之内全流遍,竟然不到一整天。君子借之修身心,盗跖借之劫其邻。高大它和天相并,细微它不显其形。德行道义赖其正,事情功业赖其成。可用来禁止暴行、致富脱贫,百姓得到她才能太平安定。恕我愚昧无知,希望打听其名称。答曰:这东西是以宽广平坦为安全、以崎岖狭窄为危险的吗?是亲近美好廉洁之德而疏远杂乱肮脏之行的吗?是深藏在心而对外能战胜敌人的吗?是效法禹舜而能沿着他们的足迹前进的吗?是行为举止靠了她然后才能恰如其分的吗?是血气的精华,是意志的精英。百姓得到了她才能安宁,天下得到了她才能太平。它明智通达纯粹而没有瑕疵,这叫做君子的智慧。

重德尊圣,对于全面深入地把握儒家智慧至关重要;而智慧越高,对道德的奥妙和圣贤的高明懂得越多,越重德尊圣。《论衡·讲瑞》载:"子贡事孔子一年,自谓过孔子;二年自谓与孔子同;三年自知不及孔子。当一年二年之时,未知孔子圣也,三年之后,然乃知之。"

子贡初拜孔子为师时,感到孔子并无什么了不起,慢慢地却越来越尊崇,比孔子为日月,任何人不能超过。《论语·子张》载,鲁国大夫叔孙武叔说:"子贡贤于仲尼"。子贡马上反驳说:"譬之宫墙,赐之墙也及肩,窥见室家之好。夫子之墙数仞,不得其门而入,不见宗庙之美,百官之富。"

有人毁谤孔子时,子贡挺身而出说:"无以为也,仲尼不可毁也。他人之贤者,丘陵也,犹可逾也;仲尼,日月也,无得而逾焉。人虽欲自绝,其何伤于日月乎?多见其不知量也"。陈子禽怀疑孔子的伟大,问子贡:"子为恭也,仲尼岂贤于子乎?"子贡回答:"君子一言以为知,一言以为不知,言不可不慎也。夫子之不可及也,犹天之不可阶而升也。"

三 智乐相通

儒智与乐相通。“知之者，不如好之者；好之者，不如乐之者。”获得学问智慧的过程与结果都能够产生快乐。“不仁者不可以久处约，不可以长处乐”，反过来，仁者必有智，智必能够享受真正的快乐。智中有乐，智者自得其乐，故孔子说“知者乐”。又说“人不堪其忧，回也不改其乐；乐以忘忧，不知老之将至”；孟子曰：“反身而诚，乐莫大焉”。

因为道德与智慧一体，而道德是快乐的哲学，所以智慧与快乐也是相通和“不二”的。

“乐”字乃儒家要旨。《论语》开卷即标出三“乐”：学而时习之，乐；朋自远方来，乐；不知而不愠，仍然是乐。《易经》说：“遁世无闷”“不见是而无闷”“险以悦，困而不失其所亨，其为君子乎。”

有得于道，自得其乐，有朋共乐，外人了不了解、理不理解，有什么关系呢？陈继儒在《小窗幽记》中说：“至音不合众听，故伯牙绝弦；至宝不同众好，故卞和泣玉。”东海唱反调曰：至音不合众听，弹给自己听，何必绝弦，伯牙可笑乡巴佬；至宝不同众好，只要自家好，何须泣玉？卞和真是死奴才！

儒学是一门快乐的学说。下学上达，学习，可以觉悟“性与天道”。学习的过程固然乐，学习的结果更是乐。宋儒有个命题叫孔颜之乐，乐在有德、乐在得道也。乐是自性之德。觉自本心，悟自本性，自然乐在其中。那是一种“无所倚”的内乐，自满自足不假外求。在良知光明的基础上，物质利益可为幸福添光彩，荣华富贵可为快乐锦上添花。

君子忧道，圣贤淑世，那是先天下之忧而忧，是为世间苦难而忧；是忧道之不行，忧社会制度不良，人类良知不明；从个人角度着眼，则是仁者无忧。即使生活贫困，遭遇艰危，儒者亦不改其乐，不为外物所役，不被外境所摇，穷亦乐达亦乐，顺亦乐逆亦乐。程颢作《秋日偶成》，没有一个乐字，却把儒者的快乐写透了：

闲来无事不从容，睡觉东窗日已红。
万物静观皆自得，四时佳兴与人同。
道通天地有形外，思入风云变态中。
富贵不淫贫贱乐，男儿到此是豪雄。

程颢是著名理学家。理学又名道学，按地域可分为濂学（周敦颐）、洛学（二程）、关学（张载）、闽学（朱熹）、阳明学（王阳明）及泰州学派（王艮）、东林学派（东林党）等，现代学术界通常分之为四大派：气学、数学、理学、心学。但不论哪门哪派，都赞同和推崇孔颜之乐，把“乐”视为思想理论的重要部分乃至哲学最高境界。

程颢人格温和纯净，朱光庭拜见程颢回来后对人说，“光庭在光风中坐了一个月”；他的门人刘安礼云：“明道先生德性充完，粹和之气，盎于面背，乐易多恕，终日怡悦。从先生三十年，未尝见其忿厉之容。”（见《近思录》）

《秋日偶成》一诗，将程颢从容自得、怡然自乐之精神状态表露无遗，真可谓道心超乎其外，思想得其环中。这种快乐当然不受贫贱富贵的影响，富贵不淫，贫贱也乐。

万物静观皆自得。静观，静心仔细观察。高层静心，深度静观，唯觉悟者做得到。

曾有学生问刘文典：如何才能写好文章？刘答：“观世音菩萨。什么意思呢？观：多多观察生活。世：明白人心世故。音：文章要讲究音韵节奏。菩萨：就是文章的思想要有悲天悯人的情怀，要有关爱众生的菩萨心肠。”刘文典，国民党时代曾任安徽大学校长，曾因不满蒋介石指手画脚踹过蒋的裤裆。

儒家礼乐并重。快乐之乐与音乐之乐、礼乐之乐不同义，但有其内在关联性。《礼记》曰：“移风易俗，莫善于乐”，《乐记》说：“乐在宗庙之中，君臣上下同听之则莫不和敬；在族长乡里之中，长幼同听之则莫不和顺；在闺门之内，父子兄弟同听之则莫不和亲。”《乐记》将礼乐刑政作为实现王道的要素共同提出，礼乐相辅相成，儒家在政治上是礼教，更是乐教。“求乐教之大同”应该成为现代社会理想。

自古圣贤大儒无不快乐。孔子自称乐以忘忧不知老之将至。

最能说明孔子(及颜子)之乐的是下面三段语录:

> 子曰:饭疏食饮水,曲肱而枕之,乐亦在其中矣。不义而富且贵,于我如浮云。(《论语·述而》)
>
> 子曰:贤哉,回也!一箪食,一瓢饮,在陋巷,人不堪其忧,回也不改其乐。贤哉,回也!(《论语·雍也》)
>
> 点!尔何如?鼓瑟希,铿尔,舍瑟而作,对曰:异乎三子者之撰。子曰:何伤乎?以各言其志也。曰:暮春者,春服既成,冠者五六人,童子六七人,浴乎沂,风乎舞雩,咏而归。夫子喟然叹曰:吾与点也!(《论语·先进》)。

孔颜之乐,其来有自。

孔子倡导乐教,把乐作为“六艺”之一,列入教育科目,寓教于乐。他说“兴于诗,立于礼,成于乐”,主张以音乐来陶冶人的性情,完成人格修养,让人们相亲相爱,和睦融洽。乐被儒家视为教化之具,但快乐也是乐教题中应有之义,所谓君子乐而不淫哀而不伤、君子忧道不忧贫,所谓“儒者自有名教可乐”,儒家之乐,根之于心,本之于仁,有其内在的根源。

“儒者自有名教可乐”,这句话是倡言“先天下之忧而忧,后天下之乐而乐”的名臣范仲淹对理学奠基人张载说的。张载年轻时喜谈兵,曾上书谒见时任陕西招讨副使的范仲淹,范便说了这句话。此后张载潜心《中庸》,兼访阅释老之书,最后建立了自己的哲学体系。

“寻孔颜乐处”乃宋明理学的重大思想课题。脍炙人口的《爱莲说》的作者周敦颐是理学大师,也是理学创始者二程的老师。程颢后来在回忆早年周敦颐对他的教诲时说:“昔受学于周茂叔,每令寻颜子仲尼乐处,所乐何事”。周敦颐提出的“寻孔颜乐处”对于二程及整个宋明理学确实产生了重大的影响。

对孔颜之乐,二程及其门下弟子时有讲论。《程氏外书》卷八载:“游酢初见伊川,伊川因谓:君子食无求饱,居无求安,颜子箪瓢陋巷不改其乐,箪瓢陋巷何足乐?盖别有所乐以胜耳。”

程颐,即伊川,就是冯梦龙《古今笑史》那个“不近妓”笑话中见有妓侑觞便拂衣起,第二天愠尤未解的老古板。其实此君是个快乐的小老头。程颢与程颐兄弟二人性情不同,一平易,一严肃,但对于孔颜乐处都深有体会,各有领悟。程颢重气象,得吟风弄月、风月无边之乐;程颐认为,道并不是乐的对象,而是人达到与道为一的境界所自然享有的精神和乐。邹浩说他“见处极高”,“吾虽未识伊川面,已识伊川心,何其所造之深也”。

程颐晚年更趋和易,气貌容色皆胜平日,自云:“学之力也。大凡学者,学处患难贫贱,若富贵荣达,即不须学也”。有人慰劳他:“先生谨于礼四五十年,应甚劳苦。”他说:“吾日履安地,何劳何苦。他人日践危地,此乃劳苦也。”(《二程集》)理学集大成者朱熹认为,义精仁熟的至高理想境界的达到,除了德的积累,还需要“乐”的感化。他在《论语集注》中对孔子“成于乐”的注释是:

> 乐有五声十二律,更唱迭和,以为歌舞八音之节,可以养人之性情,而荡涤其邪秽,消融其渣滓。故学者之终,所以至于义精仁熟,而自和顺于道德者,必于此而得之,是学之成也。

朱熹对《论语·先进》中曾点之乐的解释是:

> 曾点之学,盖有以见夫人欲尽处,天理流行,随处充满,无少欠阙。故其动静之际,从容如此。而其言志,则又不过即其所居之位,乐其日用之常,初无舍己为人之意。而其胸次悠然,直与天地万物上下同流,各得其所之妙,隐然自见于言外。

心学代表陆九渊颇为推崇大程,他说:“二程见周茂叔后,吟风弄月而归,有‘吾与点也’之意。后来明道此意却存,伊川已失此意。”他认为程颢自然、自在、自得方面与他最为一致,而程颐却失了自然自在“冲然淡然”的气象。陆九渊把自然自在自得作为修养的原则,说:“内无所累,外无所累,自然自在。才有一些子意便沉重了。彻骨彻髓,见得超然,于一身自然轻清,自然灵。”(《陆九渊集·语录下》)就是说,一个人内外无累超然自在,才可达到轻清灵妙的境界。

心学宗师王阳明说:“洒落为吾心之体,敬畏为洒落之功”。洒落即是一种乐。他有一首题壁诗写的就是这种洒落的精神境界,诗曰《泛海》:

险夷原不滞胸中，何异浮云过太空。
夜静海涛三万里，月明飞锡下天风。

王阳明十分重视“乐”的境界和“乐”的工夫。《王阳明全集》载，他在写给弟子的信中说：

乐是心之本体。仁人之心，以天地万物为一体，欣合和畅，原无间断。来书谓“人之生理，本自和畅，本无不乐，但为客气物欲搅此和畅之气，始有间断不乐。”是也，时习者，求复此心之本体也。悦则本体渐复矣。朋来则本体之欣合和畅，充周无间。本体之欣合和畅，本来如是，初未尝有所增也。就使无朋来而天下莫我知焉，亦未尝有所减也. 来书云“无间断”意思亦是。圣人只是至诚无息而已，其工夫只是时习。时习之要，只是谨独。谨独即是致良知。良知即是乐之本体。

王艮是“泰州学派”掌门人。王艮自小好学不倦，以学为乐，他说：

天下之学，惟有圣人之学好学，不费些子气力，有无边快乐，若费些子气力，便不是圣人之学，便不乐。

他认为，人本性自然，自然趋向快乐，“人心本是乐”，“天性之体，本自活泼。鸢飞鱼跃，便是此体”。(《王之斋全集》。

王艮作有《乐学歌》：

人心本自乐，自将私欲缚。私欲一萌时，良知还自觉。一觉便消除，人心依旧乐。乐是乐此学，学是学此乐。不乐不是学，不学不是乐。乐便然后学，学便然后乐。乐是学，学是乐。吁乎！天下之乐，何如此学，天下之学，何如此乐！

王艮儿子王襞谈及父亲学说时说：“鸟啼花落，山峙水流，饥食渴饮，夏葛冬裘，至道无余蕴矣。”顺应大自然和本性的要求，就是至道和快乐。王襞认为乐即道，乐即心，无所谓所乐者是心抑是道的问题。乐的境界便是心、便是道的境界。他将乐区分为有所倚之乐和无所倚之乐，认为孔颜之乐就是一种人人本自具有的无所倚之乐。

被程颢称为“风流人豪”的“数学”派代表人物邵雍，也从一个侧面实践了孔颜之乐。邵雍博学多才，尤精《易》理，乐观随和，与世无争，不求荣利，终生不求仕进。嘉祐年间，朝廷下诏寻求隐士，洛阳留守王拱辰推荐邵雍，因授为将作监主簿，接着举进士，补颍州团练推官。邵雍一概固辞，不允，才勉强受命，然称疾不赴任。他隐居洛阳，家境清寒却自得其乐。《宋史·道学传》载：

> 蓬荜环堵，不庇风雨，躬樵苏以事父母，虽平居屡空，而怡然有所甚乐。旦则焚香燕坐，脯时酌酒三四瓯，微薰即止，常不及醉也，兴至辄哦诗自咏。

后来司马光等二十余人集资为他购置园宅，他“岁时耕稼，仅给衣食，名其居曰安乐窝”，自号“安乐先生”，诗《安乐吟》云：

> 安乐先生，不显姓氏。垂三十年，居洛之涘。
> 风月情怀，江湖性气。色斯其举，翔而后至。
> 无贱无贫，无富无贵。无将无迎，无拘无忌。
> 窘未尝忧，饮不至醉。收天下春，归之肝肺。
> 盆池资吟，瓮牖荐睡。小车赏心，大笔快志。
> 或戴接篱，或著半臂。或坐林间，或行水际。
> 乐见善人，乐闻善事。乐道善言，乐行善意。
> 闻人之恶，若负芒刺。闻人之善，如佩兰蕙。
> 不侵禅伯，不谈方士。不出户庭，直际天地。
> 三军莫凌，万钟莫致。为快活人，六十五岁。

儒学是道德之学，也是智慧之学，又是快乐哲学。不论是纵横官场、驰骋战场还是流放龙场，不论是沉屈下僚、讲学书院还是隐居山乡，不论仕途是否畅达，人生是否得意，那些儒学前辈巨子们都活得那么充实饱满、自信自尊，享有“无所倚”的内在快乐。

乐字乃儒家道德智慧的要旨。如果说君主社会“严礼教之大防”为历史的必然，那么，“求乐教之大同”就是理想的最高。

东海大半辈子勤读精思吟咏写作不辍，乐在其中，“南面王吾不易也”，上界神仙之乐吾不易也。有人说我有政治野心，那是眼界太浅、层次太低，难以领会我内心的充实、满足与快乐。说我有“文化野心”还差不多。当然，说我拥有上界神仙之乐是一种形容，不确。

我的乐不同于庄禅，洒落中有深沉，笑容中含热泪，至乐中有大悲，有一份深沉的现实忧患和历史责任。《东海歌》自写亦乐亦忧、大忧大乐的那种心态曰：

东海先生，人也何许？不洋不土，非今非古。
善于诗赋，才兼文武。学杂而博，成名无所。
也曾稼穑，也曾商贾。也曾江湖，酒龙拳虎。
客游倦矣，翩然归去。邕江隐迹，陋巷客寓。
食唯求饱，衣不求酷。人不堪忧，我独自足。
深沉哲思，妙悟艺术。闲来吟咏，忙于写作。
笔动风云，神牵万物。字字泪血，句句肺腑。
胸胆开张，民胞物与。宇宙精神，往来无牾。
不移不屈，无惑无惧。湛然心清，浩然气足。
独歌独乐，乾坤独步。枭眼一击，洞穿万物！

诗中“学杂而博，成名无所”句化用《论语》中“大哉孔子，博学而无所成名”句，意谓自个儿学问广博，很难用某一方面的专长来概括。并非是说想成名而不得，呵呵。

宋美龄这个人怎么样这里不予评论，但她有一段话说得很好，共赏一下：

品德是无法伪造的，也无法像衣服一样随兴地穿上或脱下来丢在一旁。就像木头的纹路源自树木的中心，品德的成长与发育也需要时间和滋养。也因此，我们日复一日地写下自身的命运，因为我们的所为毫不留情地决定我们的命运。我相信这就是人生的最高逻辑和法则。

是的，品德是无法伪造的，真理、智慧、快乐都是无法伪造或伪装的，必须依靠自己去证悟、体会和享受。

四　智勇不二

勇而不智和智而不勇，都不儒，至少欠大。

先讲一个古代寓言故事。齐国有两个好勇的人，一个住在城东，一个住在城西，有一天两人在路上不期而遇。一人说："难得见面，一起喝杯酒吧？"酒喝了几杯后，一人说："姑且弄一点肉来吃吃怎么样？"一人说："你身上有肉，我身上也有肉，为什么还要另外找肉呢？"于是准备了酱料之后，两人便拔出刀来，割自己身上的肉吃，吃到死才停止。原文如下：

齐之好勇者，其一人居东郭，其一人居西郭，卒然相遇于途，曰：盍相饮乎？饮数行，曰：姑求肉乎？一人曰：子，肉也；我，肉也。尚胡求肉为？于是具染已，因抽刀割己肉而啖，至死而止。勇若此，不若无勇。（《吕氏春秋》）

这样愚蠢的勇，不如无勇。当然，这是寓言，现实生活中，割身上的肉以表现自己勇敢，蠢到这种地步的人，难得一见。作为比喻则极妙，古今割肉充腹者太多了。唐太宗说过一句话：

君依于国，国依于民。刻民以奉君，犹割肉以充腹，腹饱而身毙，君富而国亡。故人君之患，不自外来，常由身出。夫欲盛则费广，费广则赋重，赋重则民愁，民愁则国危，国危则君丧矣。朕常以此思之，故不敢纵欲也。（《资治通鉴·唐纪》）

有勇无谋、有勇无智或者勇有余而智不足的人物，古今中外层出不穷。《晏子春秋》里有个"二桃杀三士"的故事：春秋时齐景公将两个桃子赐给公孙接、田开疆、古冶子三个勇士，三人因论功相争而死。这则故事本是赞美晏子的谋略和机智的，"二桃杀三士"亦比喻借刀杀人。但从另一个角度看，这三个勇士实在愚蠢。

孔门仲由亦是勇有余而智不足的典型。

仲由字子路，又字季路。子路伉直好勇的性格在师从孔子之前就已形成。《史记·仲尼弟子列传》载："子路性鄙，好勇力，志伉直，冠雄鸡，佩猳豚"，《集解》说："冠以雄鸡，佩以猳豚。二物皆勇，子路好勇，故冠之。"头上戴着饰有雄鸡羽毛的帽子，腰间佩带着猳豚的装饰，雄鸡、猳豚都是勇猛之物，由此可以想象出子路的好勇之态。

勇是三达德之一，当然值得肯定，但子路之勇，过于鲁莽，失之偏激,不计后果,不合中道,就像一块没经过裁剪的原木。子路师从孔子后,尽管孔子循循善诱,子路也认真学习,颇为精进,但伉直好勇之气始终未能脱尽。这一直让孔子很担心,多次予以严厉批评。孔子曾警示他:

> 暴虎冯河,死而无悔者,吾不与也。必也临事而惧,好谋而成者也。

"临事而惧"不是怯懦而是处理事情的认真和慎重。用毛氏的话说,在战术上重视敌人,在战略上藐视敌人。"临事而惧"与"勇者不惧"是相辅相成的关系。临事而惧,是为了把事情干好,干成功,好谋而成。

孔子又批评子路"好勇过我,无所取材""不得其死"等,只可惜,子路未能完全领悟孔子的训导,最后还是由于不明大义而"不得其死":仕于不值得出仕的国,助了不值得襄助的人,于孔悝之难中白白牺牲,死得没有价值没有意义——除了具有美学上的浪漫意义。

注意,子路智慧不足,并非愚蠢,只是勇有余而智不足。孔子曾评价子路:"由也升堂矣,未入于室也。"这话有肯定,有遗憾。子路性格爽直,信守承诺,忠于职守,擅长政事,重友朋,讲信义,身上优点很多,"好勇过我,无所取材"是他的美中不足。孔子这句话的意思是,子路争强好勇超过了我,却不懂得取裁。

勇有大小之分。苏轼《留侯论》开头写道:"古之所谓豪杰之士,必有过人之节。人情有所不能忍者,匹夫见辱,拔剑而起,挺身而斗,此不足为勇也。天下有大勇者,卒(猝)然临之而不惊,无故加之而不怒,此其所挟者甚大,而其志甚远也。"极赞张良之勇。张良是个智者,张良之勇因为有智慧的配合,所以是大勇。匹夫之勇则属于小勇。

在儒家,勇敢一定要有智慧配合,智慧也一定要有勇敢配合。智而不勇,见义不为,当仁而让,智慧就丧失了意义,至少意义不大,智慧再高,也不过是个利己主义者。某些道家人物的表现,就是智有余而勇不足,缺乏必要的社会责任感和爱民救世的热诚,一味明哲保身。当然,智而不勇还好,利己未必损人;如果智而不仁,那就坏了,智就难免流于邪智,狡猾奸诈,两面三刀,阴谋诡计,为了利己,不惜损人,不惜祸国殃民,最后也必然会害了自己。

春秋时期郑国弦高就是智勇双全的典型。秦穆公派孟明领军偷袭郑国,被郑国商人弦高发现了。他一边派人向郑伯报告,一边假托郑伯的命令,带上十二头牛去犒劳秦军。秦国将领认为,郑国已经知道了秦军来犯的消息,防备一定很坚固,进兵难以取胜,于是调转军队返回秦国了。这才是儒商啊。

总之,智和勇,焦不离孟,孟不离焦,智勇双修,才能抵达仁的境界。智者不一定勇,勇者不一定智,而仁者一定智勇双全。仁者见义必然勇为,当仁必然不让,必要的时候,连性命也可以牺牲掉。杀身成仁,舍生取义,成就良知的辉煌。

孟子说:"可以死,可以不死,死伤勇。"反过来,应该死、必须死的时候不死,就更伤勇了。而判断是否可以死,应该死,就属于智慧的范畴。

五 重视知识

知与智两个字在古代可以通用。智是更高层次的知,是系统、规范和综合的学问;《易大传》说:"知周乎万物而道济天下","周乎万物"的知,兼含知识和智慧意。智比知级别高,乃儒家认识论、伦理学和价值观的基本范畴。《荀子》说:"所以知之在人者谓之知,知有所合谓之智。"把智视为知识的综合、融合。

有人说:"智是能力,慧是境界;智是做加法,慧是做减法;智是知道如何进,慧是懂得怎么退;智者拿得起,慧者放得下;智是后天的(知识)积累,慧是先天的根性。"《方言》说:"知或谓之慧",将知与慧也同等起来。

儒家对待知识的态度,与佛道两家有所不同。佛道都有反知倾向。道家强调"绝圣弃智,绝学无忧";佛教对世间知识非常警惕,发展到禅宗"不立文字,直指人心"的极端。

唯儒家特别重视文化、道德、政治、社会、物理、科学等各个领域知识的吸收,把知识视为通往智慧的桥梁,"韩信将兵,多多益善"。

《论语》一开头就强调“学而时习之”，又说“学而不思则罔，思而不学则殆”，又说“好学近乎知”；孔子说“吾十有五而志于学”，《大学》八条目，以“格物致知”为先。古人云：正邦须自明伦始，东海对曰：成德原宜格物先。

智慧的获得是外在的客观知识与内在的主观道德互相结合和完善的过程，也是人超越自身局限、获得理想人格的重要途径。同时，儒智特别理性。“樊迟问知。子曰：‘务民之义，敬鬼神而远之，可谓知矣’。”（《论语·雍也》）着眼人世，致力于人道之宜，敬鬼神而远之，体现了圣人的理性精神。儒家强调德性，德性高于理性而又涵盖理性。

孔子认为，好学能够去除德行方面的六大障碍及缺陷。《论语·阳货》记载：

> 子曰：“由也，汝闻六言六蔽矣乎？”对曰：“未也。”“居，吾语汝。好仁不好学，其蔽也愚；好知不好学，其蔽也荡；好信不好学，其蔽也贼；好直不好学，其蔽也绞；好勇不好学，其蔽也乱；好刚不好学，其蔽也狂。”

孔子说：“仲由，你听说过六个字的六种弊病吗？”回答：“没有呀。”孔子说：“坐下，我告诉你。爱仁德不爱学习，其弊病是愚昧；爱智慧不爱学习，其弊病是放荡；爱守信不爱学习，其弊病是伤害；爱直率不爱学习，其弊病是刻薄；爱勇敢不爱学习，其弊病是闯乱子；爱刚强不爱学习，其弊病是狂妄。”

仁为众德之本，本来无蔽，但是，好仁未必得仁，如不能通过学习理解仁的奥秘，证悟仁的真实，也会出问题，“其蔽也愚”。孔安国注：“仁者爱物，不知所以裁之则愚也。”

好知不好学，其蔽也荡。知即智，荡即放荡。孔安国注：“荡，无所适守。”一味倚恃聪明才智，不顾道德规范，就会放荡而无操守。

好信不好学，其蔽也贼。贼，《皇疏》作害字讲，以为不学而信，则信得不合宜，以致贼害其身和他人。燕尾生的故事就是最好的例子。刘氏《正义》引管同《四书纪闻》说：“大人之所以言不必信者，惟其为学而知义所在也。苟好信不好学，则惟知重然诺，而不明事理之是非。谨厚者则硁硁为小人。苟又挟以刚勇之气，必如周汉刺客游侠，轻身殉人，捍文网而犯公义，自圣贤观之，非贼而何哉。”

好直不好学，其蔽也绞。《泰伯篇》：“直而无礼则绞。”马融注：“绞，绞刺也。”《皇疏》据此义解释：“绞犹刺也，好讥刺人之非，以成己之直也。”直是美德，但须好学以合中道，否则如《子路篇》所记：“叶公语孔子曰：吾党有直躬者，其父攘羊，而子证之。”这是好直而不好学之蔽。

好勇不好学，其蔽也乱。本篇另有一章说：“君子有勇而无义为乱。”邢昺疏据以解释此章：“勇谓勇敢，当学以知义。若好勇而不好学，则是有勇而无义，则为贼乱。”义，《中庸》说：“义者宜也。”因此《释名》解释义字说：“义，宜也，裁制事物使各宜也。”

好刚不好学，其蔽也狂。狂，孔安国注：“狂妄，抵触人也。”《论语·公冶长》中孔子说：“吾未见刚者。”邢昺疏：“刚者质直寡欲。”质直寡欲，固然很好，但如只好刚而不好学，不得中和之道，便致言语行为抵触他人。

仁、智、信、直、勇、刚都是好品德，但是，如果不通过学习而把握其本质，便很容易偏执一隅，造成危害，变成“六蔽”，成为佛教所说的“所知障”。

老子说：“为学日益，为道日损。”确实，但为学和为道不一定矛盾。只要明白知识的局限性，警惕所知障，那么，知识和智慧的增长就可以同步进行，知识的增长就可以不断产生质的飞跃，进入智慧境界和道德境界。

所以在儒家，为学和为道、日益和日损是统一的。佛道两家对习性及欲望时有过度严厉之嫌，其境界高处，不仅绝弃世俗知识，甚至排斥善习善欲。儒家则不一样，只针对不良习性和欲望而“损之又损”以至于良知光明的圣贤境界。

知识可分为技术性、专业性知识和人文社科知识，道德、人格的健康有赖于这方面的基础知识，例如，对于物本与神本、利己与利他、集体与个人等等各种“主义”有正确的认识，能够明了它们的不足或错误、弊端或恶果。无知难免寡智，寡智必然少德。德不足，人格焉能健美哉。

除了正文“十二知”，知诗、知史也属于儒智。诗和史，即知即智。

诗:自古儒者多富有文学修养,多能诗。纵不能诗,也必有一双善于发现美好的眼睛,有一种不懈追求理想的精神,让心灵诗趣洋溢,让生命诗情画意。孔子亲自选诗,强调学诗,说:“诗,可以兴,可以观,可以群,可以怨。迩之事父,远之事君,多识于鸟兽草木之名。”(《论语·阳货》)孔子对诗的作用、功能和美学内容的分析,实际上包含着对一切文学艺术作用的分析。

史:“多观前车之鉴以益其智”。儒家经史相通,焦孟不离,即经即史,或读史以验经,或治经以考史。

王阳明说:“以事言曰史,以道言曰经。事则道,道即事。春秋亦经,五经亦史。易是庖牺之史,书是尧舜以下史,礼乐即三代史,五经亦即史。”(《传习录》)康有为说:“史学大半在证经,亦经学也。”(《桂学答问》)太炎先生云:“孔氏之教,本以历史为宗。”(《答铁铮》)

马叙伦将史学提到诸学之首,“史者,群籍之总称,凡天下之籍,不论其为政治为宗教为教育,莫不可隶于史。是故史者,群籍之君也。”“凡学术均归于史。”(《史界大同说》)章学诚干脆说:“六经皆史。”

附录一

一生低首拜阳明

——王阳明略论和良知学简说

王阳明

一　生平简历

王守仁(1472 年—1529 年),字伯安,号阳明子,谥文成,人称王阳明,浙江绍兴府余姚县(今浙江省余姚县)人,官至南京兵部尚书、南京都察院左都御史,因平定宸濠之乱等军功被封为新建伯,隆庆年间追封为侯爵。

王守仁精通儒释道,归本于儒,是陆王心学的集大成者。其好友湛若水说:

> 初溺于任侠之习,再溺于骑射之习,三溺于辞章之习,四溺于神仙之习,五溺于佛氏之习。正德丙寅(元年)始归正于圣贤之学。(《阳明先生墓志铭》)[1]

黄宗羲亦曰:

> 先生之学,始泛滥于词章,继而遍读考亭之书,循序格物,顾物理吾心终判为二,无所得入。于是出入于佛老者久之。及至居夷处困,动心忍性,因念圣人出此更有何道?忽悟格物致知之旨,圣人之道,吾性自足,不假外求。其学凡三变而始得其门。(《明儒学案》卷十)[2]

考亭,地名,在今福建建阳西南。相传五代南唐时黄子稜筑以望其父(考)墓,因名望考亭,简称考亭。朱熹晚年居此,建沧洲精舍。宋理宗为崇祀朱熹,赐名考亭书院。此后常以“考亭”称朱熹 。

世人称王阳明为明代最著名的思想家、教育家、文学家、诗词家、书法家、哲学家和军事家,是历史上罕见的全能大儒。其实,圣贤大儒道全而德备,都多能或者全能。《论语》中,达巷党人就曾经称赞孔子:“大哉孔子!博学而无所成名。”

王阳明生于明朝中叶。明宪宗成化年间，父王华，在成化中了状元，当时王阳明十岁，随父移居北京。

十一岁在京师念书时，他问塾师"何谓第一等事?"其师说是读书科举登第，他说："登第恐未为第一等事，或读书学圣贤耳。"(《年谱》一)此言与明末大儒李颙《四书反身录》中的一段话精神一致。李颙说：

立志须做天下第一等事，为天下第一等人，志不如此，便是无志，志逊于此，便不成志。问如何是天下第一等事，曰为天地立心，为生民立命，为往圣继绝学，为万世开太平。如何是天下第一等人？曰能如此，便是第一等人。

各种记载都说王阳明自少"豪迈不羁"。据说他继母待他不好，他就买通巫婆捉弄继母，使得她从此善待他。当时王阳明肯定不懂经权论，但这个孩子气的"捉弄"，我觉得无意中符合权道。因为动机既善，效果又好。这个故事见于冯梦龙《智囊全集》，如下：

王阳明年十二，继母待之不慈。父官京师，公度不能免。以母信佛，乃夜潜起，列五托子于室门。母晨兴，见而心悸。他日复如之，母愈骇，然犹不悛也。公乃于郊外访射鸟者，得一异形鸟，生置母衾内，母整衾，见怪鸟飞去。大惧，召巫媪问之，公怀金赂媪，诈言：王状元前室责母虐其遗婴，今诉于天，遣阴兵收汝魂魄，衾中之鸟是也。后母大恸，叩头谢不敢，公亦泣拜良久。巫故作恨恨，乃蹶然苏。自是母性骤改。

更多迹象表明，王阳明是个早熟的孩子。例如，他十五岁时即出居庸关了解虏情、观察地势并逐胡儿骑射；于当年闻石和尚、刘千斤暴动即向朝廷献平乱方略；十七岁新婚之夜入铁柱宫向道士扣问养生之说；十八岁时携夫人从江西归越途中，至广信向理学家娄一斋先生问学。娄一斋向他讲了宋儒格物之学和"圣人必可学而至"义理，对他影响很大。《年谱》说他当时"遂深契之"。[5]

明弘治十二年(1499)，王阳明考取进士，授兵部主事。当时武宗忙于游乐，刘瑾专权。南京科道官戴铣、薄彦徽等人因谏争而被逮入狱。王阳明抗疏相救，结果亦下狱，"已而廷杖四十，既绝复甦。

寻谪贵州龙场驿驿丞。”(《年谱》)[6]前往龙场途中历经波折,成功逃脱锦衣卫追杀,最后在龙场悟道。

据《年谱》记载,当他躲过追杀后,曾有“远遁”计划,但此时他却遇到了当年在铁柱宫相识的那位道士,他劝阳明说:“汝有亲在,万一瑾怒逮尔父,诬以北走胡,南走越,何以应之?”[7]于是阳明遂决定径往龙场驿所。

刘瑾的下场非常悲惨,自己被凌迟处死,亲属皆论斩。这个宦官头子作恶多端,最大的罪恶就是谋害王阳明。另外一个太监叫张忠,曾受朱宸濠贿赂,诱帝亲征,并对王阳明百般刁难,后来也被人举发,处斩。对于儒家圣贤,即使起意不良,也必遭天谴,何况付诸行动?自古以来,反孔反儒、毁圣害贤者都无好下场。

古人云,天道无亲,唯佑善人;又云:皇天无亲,惟德是辅。圣贤无疑是人世间最大的善人。孔子说:“文王既没,文不在兹乎?天之将丧斯文也,后死者不得与于斯文也;天之未丧斯文也,匡人其如予何?”(《论语·子罕》)又说:“天生德于予,桓魋其如予何?”(《论语·述而》)有人说这是盲目的自信,是迷信。非也,孔子必是心有感应,有实证,才出此言。

如果王阳明真的被刘瑾害死,就没有了后来的龙场悟道,那是不可想象的。那也是不可能的。相反,从某种意义上说,是刘瑾成就了王阳明和良知学。

刘瑾伏罪后,王阳明任庐陵县知事,累进南太仆寺少卿,受到兵部尚书王琼的赏识,荐举朝廷。正德十一年(1516)擢右佥都御史,继任南赣巡抚。

王阳明一生最大的军事功绩,是平定南昌的宁王朱宸濠之乱。全面平息宁王之乱前后只用了三十五天时间,因此而获“大明军神”之称。有一个小故事,可以表现王阳明用兵之神:

> 王文成与宁王战,尚锐。值风不便,我兵少挫。急令斩取先却者头。知府伍文定等立于铳炮之间,方奋督各兵殊死抵战。贼兵忽见一大牌,书“宁王已擒,我军毋得纵杀。”一时惊扰,遂大溃。次日,贼兵既穷促,宸濠思欲潜遁,见一渔船隐在芦苇之中,宸濠大声叫渡,渔船移棹请渡,竟送中军,诸将尚未

知也。其神运每如此。[8]

王阳明之神，更加衬托了宁王之蠢，其不能成事是意料之中的。宁王兵败被执，见到王阳明，居然比蠢猪更蠢地呼道："王先生，我欲尽削护卫降为庶民，可乎？"王阳明答："有国法在。"

明武宗正德十四年，宁王朱宸濠反叛被王阳明擒获后，王阳明捷报尚未送达北京，明武宗自称"奉天征讨威武大将军镇国公"，率万余官兵南下"亲征"。到达涿州时，捷报传来，但明武宗在奸党嬖幸的怂恿下执意南征。武宗身边的嬖幸甚至建议将朱宸濠放回鄱阳湖里，让明武宗再演一曲生擒叛王的戏。王阳明对此十分忧虑，上书谏阻，遭到奸党宦官的忌恨。

正好有两个宦官来到浙江，王阳明在镇海楼设宴招待他们。酒宴进行一半时，王阳明摒去侍从，去掉楼梯，拿出两箱信函让他们两个看，都是他们和宁王来往的书信，他把书信全部交还给他们。两个宦官感激不尽，在明武宗面前为王阳明说了不少公道话。

冯梦龙《智囊全集·通简卷三·王阳明》介绍：

> 宁藩既获，圣驾忽复巡游，群奸意叵测，阳明甚忧之。适二中贵至浙省，阳明张宴于镇海楼。酒半，屏人去梯，出书简二箧示之，皆此辈交通逆藩之迹也，尽数与之。二中贵感谢不已。阳明之终免于祸，多得二中贵从中维护之力。脱此时阳明挟以相制，则仇隙深而祸未已矣。[9]

"交通逆藩"这种事，可大可小，但在"宁藩既获"、大功告成之后，王阳明大事化小，小事化了，无碍大局，无伤大雅。俗话说：得饶人处且饶人；孟子说：仲尼不为已甚者；冯梦龙云：能容小人，方成君子。王阳明这么做，充分体现了他的通情达理、仁恕宽容和通权达变。

良知是大道德，也是大智慧，是德智的高度统一，故君子之大者，智勇足以克敌，明哲足以保身。以德服人，包括以力，更重要的是以理、以礼和以情。王阳明对"二中贵"，就是以情服之、感之。当然，这个情，并不违理和非礼。

江彬等人忌妒王阳明的功劳，散布留言说，王阳明开始是宁王朱宸濠的同谋，在知道皇上要征讨后，才擒拿宁王以洗脱罪名。江彬等人想要一并擒拿了王阳明以作为自己的功劳。

面对此等荒唐事,王阳明感到万分棘手。武宗皇帝此前曾从南京派来杭州一位太监张永,王阳明知他是忠心体国之人,便与他合计如何应对此事。张永说,顺着皇上的意思,让皇上获得擒拿宁王的威名,才有挽回此事于万一的可能;否则,只能白白激起小人们的怒气,毫无裨益。

王阳明于是将宁王交给张永带给驻跸南京的武宗,并重新递上捷报,将擒拿宁王的功劳全部归了总督军门,然后称病躲到了净慈寺中。张永回到南京,在武宗面前极力称赞王阳明忠心,并告诉武宗王阳明让功避祸的意图。武宗皇帝这才醒悟过来,王阳明的大祸也就免去了。

王阳明因平定"宸濠之乱"和江西贵州广西匪乱,拜南京兵部尚书,封"新建伯"。不久他辞官回乡讲学,在绍兴、余姚一带创建书院,宣讲良知学。嘉靖六年(1527)复被派总督两广军事,后因肺病加疾,上疏乞归,1528 年十一月二十九日(农历,阳历 1529 年 1 月 9 日)因肺炎病逝于江西南安舟中。临终之际,身边学生问他有何遗言,他说:"此心光明,亦复何言!"

他死后,由门人辑成《王文成公全书》三十八卷,其中在哲学上最重要的是《传习录》和《大学问》。

《明史》赞曰:

> 王守仁始以直节著。比任疆事,提弱卒,从诸书生扫积年逋寇,平定孽藩。终明之世,文臣用兵制胜,未有如守仁者也。当危疑之际,神明愈定,智虑无遗,虽由天资高,其亦有得于中者欤。[10]

有人说:中国历史上立德、立功、立言都很显著的有两个半人:两个人诸葛亮、王阳明,半个人指曾国藩。这话当然不对,自尧舜至宋明,立德立功立言的圣贤多了,尧舜禹汤文武周公更是其中最优秀者。不过,王阳明确实值得推崇。功业姑不论,在立德、立言两方面,王阳明都远超诸葛亮和曾国藩。

王阳明的门徒遍及各地。在明代中期以后形成的阳明学派,影响很大,远播海外,对日本学术界影响最大。日本大将东乡平八郎就有一块“一生伏首拜阳明”的腰牌。日本三岛毅博士则有诗说：“龙岗山上一轮月，仰见良知千古光”。

二　龙场悟道

王阳明于明武宗正德元年(1506 年)，因反对宦官刘瑾，被廷杖四十，谪贬至贵州龙场当驿丞。在这里，他对儒家义理进行了深入的思考和践履，一天半夜里，忽有大觉悟，思想大有转变与超越，这就是著名的“龙场悟道”。

据《年谱》描述：

龙场在贵州西北万山丛中，蛇虺魍魉，虫毒瘴疠，与居夷人鴂舌难语，可通语者，皆中土亡命。旧无居，始教之范土架屋以居。[11]除自然和生存环境险恶之外，政治环境同样险恶，“时瑾憾未已”，刘瑾怀恨未已。

阳明自计得失荣辱皆得超脱，惟生死一念尚觉未化，乃为石墎自誓曰：“吾惟俟命而已。”日夜端居澄然，以求静一。久之胸中洒洒，……因念圣人处此更有何道，忽中夜大悟格物致知之旨，寤寐中若有语之者，不觉呼跃，从者皆惊。始知圣人之道吾性自足，向之求理于事物者误也。[12]

对于“龙场悟道”，古今各家论说很多，视之为是王阳明学术生涯与生命历程的转折点。王阳明本人于七年后对这次颇有传奇色彩的悟道过程叙述说：

守仁早岁业举，溺志词章之习，既乃稍知从事正学，而苦于众说之纷扰疲苶(niè，疲倦义)，茫无可入，因求诸老释，欣然有会于心，以为圣人之学在此矣！然于孔子之教，间相出入，而措之日用，往往缺漏无归；依违往返，且信且疑。其后谪官龙场，居夷处困，动心忍性之余，恍若有悟，体验探求，再更寒暑，证诸五经四子，沛然若决江河而放诸海也。[13]

通过龙场悟道，不仅忧谗畏讥、悲愤凄凉的心态得到了改变，更重要的是生命质量得到了根本性的提升，无论是学术还是生活都具有了全新的意义。

阳明在其《玩易窝记》中形象地描绘了这一过程：

> 阳明子之居夷也，穴山麓之窝而读《易》其间。始其未得也，仰而思焉，俯而疑焉，函六合，入无微，茫乎其无所措，孓然其若株。其或得之也，沛兮其若决，联兮其若彻，菹（zu）淤（yu）（形容糟粕）出焉，精华入焉，如有相者而莫知其所以然。其得而玩之也，优然其休焉，充然其喜焉，油然其春生焉；精粗一，外内翕，视险若夷，而不知其夷之为厄也。（《王阳明全集》）[14]

他在这段时期写了《教条示龙场诸生》。龙场其时犹穷荒不文，王阳明每天与诸生讲学其间，书写了这些教条用来教导、规范和勉励他们。一立志，二勤学，三改过，四责善。[15]

王守仁龙场悟道，悟的就是王学的宗旨、良知的奥义。正如他自己所说："某于此良知之说，从百死千难中得来，不得已与人一口说尽，只恐学者得之容易，把作一种光景玩弄，不实落用功，负此知耳！"（王阳明《日知录》）[16]

三　良知奥义

良知这个概念，始于孟子，但王阳明的良知与孟子的良知有所不同。我在《康德四论》中曾经指出："孟子和王阳明两人所论的良知，层次不同，以良知为本体，始于阳明。"

孟子曰："人之所不学而能者，其良能也；所不虑而知者，其良知也。"（《孟子·尽心上》）赵注曰："不学而能，性所自能。良，甚也，是人之所能甚也。知，亦犹是能也。"[17]

孟子的良知指一种天赋本能，包括恻隐之心、羞恶之心、辞让之心、是非之心等，但不是指生命本性。它仍属于本性之作用，比《中庸》中"诚"之概念仍低一级。

在孟子那里，良知为人所独具，禽兽是没有的；在王阳明那里，良知为宇宙万物所共有。他说：

> 人的良知，就是草木瓦石的良知，若草木瓦石无人的良知，不可以为草木瓦石矣。岂惟草木瓦石为然，天地无人的良知，亦不可为天地矣，盖天地万物与人原是一体，其发窍之最精处，是人心一点灵明。(《传习录》下)[18]

人与禽兽本性无异，人与草木瓦石本体共同。不过，草木瓦石因无生命，其良知无显发的可能；禽兽有生命但肌体粗陋，良知显发程度有限，升不上来。它们的良知就像一个没有机会取用的存折，其巨额财富属于“原则上、理论上的存在”。故也可以说，只有人类才有良知。

王阳明又说：

> 天没有我的灵明，谁去仰他高？地没有我的灵明，谁去俯他深？鬼没有我的灵明，谁去辨他吉凶灾祥？天地、鬼神、万物，离却我的灵明，便没有天地、鬼神、万物了。我的灵明离却天地、鬼神、万物，亦没有我的灵明。(《传习录》下)[19]

这显然是从本性、本体的层面论良知的。孟子良知和王阳明的良知相通，有很多共同点，差别也是很明显的，当然不是境界问题，而是定义不同。从孟子“形色即天性”“尽性即知天”“上下与天地同流”等言可知，对于万物一体之真理，孟子与王阳明一样都是证悟到了的。

王阳明的良知，相当于孟子的“性”“天”和《中庸》的诚。孟子说：“诚者天之道也，思诚者人之道也”。明言“诚“为天道，便是本体”。

人人习性不同如同其面，本性则相同相通人人平等，士农工商，良知无异，士农工商都可以成德成圣。王阳明说：

> 所以为圣者，在纯乎天理，而不在才力也。故虽凡人，而肯为学，使此心纯乎天理，则亦可为圣人。
>
> 天地虽大，但有一念向善，心存良知，虽凡夫俗子，皆可为圣贤。(《传习录》)[20]

因此，王阳明提出“古者四民异业而同道，其尽心焉一也”的观点,把传统观念中一直被视作“贱业”的工商摆到与士同等的水平。王阳明在《传习录拾遗》中说:“虽经日作买卖,不害其为圣为贤”。此说被称为“新四民论”。[21]

这是阳明先生晚年在越城时写的《咏良知四首示诸生》:

其一

个个人心有仲尼,自将闻见苦遮迷。而今指与真头面,只是良知更莫疑。

其二

问君何事日憧憧?烦恼场中错用功。莫道圣门无口诀,良知二字是参同。

其三

人人自有定盘针,万化根源总在心。却笑从前颠倒见,枝枝叶叶外头寻。

其四

无声无臭独知时,此是乾坤万有基。抛却自家无尽藏,沿门持钵效贫儿。[22]

这些诗,都是对良知奥秘的体认和揭示。

参同,验证合同。《韩非子·主道》:“有言者自为名,有事者自为形,形名参同,君乃无事焉。”《后汉书·襄楷传》:“其文易晓,参同经典。”[23]

良知学,大学问也。《大学问》是王学要典。大学指大人之学。我把它理解为大的学问,虽非原义,自有道理,盖《大学问》圣经讲的,确实是人世间最大的学问。王阳明《大学问》一开头就指出:

大人者,以天地万物为一体者也。其视天下犹一家,中国犹一人焉。若夫间形骸而分尔我者,小人矣。大人之能以天地万物为一体也,非意之也,其心之仁本若是,其与天地万物而为一也,岂惟大人,虽小人之心亦莫不然,彼顾自小之耳。[24]

儒家圣贤,对于天下一家、中国一人、万物一体之理,是必然悟入的。证悟了这个道理,自然能够明明德、亲民和止于至善。这里的大人,指“以天地万物为一体者也”之圣人,不以位论。

而悟入天地万物一体的奥义，理所当然地能够亲亲仁民爱物，拥有民胞物与、己饥己溺的情怀，理所当然地大爱无疆，仁心勃勃不容已。仁者爱人，是基于儒家的世界观、人生观和价值观。儒家的仁爱，与其他学派宗派最大的不同在此。

“间形骸而分尔我者”就是小人。陆象山云：“宇宙不曾限隔人，人自限隔宇宙。”

四　四句教

王阳明用四句话概括其为学宗旨：“无善无恶心之体，有善有恶意之动，知善知恶是良知，为善去恶是格物。”这就是著名的四句教。

关于四句教，古今误读者众，南怀瑾老先生也未能免俗，他在《答问青壮年参禅者》中有一段对王阳明的批评很严厉。我曾经作一短文《关于王阳明四句教——小驳南怀瑾》驳之。

王阳明四句教乃真悟道之言。慧能说过“何期自性本自清净，何期自性本不生灭，何期自性本自具足，何期自性本无动摇，何期自性能生万法”。这个本自清净、本无动摇的自性是体用合一的。“无善无恶心之体”，与慧能“何期自性本自清净”近义。

有客问难：阳明晚年四句教首句“无善无恶心之体”，以“无善无恶”形容心体，岂非与人性善矛盾？我的回答是：

阳明之意，心体是绝对至善的，超越一切正负相对价值的限制，所谓“无善无恶，是为至善”是也，相对的善恶概念不足以名之。王阳明《大学问》说“至善”就是吾心之“良知”，他说：“至善者，明德亲民之极则也。天命之性粹然至善，其灵昭不昧者，此其至善之发见，是乃明德之本体，而即所谓良知也”。[25]

民国段正元在论《大学》中曰：“至善二字，亦有先后天之分。先天至善，心性相通，保合太和，纯然粹然，毫无渣滓。”心体活泼自由，并不执着于具体善恶观念，不执着于善的作用形式。因为世俗善恶观念及善的作用形式会因时因地因群体而异，而心体先天至善之性却是永恒的。

又有人问：本性至善，恶从何来？

这个问题儒家早已解决,我在多篇旧作中已予透析,概乎言之,恶从习性而来。伊尹说:"兹乃不义,习与性成"。恶习都是后天养成的。《良知大法》中写道:一般理解阿赖耶识是净染同体的,善善恶恶什么种子都有,良知在本体上也类似,包含有染净两种种子而又超越垢净,非染非净。

本体超越而又涵盖现象界的善恶,善恶同体而善更本质,此理宋儒已有所认识。程颐说:"天下善恶皆天理,谓之恶者未本恶,但或过或不及便如此……",明言"恶者未本恶"(《二程遗书》卷二上)[26],过则为恶。

再讲透一点:心体无善无恶,一"动"起来,即作用起来,就会"有善有恶",发为善念善行或恶念恶行,就有了价值趣向,各种善恶心念与行为形成习性。善习的作用是正面的、善的,恶习的作用是负面的,非正常的。

恶习与良知的关系,相当于佛教的烦恼与菩提关系。烦恼不是菩提,但烦恼转过来即是菩提——烦恼本身是没有根的。如果把本性比为虚空或太阳,所有烦恼就像烟云雾霭,无论怎样浓厚,都是因缘生灭的。

五 "知行合一"论

"为善去恶是格物"。在王阳明那里,格物就是致良知的功夫。"良知"是知,"致"是推致、是行。"致良知"即内含着"知行合一"的意义。

作为一种认识论,知行观在中国哲学史上出现甚早,《尚书·说命》中就有"知之非艰,行之唯艰"之语。古代知行观,自春秋至唐,均以《左传》所倡知易行难为主。到了程朱,传统知行观别开生面。

程朱理学认为知与行之间,知逻辑在先,处于更重要的优先地位。可以概括为:知高于行、知先行后或知本行末。如程颐的观点:

> 君子以识为本,行次焉。今有人,力能行之,而识不足以知之,则有异端之惑,将流荡而不知反,好恶失其宜,是非乱其真,

虽有尾生之信，曾子之孝，吾弗贵也。(《程氏粹言·心性篇》)[27]

须是识在所行之先。譬如行路，须得光照。(《遗书》第三)[28]

譬如人欲往京师，必知是出那门，行那路，然后可往；如不知，虽有欲行之心，其将何之？(《遗书》第十八)[29]

反命题为：不知则不能行。

学者固当勉强，然不致知，怎生行得？勉强行者，安能持久。(《遗书》第十八)[30]

古之言知之非艰者，吾谓知之亦非易也。今有人欲之京师，必知所出之门，所由之道，然后可往。未尝知也，虽有欲往之心，其能进乎？后世非无美材能力行者，然鲜能明道，盖知之者艰也。(《二程粹言》卷一)[31]

问："民可使由之，不可使知之"，是圣人不使知之耳，是民自不可知也？曰：圣人非不欲民知之也。盖圣人设教，非不欲家喻户晓，比屋皆可封也。盖圣人但能使天下由之耳，安能使人人尽知之？此是言人不能，故曰"不可使知之"。(《遗书》第十八)[32]

朱熹继承了二程观点，认为知先行后：

义理不明，如何践履？(《朱子语类·学三》)[33]

知与行功夫须并列……然又须先知得方行得，所以《大学》先说"致知"，《中庸》说"知"先于"仁""勇"，而孔子先说"知及之"。(《语类》·卷十四)[34]

穷理既明，则理之所在，动必由之。无高而不可行之理，但世俗以苟且浅近之见谓之不可行耳。……理之所在，即是中道。惟穷之不深，则无所准则，而有过不及之患，未有穷理既深而反有此患也。(《文集》·卷四十一·《答程允夫》)[35]

程朱倡知先行后说，虽认为知行有先后轻重之分别，但亦认同两者不可分割、不可偏废。先知并非达到"知至才去力行"，而是主张在具体实践中"知行互发"，属于知行不二论。

论知之与行,曰:方其知之而行未及之,则知尚浅;既亲历其域,则知之益明,非前日之意味。圣贤说知,便说行。中庸说学问思辨,便说笃行。(《朱子语类·学三》)[36]

论先后,当以致知为先。论轻重,当以力行为重。(《朱子语类·学三》)[37]

王阳明在知行不二的基础上进一步开创了"知行合一"说,知必能行,知就是行。

他说:"知之真切笃实处即是行,行之明觉精察处即是知。"(《传习录中·答顾东桥书》)[38]"未有知而不行者,知而不行,只是未知……如称某人知孝,某人知弟,是其人已曾行孝行弟,方可以称他知孝知弟,不成只是晓得说些孝弟的话,便可称为知孝知弟。"(《传习录上》)他还说:"一念发动处即是行。"(《传习录下》)[39]

王阳明反对朱熹的"先知后行"之说,认为朱熹"先知后行"有分裂知行之嫌——这是王阳明的误会。两人的知行观及其学说并没有原则性的矛盾。

黄宗羲评价朱熹、陆九渊时说过:"二先生同植纲常,同扶名教,同宗孔孟。"(《宋元学案》)[40]其子黄百家也说:"二先生之立教不同,然如诏入室者,虽东西异户,乃至户中,则一也。"[41]这些话用于朱熹与王阳明同样合适。

六　王阳明之偏

阳明良知学是对孔孟之道的发展性继承和继承性发展,是对儒家内圣学的一次提升和光大,但也略有偏颇。

《大学》八条目:格物致知诚意正心修身齐家治国平天下。格物的格是衡量、研究、推敲之意,物是指自然、社会、生命等全宇宙一切事物,包括人类的身和心。格物致知,意谓观察研究各种事物和现象,总结成知识,上升为理论。

但王阳明偏解了"致知"这一概念,仅将"物"理解为心性,将"格物"狭隘化为"格心",将"格物致知正心诚意修身"全都局限于心性修养,会产生良知狭隘化、儒学单调化、世界虚拟化、生命枯燥化的流弊。

浙江安吉有个竹博园,我曾经去参观过,在这个占地 1200 亩的“竹类大观园”内,饱览世界各国奇篁异�,了解了千年来竹子的加工利用史。

其中,栽培利用厅以实物的形式来说明当前竹子栽培利用的科学技术水平,一一展现了竹子在各个领域的加工生产和人们日常生活中使用的各种竹制品;工艺集萃厅收集有全国各地的竹编、竹雕、竹扇等工艺精品;历史资源厅追溯 6000 多年的竹历史,记载了繁衍数千年的竹文化传统,从客观和微观的不同角度介绍了我国以及世界竹林的资源情况;国际交流厅展出美洲非洲东南亚等二十多个国家赠送的竹制品……总之,这里汇聚着古今中外人们“格竹子”格出来的大量关于竹子的知识。

而当年王阳明是怎么格竹子的呢?据《年谱》载,他是取官署中竹格之,“深思其理不得,遂遇疾。”[42]据说整整格了七日,静坐在竹子面前冥想,一连七昼夜,终于病倒而一无所获,遂得出结论:“天下之物本无可格者,其格物之功只在身心上做”。许多年后他依然对此次的失败感叹说:“圣贤是做不得的,无他大力量去格物了。”(《传习录》下)[43]

王阳明早期尊崇程朱理学,他的格竹行为,是为了实践朱熹的“格物致知”。不料格了七天七夜,什么也没发现,人却因此病倒,从此对“格物”学说产生了极大的怀疑。

于是,王阳明开始反对程颐朱熹从事事物物中求理的“格物致知”方法,认为事理无穷无尽,格之未免烦累,故提倡从自己内心去求理,认为“理”全在人“心”,“理”化生宇宙天地万物,人秉其秀气,故人心自秉其精要。他赞成陆九渊“心即理”说,认为格物的下手处,就是体认本心,不消外求。他们两人亦因此被称为“陆王学派”。不过,王守仁并不完全认同陆九渊,说:陆象山之学“其学问思辨,致知格物之语,亦未免沿袭之累”。

许多哲学著作把王阳明格竹子的故事当作一个典型事例来阐述王阳明的哲学思想。这个故事许多书里都提到过,最早见于王阳明《传习录》(钱德洪序):

先生曰:"众人只说'格物'要依晦翁,何曾把他的说去用!我着实曾用来。初年与钱友同论做圣贤要格天下之物,如今安得这等大的力量:因指亭前竹子,令去格看。钱子早夜去穷格竹子的道理,竭其心思至于三日,便致劳神成疾。当初说他这是精力不足,某因自去格,早夜不得其理,到七日,亦以劳思致疾,遂相与叹,圣贤是做不得的,不得他大力量去格物了。及在夷中三年,颇见得此意思,方知天下之物本无可格者;其格物之功,只在身心上做;决然以圣人为人人可到,便自有担当了。这里意思,却要说与诸公知道。"[44]

东海当年读书至此,未免失笑。不是通过观察竹子的四季变化去研究竹子生命活动的规律,不是通过实验科学的方法,去解剖竹子去认识竹子的内部结构和生长规律,了解竹子的组织和器官的构造,而是面对竹子苦思冥想或进行消极静止僵化的观察,怎么可能掌握竹子的生长规律以及竹子的性能用途等知识?那样的格法,别说七昼夜,便是坐一辈子,也格不出个所以然来。

因缺乏科学的格法,王阳明格竹子遂成了一个历史笑话。对格物致知的曲解,导致其良知学"先天"的局限和"后天"的流弊。

有人问:儒家怎么看待自然科学?答:儒家强调实践,《大学》八条目归结于修身,齐治平重在政治实践,诚正重在道德实践,格致重在科学实践。格物致知的物,包括自然、社会、肉体、精神等一切现象。

我觉得这么理解"格物"才是正确的。如果像王阳明那样把格物的物狭猛地理解为"心",与"诚意正心"就重复了。

另复须知,人文方面,格竹也是可以格出义理来的。在《君子亭记》中,阳明曾借用竹子来说明此种理想人格的特征:

竹有君子之道四焉:中虚而静,通而有间,有君子之德;外节而直,贯四时而柯叶无所改,有君子之操;应蛰而出,遇伏而隐,雨雪晦明无所不宜,有君子之时;清风时至,玉声珊然,中采齐而协肆夏(采齐、肆夏,皆古乐曲名),揖逊俯仰,若洙泗群贤之交集,风止籁静,挺然特立,不屈不挠,若虞廷群后,端冕正笏而列于堂陛之侧,有君子之容。[45]

这不就是格竹的效果吗？

王阳明说："夫万事万物之理不外于吾心"，殊不知，吾心之理亦不外于万事万物，离开了万事万物，何来吾心之理？研究、探索万事万物之理，也是致良知的法门，也有助于明自本心、见自本性。根据心物一元论，心外无物，物外亦无心；本质与现象不二。注意，对于良知之一生命本质来说，意识和物质都属于现象。

阳明弟子钱德洪在将《大学问》收入阳明《文录・续编》时加了一段按语，其中提到："师（王阳明）常曰：'吾此意思有能直下承当，只此修为，直造圣域。参之经典，无不吻合，不必求之多闻多识之中也。'"[46]

"不必求之多闻多识之中"这句话殊属不当。儒家并不轻视和排斥知识，而是强调下学上达，知识通达智慧，智慧通达道德。"格物致知"即属下学之事，《论语》开头就要求"学而时习之"，学，包括各种自然、人文、科学知识的学习积累。只要不被局限，知识当然越多越好。某些人确实有知识越多越愚昧的现象，故佛教有所知障之说，但那责任不在知识。

七　永远的榜样

当然，王阳明只是略偏"格物"一词，并非错误，不违儒家原则。王学是从内圣领域发展了孔学和儒学。他的不少言论，堪称至理名言。例如：

"破山中贼易，破心中贼难。"孔子强调克己复礼。克己，克除自己的恶习。破心中贼就是克己的形象说法。

"人心之得其正者即道心，道心之失其正者即人心。"并非人心之外有个道心在。佛教说，烦恼即菩提，也是这个道理。

"有志于圣人之学者，外孔孟之训而他求，是舍日月之明，而希光于萤爝之微也，不亦谬乎？"这句话颇有现实意义。自五四提出"打倒孔家店"的口号后，现在还有一些学者认为，打倒孔孟之道，才有真正的道德，"去圣才有真孔子"。不亦谬乎！

自由派最为赞美"独立之精神，自由之思想"，并误会和攻击儒家精神不能独立、思想不能自由。王阳明的良知说足以驳斥这种谬言。王阳明说：

> 夫学贵得之于心。求之于心而非也，虽其言之出于孔子，不敢以为是也，而况其未及孔子者乎？求之于心而是也，虽其言出于庸常，不敢以为非也，而况其出于孔子者乎？(《答罗整庵少宰书》)[47]

还有比这更加独立自由的人格吗？儒家的圣人崇拜是建立在良知崇拜基础上的，所谓“千圣皆过影，良知乃吾师”。而良知崇拜，归根结底是真理崇拜。只要是真理，即使是平民百姓所说，也不敢反对；如果是谬论，哪怕是孔子和圣人所说，也不敢苟同。孔子之所以值得崇拜，正是因为他德行义理皆圆满，由经典流传下来的言论，无不符合良知原则。

王阳明是对东海影响最大的人物之一。东海大良知学就是秉承阳明良知学而来。良知无所谓大小，只因为对良知的体悟略有不同，故加一大字，以示区别。

2007年暑假，东海回故乡，当时杭州天气溽暑，酷热难当，正好闭门偷闲读经典。读到《王阳明全集·传习录拾遗》中的一段话，仿佛冷水浇头，不禁凛然自警，赧然自惭。《传习录拾遗》第十三条说：

> 先生初登第时，上《边务八事》，世艳称之。晚年有以为问者，先生曰：此吾少时事，有许多抗厉气。此气不除，欲以身任天下，其何能济？[48]

自想落网以来，批判政治，痛斥极权，固不乏浩然正气，却也有许多抗厉气和张扬浮躁、偏激乖戾之气，自己这些不良习气不消除，欲追求儒家宪政、振兴中华民族，“其何能济”呀？

注释：

[1]湛若水《阳明先生墓志铭》，[13]王阳明《朱子晚年定论》，[14]王阳明《玩易窝记》，[15]王阳明《教条示龙场诸生》，[16]王阳明《日知录》，[18][19][20][21]王阳明《传习录》，[22]王阳明《咏良知四首示诸生》，[24][25]王阳明《大学问》，[38]王阳明《传习录中·答顾东桥书》，[39][43][44]王阳

明《传习录》,[45]王阳明《君子亭记》,[46]王阳明《大学问》,[47]王阳明《答罗整庵少宰书》,[48]《传习录拾遗》第十三条。以上皆出自《王阳明全集》,上海古籍出版社,1992。

[2] 黄宗羲《明儒学案》,四库全书影印本,上海古籍出版社,1987。

[3][5][6][7][11][12][42]钱德洪、王畿《阳明年谱》,《王阳明全集》上海古籍出版社,1992。

[4][8][9]冯梦龙《智囊全集》,凤凰出版社 2009。

[10]《王守仁传》,张廷玉《明史》,北京中华书局 1974。

[17]《孟子译注》,中华书局,2005。

[23]《后汉书全译》,贵州人民出版社,1995。

[26][27][28][29][30][31][32]《二程集》,中华书局 2004。

[33][34][35][36][37],(宋)黎靖德《朱子语类》,中华书局 1986。

[40][41](清)黄宗羲《宋元学案》,中华书局 2009。

(2012 年 5 月 8 日初稿,5 月底讲于成都明伦书院,2012 年 6 月 13 日整理,首发《儒家中国》网 http://www. rujiazg. com/detail. asp? nid = 2749)

附录二

智慧微语

儒家义理

【儒家】就学术而言称儒学，就教化而言称儒教或礼教、名教、良知教，含政治性；也可以从信仰角度称儒教，含宗教性。研究者称儒家学者，重信仰实践者则称儒者。另外，儒家兼道统、政统、学统而言，三者有联系又有区别，道统内在于政统、学统又超越之，具有指导性地位。三统并建为中华正统。

【定律】一种文化学说体系品质的高低、深浅、正偏乃至正邪，关键在于对"第一性"和人性的认知。这方面正确，就"根正苗红"，其他方面纵有偏误，也不严重；这方面有错，则全盘皆误，纵有正确处，也属枝叶，也不足道。倘若缺乏这方面的认知，其学说即使正，也必低浅。

【标准】善恶有客观标准，道德有原则规定。儒家的"五常道""三达德""仁义""诚信""中庸"等，就是判断善恶、衡量道德的最高标准和原则，通过学习儒家经典、圣贤言论可以掌握之。当然，归根结底，知善知恶、人人皆有的天赋良知才是至高无上的标准和原则。经典之所以正确，是因其为圣贤所传所造，而圣贤为良知化身。

【返本开新】这四个字是儒家政治精神的最佳写照：开新不忘返本，返本不忘开新；返本是保证道统的纯粹，开新是适应世界的变化；返本是坚持原则的保守，开新是与时俱进的先进和通权达变的灵活。变与不变，辩证统一。以礼为例：礼的精神万古不变，各种制度规范则有时代性，要合时宜。

【让不让】儒家贵让，温良恭俭让，让名让利让功让权。《春秋》对让国者、让功者贤之，对争求者讥之。至于道义所在，儒者自然见义勇为、当仁不让，有政治地位，当然要负起政治责任；没有政治地位，也会主动自肩起社会、文化和历史责任，历代大儒都有强烈的责任感和历史感，视自己为历史性人物。

【儒门五戒】一戒反对儒家经典,这是儒家各项原则和重要精神的文字依托;二戒反对孔子,这是创派宗师和最高代表;三戒反对五常道,这是基本原则;四戒反对性善论,本性至善习性多恶,这是人性真理也是儒家对人性的基本认证;五戒反对天道信仰,有不同理解正常,但不能否定。犯此五戒,便非儒者。

【儒门五戒2】或问:荀子持性恶论,破了"儒门五戒"中第四戒,何以却为大儒?答:荀子以习为本,认奴为主,非儒家正宗。考虑到他对礼颇有研究和贡献,堪称外王学大师,故算他儒家别宗或儒门外道。荀子不识本性的后果十分严重,导致其学生辈背叛仁本流为法家——这是性恶论的逻辑必然。

【儒门五戒3】就像五常道相辅相成一样,"儒门五戒"也密切相关、相依为"命",能严守一戒,余四戒也不难守;若破其一,余四戒也危险。五戒又各有侧重:或侧重经典,或侧重圣人,或侧重道德原则,或侧重人性论,或侧重本体论——就宇宙而言为天道,就生命而言为本体,就人身而言为本心,即良知。

【文明】文化是文明的基础,道德是文明的核心,自由是文明的要旨,政治是文明的载体,制度是文明的保障,经济是文明的支柱,科技是文明的翅膀,国家是文明的驿站,儒家是文明的导航,大同是文明的理想。

【常道】荀子说:天行有常。人生政治社会都有其常道,违反固然要翻车,偏离也会出问题。佛道是轻度偏离(自由主义也是),问题小,杨墨是重度偏离,问题大,法家是根本违反,更不得了。唯儒家道其常,强调五常道,追求"王道荡荡,不偏不党;王道平平,不党不偏",最为大中至正……

【良知律】三世因果姑不论,只论现世。罪恶的报应,正常社会是法报,依法受惩;非常社会则充满不确定性,概言有三,一是他报:或为正人所罚,或为恶者所害……所谓恶人自有恶人磨;二是自报:轻则抑郁焦虑病患纠缠,重则自杀身亡;三则天报:各种天灾意外,归根结底所有报应无非良知的回应。

【中庸】中庸就是恰恰好,为人喜怒哀乐发而中节,处世接物不亢不卑;为政合乎人情天理,能够与时偕宜,这就是当可之宜。说起来容易做起来难,例如,大方和不怕死本是美德,也有该不该、中不中的问题，“可以与可以无与，与伤惠；可以死可以无死，死伤勇。”这些要在经典学习和道德实践中慢慢体会。

【文化】在儒家，文化之概念与流行的理解有所不同。道德文章都属于“文”：文章，包括各种礼乐制度礼仪规范，是文之表；道德，即仁义中庸诚信良知诸原则，是文之质。文化，是文明化道德化，文化人指传道解惑、以文“化”人者。不文明不道德就是没文化，知识不等于文化，知识分子更不等于文化人。

【中道】儒家忠君（君主时代），但如果君意与中道产生冲突，则“从道不从君”；同样，儒家重民，但如果民意与中道产生矛盾，则从道不从民。民意不一定符合国民的根本利益，不一定符合民本原则。坚持中道才能真正以民为本，“始终代表最广大人民的根本利益”。忠于中道是儒者最高道德。

【宗旨】儒家宗旨四个字：仁者爱人。孝是爱父母，悌是爱兄弟，祭祀是爱祖宗，亲民是爱国民，亲仁是爱贤德，致良知是自爱。传道解惑是通过教育爱人，王道是通过政治文明和制度文明爱人，格物、开物和“利用”是通过科学实践物质开发爱人，以直报怨的革命和大复仇，是通过对社会历史公正的强烈追求而体现仁爱。

【普适性】“中者天下之正道，庸者天下之正理。”（程颐）这是关于儒家普适性的最好表述。儒家道德原则和经典义理，普适性最高。如五常道三达德，如仁者爱人、以直报怨、己所不欲勿施于人、入则孝出则悌泛爱众而亲仁，行有余力则以学文等等“教条”，普遍适用于任何人、任何社会和时代。

【孔子与老子】孔子好学，曾问礼于老子并深赞之。道家常以此称老子高于孔子、道家高于儒家。其实孔子赞老子，就像东海赞自由英雄一样，并非认为自由主义高于儒家。若说老子是孔子之师，那也局限于“礼师”，非“道师”。孔子尽管称赞老子，但对道家仍有所批评（见《论语》），终其一生以仁为本我行我素。

【仁智勇】智勇二德，有其一便了不起，双全就更了不起了。但不一定是儒者。仁才是第一位，智勇皆须统之于仁。拿救人来说，无勇不敢救，无智不懂救，不仁，则缺乏那种勃勃不容已的救人之心，有智勇也不会使出来。同时，不仁者纵有智勇也有限，或智为邪智，勇成蛮夫。唯有仁者才能智勇双大。

【良知崇拜】子曰:"君子有三畏:畏天命,畏大人,畏圣人之言。"天命之谓性,畏天命即畏本性良知。大人是圣人有位者,良知的最高代表;圣人证悟良知,其言最为真善圆满,都值得敬畏。小人不明良知,故不畏天命,敢狎大人,敢侮圣人之言。东海补充:小人有三畏:畏特权,畏恶人,畏邪人之言。

【王霸之辨】关键所在,孟子一言以蔽之:以德行仁者王,以力假仁者霸。王道对内爱民保民为民制产,对外"修文德以来之,既来之则安之"。以德服人,真善也;暴政是赤裸裸的以力服人,真恶也。霸道夹于两者之间:以力假仁。靠实力之真,打仁义之牌,有伪善味,但终究倾向于善,与暴政截异。

【圣人】圣人是最可敬的人,言行最中正,德智最圆满。孔子又是圣中之圣。信仰孔子是信仰真理,崇拜孔子是崇拜良知,尊重孔子是尊重自己。孔子不会在乎世人的嘲笑、批判、诋毁和攻击,但嘲笑孔子者必浅薄,批判孔子者必颠倒,诋毁孔子者必无知无畏,攻击孔子者必丧根失本。这是自证的。

【自乐】孔颜之乐,乐在良知。道德是内在的盛宴。有这种内享受,自然能够超然,浅则超越特权荣耀物质享受,深则超越肉体的生死。良知心与佛心略异,但"常乐我净"四大"特征"类似。自古圣贤大儒无不高洁尊贵,无忧无惧无惑,不移不淫不屈,要因在此。

【内乐】快乐是良知四德之一,德性是快乐之本。孟子说反身而诚乐莫大焉,宋儒推崇的孔颜之乐,都揭示了德性与快乐的关系。这也是某些西哲的认识,伊壁鸠鲁的弟子阙多鲁斯说:"从内心得来的快乐,远超过自外界得来的快乐。"当然,深浅不同。儒家的道德境界和觉悟,非西人所能抵达也。

【正不正常】王阳明说:良知知是知非,见父自然知孝,见兄自然知悌,见孺子入井自然知恻隐。东海接着说:见美丽自然知爱,见圣贤自然知敬,见"正腐"自然知恨,见恶人恶政恶势力自然知恶。如果有人不是这样,必心智失常;如果很多人不是这样,必社会失常。

【宽不宽容】儒家严辨王霸华夷之异和是非正邪之别,茧丝牛毛,精细入微,讲起道理寸土不让。杨朱"利己不损人"良性利己主义、墨子"摩顶放踵以利天下"的极端利他主义,都遭到孟子严批。

但在政治上，儒家又极为宽容，主张“和而不同”“道并行而不悖”，强调“为政焉用杀”“不教而诛谓之虐”……

【戒武】夫子说：为政焉用杀？东海曰：论理何须武？理论问题言论解，法律问题法院决，这是文明规则也是道德规范。夫子是射御高手，力大功高，但经典和史籍皆无夫子动武的记载，畏于匡时，子路要拼命被叫停。孔子反对以武力解决一般人际争端的做法。武力无助问题解决反会使之复杂化。

【殉道】孟子曰：“天下有道，以道殉身；天下无道，以身殉道。”殉是埋葬。以道殉身，埋道在身，天下有道则见，邦有道则仕，达则兼善天下，都是殉身；以身殉道，葬身于道。杀身成仁舍生取义固是殉道，独善其身、守死善道也是殉道。以道殉身与以身殉道，都是与道体同在、与良知同在之意。

【殉道2】佛教有句名言：“宁可将身下地狱，不把佛法做人情。”其实儒者更加择善固执，天下有道，以道殉身，兼济天下；天下无道，以身殉道，独善其身。圣贤君子任何时候都不会放弃道德上政治上的中道立场，以道殉人。宁可将身下监狱，不把仁法做人情，这是儒家的基本道德精神。

【殉与徇】以身殉道，这个道，必须是天之道，即孔孟之道、中庸之道。恐怖主义分子或某些邪教徒也勇于牺牲，成了邪恶的牺牲品，是以身殉邪；世人更多的是以身徇利、徇物、徇权、徇名，徇了各种不良习性和过度欲望。这两大殉（徇）法，都是把大好生命埋向永远的黑暗，大可悲也。

【恕道】恕道是己所不欲勿施于人，强调宽容和尊重他人的自由权利。然复须知，恕道不是无条件的，它建立在中道、直道基础上，与“以直报怨”和“大复仇”义理并列。若连灭国杀父大仇也宽容之饶恕之，放弃理所当然、天下公认的赔偿，甚至亲人和国民尸骨未寒便急着“友好”，这与儒家恕道完全不相干。

【恕道2】儒家不许阻人向善归仁之路。任何人只要愿意尊儒，都值得欢迎；即使是穷凶极恶的恶人，如能改邪归正，也值得欢迎。儒家不许可“放下屠刀立地成佛”，但会根据恕道，尽量从轻从宽，为之争取赎罪机会，开辟自新之路。有力量举起屠刀者，也不难举起仁义大旗，成就大功大德。

【功夫】每一善行善言及善念，都会形成善习，日积月累，善习不断积集涵养深化，成为德性。明乎此，任何时候你都会唯善是从择善固执，逆缘因此亦可转化为顺缘，为积德、集义、养气致良知之助，就像黑夜是光亮的最好陪衬，污泥是莲花的最佳营养。达乎此，你每天就会很满足，因为你的德性每天都在成长。

【圣德不堕】小人不能自律，必须有外在法律道德规范制约；一般君子有自我约束力，但不大，仍会失控；随着修养提高，内力越来越强，一旦进入圣贤境界，道德就不再退堕，言行就不会逾矩。《圆觉经》曰："既已成金，不重为矿，经无穷时，金性不坏。"良知仁性亦如此：既已成金，不重为矿。

【爱人第一】《大智度论》说："诸余罪中，杀业最重。诸功德中，放生第一。"东海曰：诸功德中，爱人第一。儒家之爱，无局限而有差等，由近而远，由人及物，秩序井然。先"亲亲仁民"再"爱物"。人类以外的一切现象，包括动植物、财物及大自然，皆物也，都要爱护，但不能为了物而伤害、危害人类。

【辩不辩】儒理广大中庸又高明精微，对于诸如正与邪、华与夷、义与利、王与霸、君子与乡愿等等问题，无不条分缕析，茧丝牛毛。孟子好辩，孔子温和些，也非常善于辩论，但他们都是为了明道解惑，不是为了"卫己"。若是个人受到攻击，他们不屑一辩。被嘲笑为丧家犬，孔子会说然哉，孟子估计一言不发。

【以直报怨】此言作为原则和教条，普适古今中外。直是直道，即正道、公道、仁义中庸之道。对亲人大度，对朋友容忍，对庶民退让，对他们的过失及某些错误以德报怨；大罪大恶必惩，君父之仇必报。这些都是直道的表现。以德报怨有一定的适用范围，局限很大境界不高，教条化流弊无穷。

【道德与政治】今人每将两者割裂开来，殊不知儒家为政以德，一切制度法律政令政策方针措施，无不建基和归旨于道德，道德之外无政治可言。《大戴礼记》曰："古之御政以治天下者，冢宰之官以成道，司徒之官以成德，宗伯之官以成仁，司马之官以成圣，司寇之官以成义，司空之官以成礼。"

【性恶论】孟子说："言人之不善，当如后患何？"有学者解释为：说别人不好，有后患怎么办？以为孟子是口不臧否他人是非的乡愿呢。其实孟子此言是提醒，性恶论后患无穷。他果然有先见之明：荀子倡性恶，结果导出韩非子李斯两大法家肇祸天下，贻害两千多年。

【性善论】性善论有两层意思。一指本性至善，超越一般善恶概念；二指善习是更加根本的。王阳明四句教的“无善无恶心之体”即说本性，“有善有恶意之动”则谓习性有善习恶习之分。《中庸》说“喜怒哀乐之未发谓之中，发而皆中节谓之和”。中为体，为至善，和为用，为善习。

【私欲】性恶论者有一个普遍误会：将私心（自私自利心）欲望视为恶。其实它们是中性的，是本性作用，非善非恶，可以形成善习，也可以形成恶习，本质属于至善，是人类存续、文明发展的内在驱动力。若断绝了私心欲望，生命都难以延续，还说什么善恶？

【不强求】儒家讲究水到渠成，尽管有建设王道的功能，有道援天下的大愿，充满政治性甚至不乏革命色彩，但这一切无不顺其自然，绝不强求强行，或者枉尺直寻。在世人昧于真理正见、对儒家普遍误会反对的时代，守死善道是儒者的宿命。当然要尽心尽力地传道解惑，同时又乐天知命而听天由命。

【不强求2】儒家有治国平天下、道援天下的政治功能、社会作用，但这一功能作用的发挥有赖于国人或天下人的广泛认同。例如，绅士有能力给予某女子幸福生活，前提是对方愿意接受绅士求爱。儒家就仿佛这个绅士，尽力追求但不强求，对方喜欢则积极上前，对方主意不定则若即若离，对方反感则远远离开。

【道德自由】道德自由，意味着良知拥有相当权威，不会再被物欲恶习牵了鼻子。正如西哲所说：“自由不是想干什么就干什么，而是想不干什么就有能力不干什么。”“而立”是道德自由的初级阶段；“从心所欲不逾矩”是道德自由的最高境界，贫贱不移、富贵不淫、威武不屈是道德自由的典型表现。

【两种圣人】儒家圣人标准至高，“从心所欲不逾矩”“大而化之谓圣”，是儒家最高人格理想，道统所寄。某些非儒家的有道之士亦被儒家赞美为圣人，如伯夷、柳下惠与孔子、伊尹一起被孟子并称四圣。伯柳不是儒家，德行不合中庸之道，为外道圣人。孟子说：“伯夷隘，柳下惠不恭，隘与不恭，君子不由也。”

【言】言不在多寡，而在对错。言多未必失，言寡未必不失，关键是言者德智水平。缺德缺智之言，一句也嫌多，真善美言则多多益善。释尊说法四十九年，我们只嫌其少。其实孔子及其门徒也极善言善辩。《艺文志》说："六艺经卷以千万数"，可见"焚坑"之前，儒家经典极为繁盛。

【大人】不明"万物一体"之理、不能"立乎其大者"的人，再优秀也有限，也非大人。王阳明说："大人者，以天地万物为一体者也，其视天下犹一家，中国犹一人焉。若夫间形骸而分尔我者，小人矣。"孟子说："从其大体为大人，从其小体为小人。""先立乎其大者，则其小者不能夺也。此为大人而已矣。"

【双赢】见利忘义，利益挂帅，恩将仇报，坑蒙拐骗，通过不正当手段和损人方式利己，貌似独赢，其实双输，貌似得利，其实自误。通过损害他人和社会，所得到的利益必然是外在、表层和一时的，最终害了自己。占小便宜吃大亏，此之谓也。恶没有赢家，善才能双赢。

【双赢2】儒家内圣外王，正是双赢、多赢之学。内圣尽己之性，是自立自达和成己，成就自己良知辉煌；外王尽人之性尽物之性，是立人达人成人成物，成就人与人、人与社会、人与自然多层次全方位的和谐。成己和成人成物，相辅相成，圣王不二，内外一体，双赢多赢，统归于仁。

【乐道】有人说安贫才能乐道，正好说反了。能够安贫，是因为淡于物欲，超越物质生活和外在环境，是因为与道同在，有道可乐，乐在道中，乐无所倚。其实得道者并不排斥富裕和利益，只是不刻意追求、不置之度内而已，所谓"素富贵行乎富贵，素贫贱行乎贫贱"。

【中华】中华与儒家可以画等号。中国，古称华夏，有服章之美谓之华，有礼仪之大谓之夏。中华，中是本体、本质，华是作用、现象；中是"惟精惟一，允执厥中"的中道道统，华指拥有服章之美、礼仪之大的华夏文明。把儒家拿掉，中华之文化、道德、文明和民族，统统丧本失根、丧魂落魄矣。

【中华2】中华与儒家两位一体不可或离。因尧以前的历史难以核实，故"《尚书》独载尧以来"，而儒家道统传自尧舜，"尧曰：咨！

尔舜，天之历数在尔躬，允执其中。四海困穷，天禄永终。”舜亦以命禹。尧舜禹汤文武周公都是儒家圣王，其政迹事迹都是孔子“集大成”所集和“述而不作”所述的内容。

【理论与实践】儒家理论，付诸个体道德实践，可成圣贤，至少君子；付诸社会政治实践，真则王道，伪亦霸道。理论与实践，若是高度统一，就是尧舜禹汤文武周公；若是一般统一，则是汉唐宋；即使实践严重偏离理论，两者严重脱节，也是元明清，比上不足比下有余。

【圣王】内圣最高境界，是证入万物一体之仁，这是人格理想的顶峰，孔孟也要循序渐进；外王绝顶功夫，在于让万物各得其所，这是政治理想的最高，尧舜难以完全做好。

【好善】儒家特别好善，包括从善如流、与人为善、乐取人善等意。这是仁本主义的重要表现和政治原则之一。《孟子·告子章句下》记载，鲁国想让乐正子管理国家政事。孟子听说后，喜而不寐。乐正子此人能力、智慧和学识都不怎么样，但“其为人也好善”，孟子认为“好善优于天下，而况鲁国乎？”

【好善2】孟子的意思是，只要好善，一切都好说，治理天下都绰绰有余，何况一个鲁国呢？因为，“夫苟好善，则四海之内，皆将轻千里而来告之以善”。如果好善，天下人都愿意不远千里地赶来，告之以善。各种善言何愁不能落实，各种善事何愁不能奉行，各种善制善法何愁不能建设？

【好善3】孟子又说：“大舜有大焉，善与人同，舍己从人，乐取于人以为善。自耕稼陶渔以至为帝，无非取于人者。取诸人以为善，是与人为善者也。故君子莫大乎与人为善。”别人有善处长处和优点，就向人看齐向人学习，吸取过来为我所用。这就是“与人为善”——偕同别人一起致良知致良制。

【儒家之善】佛教说：诸恶莫作，众善奉行。但佛教属于出世法，不重制度建设。儒家的善，则包括政治制度法律之善，即良制良法仁政。这是大善，更应该“善与人同”，更值得“乐取于人”。这种从善如流、海纳百川的态度和精神，充分体现了儒家的开放性，体现了儒家道德上升文明发展的无止境。

【保身】儒家既“舍生杀身”又“明哲保身”，仿佛自相矛盾，若从

"利己利他不二"的角度看,就不难理解了。一般情况下保身既利己也利他。身体是良知的载体,三纲领八条目利他爱人传道授业乃至传宗接代,都离不开身体;保身也是孝道的要求,"身体发肤,受之父母,不敢毁伤,孝至始也。"

【家庭】儿女太坏太不孝,往往与父母有关,养不教父之过。一些父母自身没有教养,或生平言邪行恶,或极端势利,对待儿女也一副势利眼:有出息当做宝,没出息不如草。而他们衡量有没有出息的标准是权和利。如此父母和家庭,自然难得子孝孙贤。

【家庭2】儒家强调齐家,重视家庭和谐,但能否和谐则取决于各种因素。即使圣贤家庭,也并非一律太平大同没有问题。尧有不肖之子,舜有不慈之父,周公有不悌之弟,孟子有不贤之妻,孔门有出妻之举……。与众不同在于,他们能够根据各自的情况做好齐家工作,采取最合适的方式手段"齐之以礼"。

【仁民】仁者爱人。仁爱君子理所当然,仁爱小人乃至恶人,启其愚蒙,开其智慧,化之以文,导之以德,这才是大仁大义。物与民胞的民,包括所有人民。儒家深深知道,无论恶习如何深重,任何人的本心都是天之所命,与圣贤同等珍贵和庄严。唤醒和觉悟他们,是先知先觉者和良知之士的责任。

【知识分子】士君子与知识分子都重视知识,但对知识的态度不同,士君子道德挂帅,以知识为通往智慧和道德的桥梁;知识分子唯重知识,所以很容易产生所知障。《大学》八条目中,知识分子唯重格致;儒家强调下学上达,知识分子唯重下学;孔子说君子不器,知识分子最容易器化。

【仁本主义】以仁为本,仁者爱人,爱的对象从父母开始包括所有人类,从个体开始涵盖家庭、社会、国家、天下。仁者爱人,进而爱物,从动物开始,扩到宇宙万物。因此,仁本主义,爱有差等而无局限,真正的大爱无疆。仁,即良知仁性,即性与天道。仁本主义即良知主义,乾元主义。

【提醒】反儒的政权,必然极野蛮邪恶;反儒的社会,最适合极权暴政;反儒的强势集团,难得持久的强盛平安;反儒的弱势群体,会得到最恶劣的对待。将正理正义反掉,歪理邪说能不流行乎?将正人君子反掉,小人盗贼能不猖獗乎?将仁义道德反掉,政治能不无道、制度能不缺德乎？

【真君子】对于真君子来说，权力之所以可欲，是因为她是救世济民、安邦定国和积德行善的最好工具。这是权力的价值和意义所在。不能做善人善事、建良制良法的权力，毫无意义，只有动物化的物人才会对这种权力感兴趣。君子只有鄙视厌弃。无道则隐，就是不愿受到这种龌龊物的污染。

【看历史】道家和法家一正一邪，但有一个共同点：喜欢寓言，并以此方式造孔子的谣或栽古人的赃，而又假假真真，假中有真，把假事假话说得像真的一样。如“子产诛邓析”就是栽赃。《左传定公九年》载的是“郑驷歂杀邓析”。儒门外道荀子和杂家《吕氏春秋》也有这个毛病，或自造寓言，或以讹传讹。

【看历史2】《史记》虽算正史，品质却逊于多数史书。盖史书最重真实，这是评判史书质量的第一标准。《史记》文学色彩太强，偏离了史书正道，真实性有所不足。如将“孔子诛少正卯”寓言当做史实收入，就是眼光不行和不负责任的表现。其父司马谈重道贬儒，更是眼光低劣，作为太史令，不够格也。

【看历史3】汤武革命之后，建立起来的礼制，是当时全世界最为优秀文明的制度，尤其是“郁郁乎文哉”的周礼。礼制要具有道统和民意的合法性，还要有时代性。汤武如果现身现代社会，所建设的礼制绝不会是殷礼、周礼，而只能是现代礼制，上合乎道统，下合乎民意，外汲取民主制的优势。

如是我见

【眼光】多读历史有历史眼光，多看西方有世界眼光。两种眼光统一于经典，交汇于中国，看待问题就可发微烛幽细大不遗，面面俱到洞若观火。当然眼光的历史性世界性还是次要的，更重要的是慧眼与法眼，以辨识人物正邪，辨别文化优劣，此知人之明与择法之眼，圣贤独具。

【平稳】平稳二字值得深长思。唯公才能平，唯平才能稳。唯政治公正、法律公平、人心和平，才有真正的稳定。靠暴力、欺诈或许也能维持一时的虚假稳定，但终究是靠不住的，是政治上的“行险以侥幸”。

【**崇拜**】有人崇拜圣贤，有人崇拜豪杰，有人崇拜专家，有人崇拜富豪，有人崇拜明星，有人崇拜盗贼。崇拜什么，可以看出一个人的文化品位；流行什么崇拜，可以衡量一个社会一个时代的道德水准。

【**偶得**】道德沦丧从上面开始，社会动荡从下面开始，文化荒芜从学界开始，人的败坏从其心开始。

【**反噬**】罪恶有一种特征：反噬。所谓以害人始以害己终，机关算尽太聪明反误了卿卿性命，人算不如天生算，种瓜得瓜种豆得豆……反噬方式千奇百怪，不到最后关头根本想不到。不懂得佛教因果律和儒家良知律者会觉得奇怪，认为是偶然、碰巧，不知偶然中有必然、巧合中有规律在焉。

【**标志**】言论自由度是衡量文明度的重要标志，但不是唯一的。如春秋战国与大宋王朝时期，言论自由度都较高，但性质不同，前者是礼崩乐坏造成的真空状态，邪说泛滥，战乱不断，言论虽自由，文明却缺席；后者的言论自由才是儒式开明政治提供的真文明。有学者误将两个时代并列为比较文明时代，鸡鸭同笼也。

【**好人**】不做坏事的人分两种：一种是没机会没能力做坏事，或因害怕法律制裁而不敢；一种是有机会有能力做但不屑去做——这种人才是真的好，是真君子。儒家一方面重视法度建设，使国民不敢做坏事；一方面以培养真君子为要务。也只有真君子，才兼备建设良好法度的智慧能力及内在驱动力。

【**文人造业**】佛教讲身口意业。意业姑不论，身业属行为，口业属语言文字。文人的思想言论有问题，最容易惑人误人害人乃至杀人，造成重大恶业。刀子杀的是肉体身，邪知邪见杀害的则是良知心，是慧命、性命、人的法身。以刀害人杀人恶有止，以笔误人灭人罪无限，故某些不良文人恶报特别惨烈！

【**应然政治**】孔孟对政治讲得最多的是“应然”，并试图以“应然”照耀现实、指导政治和引导社会。用梁启超的话说：只能论其当如是，不能使其必如是。当然，儒家的“应然”有相当的可行性，并不脱离时代，至少不太远。以大同为最高理想，以小康为礼崩乐坏时代的目标——次理想，颇为“尊重现实”。

【败类】孔子说:“其为人也孝悌而好犯上者,鲜矣”;东海曰:其人皈儒而不道德者,鲜矣。鲜是很少,不是没有。反儒者总是以儒门中某些伪君子和小人为例否定儒家。于儒家而言,这是一粒耗子屎坏了一锅粥;对反儒派来说,这是以偏概全,以一根坏木头否定一座山。

【回家】庸人不知道生命有家,圣贤已经回家,士君子正走在回家之路上。这个家就是良知心。良知是生命的缘起也是生命的归宿。生命,包括肉体和意识,都是她现化出来的“象”,是她的“部下”。唯有回家者,一切行动和思想都绝对服从“主人翁”。从心所欲不逾矩,此之谓也。

【物役】良知丧失了主权,生命即被外物所奴役,身为物役。各种物质、金钱、名利、权力等都属于外物。很多人一辈子就是被这些东西累死、害死的。《南方都市报》有一则报道:“疑犯夫妇躺在钱箱上常夜不能寐。”这就是这一成语特别形象的说明。

【大用】儒家不限于、又不离乎器物和政治,在“三教”中最重视经世致用。包括器物和制度在内的中华文明数千年领先于全球,就是儒家经世致用的结果。由于各种历史条件所限,秦汉以后儒家原则未得普遍落实,其作用未能全面体现。然牛刀小试即辉煌如此,称其即体即用、全体大用,当之无愧也。

【圣言】圣人德性圆满,包括言论圆满,所阐发的原则义理,普适于古今中外,放之四海而皆准,传之万古而无疑。不仅此也,各种因机审事之言,也是智慧的结晶,具有相当的普世性和高度的启发性。仁义、中庸、诚信诸原则,贯彻于圣人的所有行为和言论,落实于圣经——当然指儒家经典。

【丧家狗】嘲笑攻击孔子丧家狗者,一定是文化丧本、道德失根、思想无头、心灵无家的精神丧家狗。所以就不奇怪:崇拜孔子者,脊梁直竖铮铮铁;践踏孔子者,尾巴摇得啪啪响。中国最缺中国味最缺人味也就不奇怪了,丧家狗组成的社会,还能怎么样呢?!

【丧家狗2】精神丧家狗,虽有人形却无人格,必沦为利益、利己主义者。他们不在乎人格、道德、尊严、自由,但并不意味着不会反抗:一旦涉及切身利益,他们咬起人来更厉害,因为人形动物,对物质、利益和享乐的追求比一般动物更强烈。易言之,他们不会为了尊严或公益而抗争，却会为了个人利益而拼命！

【抗争】利益抗争当然有正义性，只是“度数”不高，而且缺乏凝聚力，难以规模化，即使看上去人多势众，实质仍是“原子抗争”，不难被收买招安和各个击破。这种抗争富有破坏性，若没有正确的指导思想和正义的领导力量，不可能走上正常化、建设性的道路。

【道其常】什么理也不能违背常理，什么识也不能违反常识，什么情也不能违忤常情，什么道也不能违逆常道。违了常理常识常情常道的“东西”，无论怎么高妙深刻深厚伟大，都有贻害和流弊，都不是真正的高妙深刻深厚伟大。

【家】每个国家和地区各有其传统，并非传统的都是好东西。儒家之所以值得我们坚持和信奉，“产地”是次要的，最主要的原因，在于其至高无上的真理性和普适性。她是个体安身立命的最佳仁宅或社会长治久安的最高义路，普适于任何人任何群体。儒家是全体人类最好的家。

【尊重】己所不欲勿施于人，己所欲也勿强加于人。明知是真理也不允许强制他人接受。追求理想的完美，但尊重现实的不完美。在法律范畴内尊重民众的自由包括反对儒家的自由。若儒家拥有自由平台，仍不受国民欢迎，输于异端外道，那就应该尊重国民的选择，继续致力于传道授业解惑。

【立本】世人每喜欢强调环境和社会，被外在牵着鼻子走，并将自己言行的不良卸责于外在，这是把自己视为一种完全被动存在，不把自己当人看。殊不知，人的本质不是什么“社会关系总和”而是良知心——这才是生命主体。若能确立其主体地位，“立乎其大者”，必能成为磨而不磷、涅而不缁的大人。

【儒师】儒者是教师，教化之师；是老师，老于人格，老于言行；是导师，导人向善向上，导政治向文明，导社会向光明。儒之大者为贤，贤之大者为圣。圣贤是最大的善知识，最优秀的指路灯和带路党，带世人回家。亲近圣贤，阅读经典，不一定就回到仁宅，但毕竟已选择了正确方向，踏上了正确道路。

【传染性】恶，很容易相互影响和促进：你恶，我比你更恶！在制度不良的情况下，结果必然水涨船高整体恶化。政治社会恶到一定程度，会让好人绝望。在滔滔罪恶大流中，人格不健全、信仰不坚定者,很容易随波逐流,唯恶是从,向恶看齐,或成为恶人恶势力的奴才和帮凶。

【真善美】善是核心,价值第一。真和美未必善,未必是好东西。真小人虽真照样是小人,画皮很美照样是恶鬼。真善美,善才有挂帅的资格。

【最高标准】古希腊哲学家说:人是万物的尺度;东海曰:良知是人的尺度。儒家对良知心的认证最为中正透彻,故儒化程度的高低,可以决定人的道德度和政治开明度、社会文明度;与儒家距离的远近,可以衡量各种文化体系的真理性。

【尊儒】儒者人之需,尊儒就是尊重"人之需";儒以仁为本,尊儒就是尊仁;仁者,人也,每一个人都是天生的儒家,尊儒就是尊重每一个人;仁者爱人,尊儒就是重仁爱,亲亲仁民爱物;儒家对道德的认证最为圆满,尊儒就是尊道重德,道德挂帅;儒家政治以民为本,尊儒就是尊民。

【野心】儒家有"道德野心":以圣贤为人格追求,以王道为政治追求,以大同为最高理想。这种道德政治化和政治道德化的追求,也可以说是"政治野心"。因此,不想成德成圣的不是好儒者,没有"政治野心"的不是大人儒。这种"野心",实为真心大心文明心光明心,非野也,故加引号。

【愚昧】昧于良知是最根本、最严重、最不可救药的愚昧。这种人知识越多所知障越重,或有知识而无人格,或有思想而无道德,或无信仰生命无根,或迷信邪说走上邪路。不少西方哲学家心理不健康,死于疯狂死于抑郁死于自杀死于不道德生活者众,就是由于不哲不智、不明本性所致。

【尼采】有人说:"尼采认为,道德只是弱者用来阻止强者的虚构。"大错。自胜者强,强于道德才是真正的强者。那些摆脱了道德约束者,纵然侥幸强大一时,也是野蛮兽性甚至罪恶的强大,必不坚不久,以害人始以害己终。尼采死于疯狂和恶疾,与其无知和邪知密切相关。

【尼采 2】有人说尼采是人类历史上罕见的觉者、智者和强者。答:我少年时最崇拜尼采,其超人哲学对我有很大鼓励和启发,其对基督教道德的批判极为尖锐,也令我叹赏。但他终非觉者、智者和强者。最高觉悟是觉自心，最大智慧是得乎道，真正强者是强于德，如何会疯狂甚至死于恶疾也？

【儒眼】儒家怕人变坏，致力健全人格；盗贼把人变坏，设法使人残缺——或残德或缺智。只有残缺者才会崇拜邪说暴力，才会为了利益出卖灵魂，才会心甘情愿地做帮凶。只有在残缺的社会，盗贼才能如鱼得水浑水摸鱼。故盗贼必反儒家。勇者智者和智勇双全的仁者越多，盗贼权威越难维持。

【儒眼2】没有人会真正敬爱崇拜邪恶。善到极致，仁者无敌，恶到极致，无人非敌——亲信部属亲戚朋友都可能与之为敌。故大奸大恶者永远不安全也没有安全感。即使获得广泛崇拜，照样危险。崇拜邪恶者或受蒙蔽不明真相，或是小人别有用心。小人都靠不住，翻脸如翻书，当面好话背后毒手。

【儒眼3】逆淘汰的社会没有赢家。假恶丑淘汰真善美之后，往往恶报难逃。或被同伙或被上司或被仇家或被正义或被法律或被疾病或被自己（自杀）或被各种天灾人祸、意外事件……，归根结底是自我淘汰——被良知惩罚。人人皆有良知，良知有超越性，非罪恶所能泯灭，正面做不了主，便侧面起作用。

【儒眼4】易经说：小惩大诫，小人之福。纪律严明，制度良好，法律公正，对君子小人都有利。小人缺乏自我约束能力，若犯了错，能够得到外在的及时警戒纠正或惩罚，可以避免在错误的道路上越走越远。否则，滑向罪恶深渊，等到大祸临头，想回头也来不及矣。

【儒眼5】一切好东西都是良知所现之象，包括好人好学说好的政治制度等，一切好东西中，都有儒家影子和味道。如有人说“庄子是真正的儒生”，徐继畬说西方“得三代之遗意”，赞华盛顿“乃不僭位号不传子孙，而创为推举之法，几于天下为公，駸駸乎三代之遗意”云。其实儒家与道家和西学同中仍有大异。

【法眼】法“为至大无外之公名”（熊十力语），一切事物、现象及其本质，都可以称为法，相当于物字。法眼即择法之眼，对一切事物洞幽察微。如能深刻正确地辨别理之高低优劣、物之好坏美恶、人之大小正邪等，涵盖知人、知言、知时、知中、知因、知几、知常等儒门大智慧。

【法眼2】善恶自择，命运自掌。作恶者热闹一时，凄凉万古；为善者一时寂寞，荣耀永远。善到极致为圣贤，常乐我净；恶到极致为盗贼，烦恼纠缠。圣贤打不倒，纵被一时打倒，很快就会起来；盗贼逃不掉，纵然侥幸漏网，必然遗祸子孙，甚至断子绝孙。

【法眼3】得罪盗贼和毁谤圣贤都有危险。得罪盗贼易遭报复，毁谤圣贤则是自伤。在佛教，谤佛是地狱重罪。那是自我入狱，并非佛会报复——佛是无力救度他。毁圣亦会自绝良知或绝人慧命贻害社会。孔孟有知，不会计较只有怜悯。古人云：轻薄者福命多薄，不有奇穷便有奇祸。慎之哉。

【法眼4】实践可以证明理论，理论可以指导实践，知行不二。道德有高低，道理有大小，文化有优劣，理论有对错，思想有是非，信仰有智迷，主义有正邪……对此首先必须能够正确分辨，才不至于为低德、小理、谬论所误，不至于误入非理、迷信、邪义的歧途。这是儒家的妙观察智，或称法眼——择法之眼。

【儒门】儒门广大又高峻。人皆可进，故广大；小人进不了，故高峻。没人不让进，是小人自己不肯进。只要有志气，只要肯发心，不仅小人，大奸大恶照样改邪归正，成为君子。作过恶犯过罪不要紧，只要悔改，就能成德；只要为善，就能赎罪。儒门为一切人开着。

【邪教】即使最邪之教，也会教人做好人。关键在标准。邪教邪说之邪就在于颠倒是非善恶，让人变成下流无耻穷凶极恶之徒，还自以为很君子、很英雄或大义凛然，让人冠冕堂皇、理直气壮地伤害他人、杀害好人、危害社会。

【根本】道德为人生一切奠基。无论金钱权力地位名望，只有建立在道德基础上才是扎实可靠的。非法所得之物不可能持久，丧心病狂的人很容易丧失一切，严重者还要赔上性命。缺德是最本质的贫困，罪孽是最沉重的债务。

【三薄】五四以来中国人普遍"三薄化"：口齿轻薄，心地刻薄，福命浅薄。毁圣谤佛、辱爹骂娘、反孔反儒、欺师灭祖者越来越多，导致整个社会文化荒芜、道德残缺和智慧贫困。百年沧桑，噩运连连，黑暗深深，良有以也。大量的人禽兽化，社会能不丛林化？丛林社会没赢家，弱者强者都是受害者。

【言不言】自古以来口舌取祸者众，尤其是乱世，但大儒并不因此而不言。孔孟周游列国言辩滔滔，是为了尽文化社会之责。贵于能忍，涉及民生焉能忍；妙在不言，关乎道义敢不言。当然，大儒发言，理必真，事必实，批判必如理如实；道必中，义必正，说法必大中至正。

【良知】人人皆有良知，人人良知平等，小人恶人都一样。故儒家特别尊重人命包括小人恶人的命，最期望他们转小为大改恶归善。人之所以小和恶，是没得到启蒙教化或自暴自弃而不明心性。作恶，是对他人对社会犯罪，更是对良知心犯罪，犯罪犯法当然要受惩，如此才能更好地维护生命安全社会安稳。

【为己】古之学者为己。这里的“己”指的是良知。这是人之本心、生命之本质。致良知是真正的为己。世人喜欢损人利己，实则损人必自损，物质上暂时占点便宜，却坏了良心缺了德，损害了人生最大最根本的利益，得不偿失。同时，靠损人获取的利益，不仅靠不住，悖入悖出，而且后患无穷。

【境与心】人心坏了，一切都会变坏，家庭、社会、政治、制度、文化、自然等种种环境，都会因人心的恶化而恶化。若恶占了上风，家庭必冷漠，社会必野蛮，政治必黑暗，制度必落后，文化必荒芜，自然必败坏……境由心造，此之谓也。这一切持续太久的地方，会越来越不适合人类居住。

【境与心 2】心有本习之分，习有善恶之别，心境因习心之善恶和善恶之程度的不同而不同。同时，心境决定外境，每个人都有自己独特的世界；心境决定命运，每个人都有自己独特的命运。心越善，心境越好，好到极致，就是圣境。圣贤境界自有其圣贤的气象、世界和命运。

【境与心 3】有什么样的境界就有什么样的世界。小人常戚戚，心灾重重，纵然富贵，难言幸福；君子坦荡荡，心光灿灿，即使清贫，自得其乐。地狱黑暗，不碍佛心光明；春秋战乱，不碍圣心和平。孔子世界的美好非一般人所得而窥也，正如子贡所说：“夫子之墙数仞，不得其门而入，不见宗庙之美百官之富。”

【普适】仁义、诚信、中庸这些儒家道德原则，共通和普适于古今中外一切人类，是人生之大道、政治之正道、社会之常道，偏离了就出偏差，违悖了就犯错犯罪。个人违悖了就反常，社会违悖了就恶化，学说违悖了就是邪说，理论违悖了就是戏论，法律违悖了就是恶法，政治违悖了就是暴政！

【照妖镜】妖魔鬼怪最怕照妖镜，孔子作春秋而乱臣贼子惧，惧照妖镜也。儒家严华夷、仁暴、正邪、善恶、义利之辨，强调亲君子远小人，崇圣贤反盗贼，放淫辞辟邪说，遭到夷狄、暴君、邪说、恶棍、利士（利益之徒）、小人、盗贼、邪教徒的忌恨排斥和反对，必然之理也。

【德智不二】《中庸》说：诚则明矣，明则诚矣。诚为德，明为智。真诚到极致必有大智，智慧到高处自然至诚。明，包括自知之明、知人之明和择法之明。所谓择法之明，指的是对各种思想、观点、学说及信仰，能够明辨其高低优劣，洞察其是非正邪。

【环境与习性】习相远，政治、制度、家庭、文化、物质、自然等各种环境的恶劣，都会恶化人的心灵，强化人的恶习，同时习性之恶又会反过来恶化各种环境。恶境与恶习会"互相促退"烂成一团。不过，恶不可能持久占上风，良知是更加根本性的，睡得再沉，终究要醒来，物极必反否极泰来，此之谓也。

【烦恼源】乐是良知的特征，恶是烦恼的根源。罪恶的事物没有希望，罪恶的人物没有未来。罪恶或可满足一时的邪欲，带来眼前的"辉煌"，但继之而来的必是无限烦恼、恐惧、痛苦、黑暗、绝望。恶人在制造恶境祸害他人的同时，也在为自己制造心灾或天灾，建筑监狱和地狱。

【差等】儒家既讲平等又讲差等。人皆可以为尧舜，这是本性平等；法律面前人人平等，这是法律平等。爱有差等，亲亲仁民爱物，秩序井然；礼有差等，地位不同礼不同，春秋责备贤者，礼不下庶人；文明有差等，克明俊德，以亲九族，平章百姓，协和万邦。只讲平等和只讲差等，皆非孔孟之道。

【相由心生】一般解释是：人的面相反映着与其相对应的心理状态。兹解肤浅。这里的心指本心，即"天命之谓性"的性，天性，佛教称为法性；相，即现象，指事物的相状，佛教称为法相。宇宙万物，包括人类的肉体身意识心，都属于相。相由心生，意谓万相都是本心生生不息的产物。

【大智慧】一个人仅有肉眼是不够的。辨别君子与小人、圣贤与盗贼，须有慧眼；认识真理与邪说、正见与谬论，须有法眼。缺了这"两眼"，或误交小人误拜盗贼，误信谬论误奉邪说，或错灭君子错斥圣贤，错批正见错毁真理，后果都很严重，害人害己，甚至自取灭亡。

【恶必蠢】恶人没有智慧却往往高智商，精明奸诈诡计多端，但其智商智力会随时间流逝而加速度降低，直到变成弱智。象商韩派法家大腕，到了晚期或晚年，大多愚蠢白痴，或所信所任所托非人，或丧失基本的利害判断和防患保身能力，大祸在眼前而毫无知觉防备。

【信仰】信仰超科学，但不能反科学或违常识，否则就是迷信。孔孟之道极高妙，但建立在常情常理常识的基础上，符合人性政治社会之常，符合科学常识，富有科学精神。不讲来世和天国，正体现了儒家的真诚，认真，知之为知之不知为不知，不轻言没有把握的事物，不妄言没有解悟的“东西”。

【经常】正道真理正知见，首先必须是正常的，合情合理合乎常识。违反常情的道德要求，违背常理的真理宣示，颠覆常识的思想宣传，必然贻患无穷，值得高度警惕。儒家经典所说的道理，大中至正，最为正常，故说“经常”。

【贵言】主要不在言之多少，而在言之对象，更在言之正误。小人妄语何足听闻，圣贤真言多多益善。释尊是“真语者、实语者、如语者、不诳语者、不异语者。”儒家圣贤和经典之言更是如此。《汉书·艺文志》说儒家经卷以千万数，可惜未能流传下来。

【勉同仁】千万善行中，最大的善是传播正知正见。知见正，人才能正，正人君子多了，政治之正义、法律之公正、社会之正常才有可能。正知见中，最正最真最圆满的是儒家，故弘扬儒家功德最大，可以从根本上救苦救难救民救国，从文化、道德、政治、制度和法律各个领域度一切苦厄。

【传统】我不讲恢复传统。传统的东西泥沙俱下鱼龙混杂，有好有坏。如太监小脚君主制都曾是传统，但有的过时了，有的本就不是好东西，恢复何为？我只讲重续道统。尧舜禹汤文武周公孔孟程朱阳明历圣相传的“惟精惟一，允执厥中”的中道，才是最高的真理，最普适的价值，是我要传、必须传的统。

【实事】孔子曰：“我欲载之空言，不如见之行事之深切著明也。”行是行为、实践，事是事件、事迹，见是表现、说明。“见之行事”，是孔子要借春秋这一段历史，表现儒家的各种正理大义，特别是政治原则和王道理想。立德立功立言都是实事。孔子删诗书定礼乐赞周易作春秋，件件都是大实事。

【公论】公论有两种，一种是公共、公众之论，即舆论；一种是公正之论。儒家对于公众之论尊重，但不一定尊奉遵循，因为公众之论不一定公正。儒家以儒家经典为最高标准，唯良知、真理和正义是从，不唯民是从——那是民粹主义。

【小】小人小在心，心小，所以思想、心眼、格局、境界一切都小。小人之心只装得下自己和利益，而且是眼前的、物质的利益，故君子和小人的最大区别在于对待利益的态度。君子见利思义，追求双赢，底线是利己而不损人；小人见利忘义，惯于损人，甚至会不利己而损人。

【智慧】有两种智慧：俗智慧和道智慧。俗智属于习性，最好不过成功学，如何精打细算追名逐利，变坏就成厚黑学——即俗智的邪化。道智本乎良知，即智即德，德智不二。不惑，初级智也，相当于“妙观察智”；知天命，中级智也，相当于“平等性智”；从心所欲不逾矩，最高智也，相当于“大圆镜智”。

【非大智】孙膑装疯卖傻，摆脱杀身之祸，被看作智慧象征；韩信战无不胜拜将封侯，曾忍胯下之辱，都被誉为大智大勇。其实两位虽有智慧都欠大。孙膑上老同学的恶当，被处髌刑，毫无识人之明，装疯卖傻已是迟了；韩信死于非命更是不智，胯下之辱也是自找的，不准备用而“好带刀剑”，非蠢而何？

【孔明】有人说：孔明要等三请才出山，摆毫无必要的臭架子，若非刘备固执，岂非丧失了建功立业的大好机会？答：良臣择主而事。刘备若不固执，说明诚意不足，不值得为之服务，机会不要也罢。况在刘备军事集团中，孔明一介书生，若得不到领导人高度尊重，根本无法指挥关张诸将开展工作，谈何功业。

【孔明2】孔明是儒，不大，其学混杂申韩，其用以自比的管仲乐毅，虽然不错，远非一流，称霸有望，成王不足，论德论智论政治军事才能，与伊尹、傅说、周公等真正的帝王师根本没法比。故孔明一生所能取得的最大成就，在他出山之前就注定了；刘备事业所能达到的最高境界，在他请出孔明时也就决定了。

【孔明3】孔明为政,纰漏多多,可谓“算多遗策”。如重用马谡,缺知人之明;事必躬亲,非丞相所宜。刘备伐吴是最大的失策,无论胜负,对蜀汉政权的危害都极大。而孔明居然不能有效劝阻,可见其地位、分量和能力之一般,终究不足为帝王师。

【政德合一】儒家不是宗教,儒家与政治结合不能说为政教合一,只能称为政德合一,可以产生道德政治,不断提升政治道德。政德合一是政治与道德合一,同时也是政治上的知行合一,即理论与实践合一,儒家义理付诸于政治实践。然而,唯尧舜禹汤文武周公基本做到,秦汉以后,政与德、知与行就有所脱钩了。

【暴力】儒家并不一味非暴力。以直报怨不排除暴力,伐无道、反侵略、诛一夫、革暴政之命和复君父之仇,都离不开暴力。故对暴力是支持还是反对,要视其性质而定。暴力有正义和非正义之分、道德和不道德之别。对于非正义、不道德的暴力必须坚决反对,必要时可以以牙还牙,以血还血!

【读经】国学主统是儒学,儒学核心是儒经。四书五经都是正经,儒者至少要读通一经——其实儒经下学重心不同,上达完全一致,故诸经可以融会贯通,一通皆通;要反儒,也应该至少通读一经,才不至于无的放矢,或者胡攻乱击,甚至把“父要子亡子不得不亡”之类的歪理邪说栽赃给儒家。

【中国】儒家的仁义、诚信、中庸、孝悌、忠敬、公正、和谐,还有佛家的慈悲、道家的虚静等,都可以称为中国核心价值观。仁是核心之核心。核心价值观和中华文明的重建,离不开中华文化尤其是儒文化的复兴。确立儒家文化主体、高举仁本主义大旗的中国,才是真正的中国。

【独尊】独尊儒术是以仁本主义为个人修养、信仰及政治指导思想,并非不尊重其他学说。孔子作为儒家大宗师,当然独尊儒术,但对道家学说及人物也非常尊重。独尊儒术更非反对思想自由和文化多元,恰恰相反,己所不欲勿施于人,道并行而不悖,正是仁本题中应有之义。

【多元】坚持一元的政治思想和维护多元的制度设置,在自由主义中已取得统一,在儒家更可以一致。民主时代的儒家新礼制,在制度建设上理当汲取民主自由的精华。儒家堪称中国特色的自由主义:内圣学以“从心所欲不逾矩”为道德最高境界,外王学以“天下为公选贤与能”为社会最高理想。

【皈儒】生命是一所庙宇,正中供奉着良知佛——人的法身和本来面目。皈儒,从人本主义进为仁本主义,是因为进入了大雄宝殿,认识了本来面目,也就认识了生命之伟大、天爵之高贵和道统之尊严,从此身心统一,万法归一。孟子说出了我的心里话:“万物皆备于我矣。反身而诚,乐莫大焉。”

【看诸子】诸子百家,或直接或间接或正面或侧面皆出于六经,多多少少与儒家有相同相通和近似之处,多多少少有一定的真理性。道家不用说了,即使被孟子痛斥的杨墨,也是出自儒门,“杨墨皆学仁义而流者也。墨子似子张,杨子似子夏。”(二程)甚至背儒而驰、焚书坑儒的商韩派法家也自荀子出。

【自由】反掉自由,国家就是监狱;反掉道德,社会就是丛林。

良性的自由,必然依托一定的道德基础,沙滩无法建设自由的乐园;良好的道德,必然绽放相应的自由芬芳,监狱何以展现道德的美好?反道德的自由,是劣质自由,丛林化的自由;反自由的道德,是恶性道德,镣铐型的道德。

【太监】历史上最邪恶凶狠的反儒派,除了暴君奸相和邪教,就是太监。太监中不乏尊儒知儒者,但整体属于反儒势力。东汉大宦官张让亲手策划了两起“党锢事件”,唐文宗时大宦官仇士良屠杀了包括宰相在内的数千官员,明代大太监汪直屡兴大狱,刘瑾迫害王阳明,魏忠贤毁天下书院杀东林党人……

【太监2】古来太监多是厌儒反儒的,但也有一些例外,如刘承规。此人自宋初为宦官,历事三朝,掌管内藏三十年,多才多艺,曾详定宋朝权衡法,典领编修《太宗实录》及《册府元龟》,参与平定土民动乱和防备契丹等事件。史称其精力充沛,廉洁奉公,喜藏书,好儒学,礼待士人云。

【仁者】仁者在位,天下终将有道;圣王在上,大道必然可行。大道之行也,天下为公,选贤与能,社会一定文明而和谐,国民普遍富裕和长寿。

【仁者2】仁者当位,必能仁民,仁爱国民;必能亲仁,亲近仁人;必能尚贤,推崇贤者;必有仁政,宪政是现代最好的仁政;必成仁国,良知国,真正的君子国。圣王在上,治必能成,战必能胜,攻必能克,守必能固。政治文明,制度优良,法律公正,社会自由,文化繁荣,国民欲不富裕长寿,不可得也。

【大儒】暴君身边,或有小儒小君子,如叔孙通等秦朝众博士,但不可能出现大儒,出现了也呆不久,不被迫害,必然逃离。暴君与仁者、暴政与仁学相互排斥,难以并立。暴君不配拥有大儒,大儒不可能拥护暴君。对于无道之君,若无教化可能,必然隐遁而去。

【大儒2】依文化道德境界,儒者可分为士、君子、贤人、圣人、大人等"级别"。士志于学,君子而立,贤人不惑、知天命,圣人耳顺和从心所欲不逾矩,大人是德位相称的圣贤。贤人、圣人、大人都是君子之大者,也就是儒之大者,比起君子来,大儒对仁性良知信仰更坚、理解更透、实践更深、觉悟更高。

世说新语

【不可以】可以不说话,不可以说假话;可以不干事,不可以干坏事;可以没态度,不可以没深度;可以没知识,不可以没良知。

【自题】没有言论自由的时候,真言也是行动;没有从政机会的时候,正身也是从政。子曰:"苟正其身矣,于从政乎何有?"

【上等人品】上上品:浑厚又凝重;上中品:率真或豪放;上下品:刚烈或飘逸。都属于上等人品。

【若为良知故】匈牙利诗人裴多菲诗曰:"生命诚可贵,爱情价更高,若为自由故,两者皆可抛。"东海学舌说:自由诚可贵,生命价更高,若为良知故,两者皆可抛。

【君子病】疾恶如仇是褒义词。但疾恶太严也是病,汉末太学生集团、明末东林复社即此病典型患者。东海生平最大的毛病就是"刚肠疾恶,轻肆直言,遇事便发",与嵇康类。古人云疾恶太甚,不可为相。好善恶恶必须,不可疾恶太过。愿今后能在待人接物及具体问题上多一些包容之心、中和之气。

【说真话】在道德不正常的社会,说真话就是一种道德建设;在政治不文明的国度,说真话就是一种文明追求;在言论不自由的时代,说真话就是一种自由行动。

【知令智昏】利令智昏好理解。这个成语有多个孪生姐妹，如权令智昏、财令智昏、色令智昏等，权财色之类都属于利的范畴。知令智昏，或不易理解，却是知识群体最容易犯的病。知识本来有助于智慧的开发和成长，但如果认识不当，反而会局限障碍了智慧的开发，佛教称之为所知障。

【恰恰好】很多东西，刻意逃避与刻意追求都不好。对富贵：素富贵行乎富贵，素贫贱行乎贫贱；对物质：格物爱物而不役于物；对欲望：以文化化之以道德导之，节之而不禁之；对名：人不知而不愠，也不以"人不知"而鸣高；对利：先义后利，以义导利，君子爱财取之有道……这才是中庸的态度。

【人生观】萧伯纳说：人生有两出悲剧，一是万念俱灰，另一是踌躇满志。不错，不确。踌躇满志无妨，要防止的是得意忘形。儒家之道能够树立最正确的人生观和生命观，让人得意时兼善天下，失意时独善其身，利己利人兼顾，立己立人双赢，是避免悲剧并转悲为喜的最佳方式。

【儒者四愿】恶习难断誓愿断，良知难致誓愿致，苍生难度誓愿度，圣贤难成誓愿成。其中致良知，可以包括建良制、立良法、煽良风、制良器等。

【随缘】有些事，条件不熟，求之不可得，时机一到，拒之不可免。故儒者既不攀缘，也不绝缘，而是随缘。不变随缘，虽是佛教概念，切合儒家义理。不变者仁，随缘是义。孔子说："无可无不可"，"无适也，无莫也，义之与比。"孟子说："惟义所在"。这是儒家的自在风流，如风之行，如水之流。

【随缘2】随卦妙阐随缘之义。以阴从阳是随人，应时顺势是随时，都是随缘。但不论随人随时，都有条件或前提，要坚贞、贞定，这是易的原则，也是随的原则。随缘中有不变在。佛教虽讲随缘，不如儒家中正，理论上难免绝缘之嫌，实践中流于攀缘者众。

【忍辱】这个词值得深长思。忍辱方能负重，负重必须忍辱。受不得委屈侮辱就挑不起重担。负文化、政治、社会之重都是负重。忍辱负重同义词是：受诟为王。孟子说得好："天将降大任于斯人也，必先苦其心志，劳其筋骨，饿其体肤，空乏其身，行拂乱其所为……"。

【忍辱2】“士可杀不可辱”与“忍辱负重”，言各有当。“士不可辱”是警告统治者不可辱士，并非儒士受不得辱。“小人不知天命而不畏也，侮大人，侮圣人之言。”连大人和圣人之言都会遭到侮辱；“唯小人与女子为难养也，近之则不逊，远之则怨。”不逊和怨，都含侮辱意。圣言煌煌，岂有虚假哉？

【忍辱3】《儒行》介绍不同儒者的德行，“刚毅”只是其中之一，当时有“可亲而不可劫也，可近而不可迫”这么一种儒者。孔子畏于匡，迫于桓魋，困于陈蔡，劫于蒲人，还被迫发下假誓。能说孔子非儒吗？孔子特立独行，以天下为己任，生平饱经艰难也曾受侮辱，恰为圣德之助。

【忍辱4】在“人人皆有士君子之行”的大同理想实现之前，儒者包括大人圣人都难免有受辱的时候。能忍辱是一种境界，也是儒佛两家共法。儒者坚持正道，当然不会“曲道事人”，但也不会在乎外在侮辱，一辱即跳。闻谤不怒是基本修养——辱有各种性质、来源和形式，毁谤攻击是辱儒的“典型表现”之一。

【忍辱5】子曰：“巧言乱德，小不忍则乱大谋。”（《论语·卫灵公》）这里的“不忍”，包括不能忍辱。苏轼说：“匹夫见辱，拔剑而起，挺身而斗，此不足为勇也。”朱熹说：“妇人之仁，不能忍于爱；匹夫之勇，不能忍于忿，皆能乱大谋。”（《朱子语类》卷四五）

【悲悯】人不会因为有权就有德，人应该因为有德而有权。无德者不可能正确使用手中的权力，不可能以权谋公，为民谋福利，为国建良制。古今无数事实说明，缺德者掌握大权，是人民和国家的不幸，也是掌权者个人的不幸。

【共勉】面对人格难觅、人性丧尽而兽性爆发的社会，一般人要么同流合污，要么逃离开去，即使某些外道圣贤，也会心灰意冷而不问世事。只有儒家永远不离不弃，永远怀着一颗热乎乎的救民救世、道援天下之心，只问应不应该，不问值不值得，当仁不让一往无前，鞠躬尽瘁死而后已。

【反老子】天地至仁，以万物为一体；圣人至仁，以天下为一家。生生不息新新不已，天地之仁也；民胞物与大爱无疆，圣人之仁也。

【吾岂好辩】多位高人友好劝告：“智者不言”，殊不知儒家认为“有德者必有其言”。吕坤说：“终日不歇口，无一句可议之言，高于缄默者百倍矣。”“无一句可议之言”只有圣贤做得到，但是，说政治真话，揭社会真相，论古今真理，求生命真谛，杜绝假恶丑言，却是儒者应该努力做到的。

【格言】古人云：“不谋全局者，不足以谋一域；不谋万世者，不足以谋一时。”东海曰：不讲道义者，不足以谋利益；不讲文化者，不足以谋制度。

【独立】真正的独立是良知的独立。所谓良知独立，一是能够而立，确立基本人格，不为各种不良习气所役使；二是能够不惑，具备相当智慧，不为各种异端外道所迷惑。没有良知的独立，所谓的独立思考，往往沦为“独立思考的幻觉”，不是头脑被别人跑马，就是心灵被恶习奴役。

【儒眼】损人利己者最蠢。本质上，损人最不利己，损人就是作恶。当然，作恶方式很多，除了利益上害人，制造歪理传播邪说，支持暴君拥护暴政，都是害人和作恶。易经说“恶不积不足以亡身”，古今中外积恶亡身者，无数无量。积恶之人，轻则断了未来，断了后福，重则断了性命。作恶就是作死。

【儒眼2】小人贫富贵贱都不行，贫贱固然多苦多难，富贵烦恼灾难更多；君子贫富贵贱，无可无不可。财富权位，没有无所谓，多多则益善。狐丘丈人说：“夫爵高者人妒之，官大者主恶之，禄厚者怨归之。”孙叔敖答：“吾爵益高吾志益下，吾官益大吾心益小，吾禄益厚吾施益博，何患之有？”

【儒眼3】人善被人欺，这句俗话很流行，不知误导了多少人。其实无数历史和现实事例恰恰相反：人恶被人欺。被人欺的善人，或者是伪善，如乡愿和伪君子，非善之真者；或者是小善，没啥学问，妇人之仁，非善之大者。真正的大善，君子之善，智勇双全，邪鬼恶魔避之唯恐不及，小人盗贼也得让他三分！

【常识】有一个非常错误而普遍的误会：利己必须损人，损人方能利己。这个思想误区让很多人变得冷酷无情，堕入恶的泥沼。发展到极致，连亲人都不能相容。其实损人只能害己，通过损人获取的利益，论道德，大不义，论深远，大不利。只要道义挂帅，任何利益冲突都可协调，双赢多赢最好，底线是不损人。

【儒者的选择】很多问题有多解，文术武术，白道黑道，保守激进,合法非法,不一而足,但是,最好的解决办法往往唯一。及时找到这个最好的办法,需要智慧。儒者面对任何问题,都会选择最合适的办法解决之,把危害降到最低,把利益扩到最大。合适者,有礼有节也,有理有利也,恰恰好也,时中也,义也。

【为己】有机会说话,就说真话和真理;有机会做事,就做好事和正事。这是尽人事;别人态度如何,听不听从,接不接受,领不领情;自己收获怎样,是受尊重欢迎还是被轻蔑排斥,都不妨置之度外,这是听天命。儒者所言所行所做的一切,都是为己,为了尽自己的心,成自己的德,立自己的命。

现实拾零

【政治文明】政治文明是核心文明。政治野蛮的国度是没有文明可言的,不论其物质怎样繁荣,科技怎样发达。而且,政治野蛮终将导致整体的科技落后,物质贫乏。之所以说“整体”,是因为野蛮也有可能“集中力量办大事”,发展某些杀人科技,营造短暂虚假的繁荣,但终究不坚不久,而且贻害无穷……

【心光明】文明程度取决于人类德智水准,归根结底文明就是心光明。人心光明度高了,政治必脱蛮,社会即启明,物质良性开发,经济可持续发展。据乱世人心普遍黑暗,升平世人心明暗相间,太平世人人心光灿烂,人人皆有士君子之行。那就是儒家最高社会理想:大同时代,人间即天上,地球即良知极乐国。

【知识弄臣】有人称那些歌功颂德、帮闲帮忙的知识分子为知识弄臣,很贴切。王阳明说“知善知恶是良知,为善去恶是格物”。弄臣们做的功夫不是格物而是“逐物”:追逐物质利益和特权人物,故不断“去善为恶”,败坏良知、善恶不分、是非颠倒,一些没文化农民都具备的基本品德和眼光,知识人反而丧失了。

【最反动】反道德是最大的反动。可以质疑和批判儒家对道德的认知,可以对道德作出不同理解(佛道两家就是如此),但不能反对道德本身,不能把仁义道德斥为“吃人”的东西打倒,不能泼洗脚水把孩子一起泼掉,绝了文化慧命和文明根本。

【盗与道】盗贼来倡导道德,对道德的杀伤力是最大的。很多人反崇高反道德，其实反的是伪崇高伪道德，只不过反着反着连真崇高真道德也一起反了——他们已不相信世界上有真君子真圣贤，以为君子都是小人伪装的，圣贤都是盗贼扮演的。于是，在他们眼里，常识成了肤浅，偏激反而深刻……

【回家】有儒友文章题为《带中国回家》，大佳。带中国回家，即通过文化启蒙、法度建设和道德教化，重续道统，重造中华。儒家确能够带中国回家，也只有儒家知道家在哪里，回家的路在哪里。之所以不能，非不能也，外缘不具也。当特权阶级敌意深深、溺水群体误会重重的时候，儒家自救不暇啊。

【利益主义】万般皆下品，惟有利益高，小人爱财取之无道，为了利己热衷损人，人为财死，鸟为食亡，这些都是利益主义的特征。仁者见仁，智者见智，利益者见利益。此辈眼里，没有真理，没有道义，只有利益，任何君子行为、英雄壮举，都可以被他们"深刻"地"找出"利益动机和追求。

【利益主义 2】利益主义者一切围绕着利益转，以之为人生最高目的和意义。利益主义者不问是非、不论善恶、不辨黑白、不在乎人格尊严，利益高于一切，利益压倒一切。它们无论什么制度下都是奴隶，内为物欲之奴，外为利益之奴，无论贫富贵贱都不值得尊重。

【利益主义 3】普通民众利益主义，很正常。政治人、文化人利益主义，领导阶级成为利益集团，则极端反常。干什么都利益至上、利益导向，干什么都是为了个人利益的获取、维护和增值，怎能尽政治文化之责，怎能建设良制良法、维护公平公正、保障民众国家利益？成事不足败事有余，必然之理也。

【利益主义 4】利益一旦主义化，必然违背道义，也会伤害利益。一切围绕利益转，唯利是图取之无道，似乎聪明其实愚昧。只顾眼前利益不顾长远利益，只知表层利益不知根本利益，害人害民最后会害了自己，或因小失大，或为利丢命。古今多少人为财富为特权（特殊利益）弄得身败名裂或家破人亡，何利之有？

【利益主义 5】利益主义者只懂利益不懂道义，只见现象不见本质，只有眼前没有长远，急功近利，唯利是图。表面上仿佛很聪明，很会算计谋划，会占便宜，其实往往不知道自己的根本利益所在，一生浮游飘荡身为物役，或因小失大，或损人害己，甚至机关算尽太聪明，反误了卿卿性命。

【英雄】郁达夫在鲁迅追悼会上说："一个没有英雄的民族是可悲的奴隶之邦，一个有英雄而不知尊重的民族则是不可救药的生物之群。"东海说：没有英雄不可怕，有英雄而不知尊重也不可怕，可怕的是把小人当作伟人崇拜，把狗熊当作英雄尊重，那就不仅是奴隶之邦和生物之群，那是禽兽不如。

【老人】视老人为累赘的人和社会，一定是恶人恶社会；视老人为累赘的政府，一定是恶政府，天下共弃之。周文王的成功，"善养老"是一大原因，北海之滨的伯夷，东海之滨的太公，不谋而合地说："盍归乎来，吾闻西伯善养老者。"仁人志士纷纷投奔。孟子说："天下有善养老，则仁人以为己归矣。"

【看世界】"哪里有自由，人就往哪里跑；哪里有恒产，财富就往哪里聚。"说得对，这就是"邪不胜正"和"仁者无敌"的人性基础，是前苏联崩溃的根本原因。肆意侵犯自由的政治是邪政，不能保障恒产的制度是恶制，肯定胜不过美西。没等到美西正式出手，前苏联就灰溜溜地自觉退出了历史舞台。

【义战】春秋无义战，此善于彼则有之；现代无义战，彼善于此则有之。美国发动的大多数战争就属于准义战。二战中，受到纳粹和日寇侵犯的国家，无不恨美国迟迟不发兵，无不盼美国早日参战。这就叫正义战争，这就叫吊民伐罪。美国想不扮演国际警察的角色都不行，其国际地位想不高都不行。

【文明】文明的强大才是真正的强大。文明的强大，不离军事，也不唯军事。美国瑞典丹麦都很强大。而且，某种意义上说，瑞典丹麦比美国更强大，更安全。恐怖暴力组织可能与美国为敌，去袭击华盛顿，但不会去袭击瑞典丹麦。文明到一定高度，全世界正义国家和力量都心甘情愿充当护法。

【看中国】邪恶的环境中，强人弱者都不容易。中国富豪大多寄生于强权，属于弱者中的强人和强人中的弱者，里外不是人，特别不容易。他们在享受财富的同时也要分享无道之权和不义之财带去的苦难。而且中国富豪大多富不过三代，甚至在自己手里就返贫，甚至丢了性命。不义之财悖理违天，天理不容也。

【市场】自由市场，对于假冒伪劣的货色是灾难性的。通过各种特殊手段的广告包装和推销，劣货或可暂时迷惑欺骗利用一些人，但难以持久。思想市场也一样。一个自由的思想市场，对于假冒伪劣的货色无疑是灾难性的。劣货的主人一旦侥幸得势，必然要垄断市场，对真理和真善美事物进行抹黑、打压和摧残。

【市场2】自由开放的思想市场，是真理的第一需求，是儒家传道授业解惑的必须。如果连表达、言说的自由都没有，还奢谈什么政治社会实践？只要是货真价实的道理，就不怕挑剔批判，就有足够的耐性让民众让历史去比较和选择。如果在自由的市场上，儒家尽心尽力，真理依然不彰，那就是“命也夫”了。

【小人之爱】仁者爱人，包括爱民，唯仁者能真而正的爱民。小人不能爱人，更不能爱民。小人之爱，要么不真，虚情假意，口头为人民服务，实质为人民币服务，打着爱民的幌子，干尽害民的勾当；要么不正，爱也是害，好心办坏事，爱心招大祸。

【吃人】流行“仁义道德吃人”邪说的社会，必然缺德，必然逆淘汰，必然缺少仁人义士，必然是人吃人、禽兽化的社会，强者吃人，弱者被吃，一边吃人，一边被吃。这种社会，是极权的最佳土壤；这种人群，是暴政的最好食品。换言之，信奉弱肉强食的丛林原则的地方，最容易禽兽化，强者豺狼，弱者猪狗。

【野蛮人】道德、智慧、文明、幸福成正比，相辅相成四位一体。道德低劣、智慧低弱的人与社会，必与文明决绝，野蛮的人与社会必与幸福绝缘。野蛮人纵然侥幸成功，那是社会的不幸，也是他自己的不幸，其代价将是“不可承受之重”；野蛮社会必然多灾多难，率兽食人人相食，强权弱势尽沉沦。

【警醒】邪恶不可怕，对邪恶的信仰崇拜才是最可怕的。在大同理想实现之前，任何社会都会出邪说和恶人，正常社会，邪说影响有限，兴不起大浪；恶人如过街老鼠，成不了大气候。只有在倒孔反儒的反常社会，邪说才有可能上升为指导思想，恶棍才有可能摇身变成英雄伟人大救星，那就一切不可收拾。